Europäische Hochschulschriften

Publications Universitaires Européennes
European University Studies

Reihe II
Rechtswissenschaft

Série II Series II
Droit
Law

Bd./Vol. 3264

PETER LANG
Frankfurt am Main · Berlin · Bern · Bruxelles · New York · Oxford · Wien

Jens Florstedt

www.kennzeichenidentitaet.de

Zur Kollision von Kennzeichen bei Internet-Domain-Namen

PETER LANG
Europäischer Verlag der Wissenschaften

Die Deutsche Bibliothek - CIP-Einheitsaufnahme

Florstedt, Jens:

www.kennzeichenidentitaet.de : zur Kollision von Kennzeichen bei Internet-Domain-Namen / Jens Florstedt. - Frankfurt am Main ; Berlin ; Bern ; Bruxelles ; New York ; Oxford ; Wien : Lang, 2001

(Europäische Hochschulschriften : Reihe 2, Rechtswissenschaft ; Bd. 3264)

Zugl.: Marburg, Univ., Diss., 2001

ISBN 3-631-38584-6

D 4

ISSN 0531-7312

ISBN 3-631-38584-6

www.peterlang.de

Vorwort

Die vorliegende Arbeit wurde im Wintersemester 2000/01 von der juristischen Fakultät der Universität Marburg als Dissertation angenommen. Nach November 2000 veröffentlichte Literatur und Rechtsprechung konnte nur noch teilweise berücksichtigt werden.

Ganz besonderer und uneingeschränkter Dank gilt meinem Doktorvater Herrn Prof. Dr. Ralph Backhaus. Er hat die Arbeit angeregt, durch wertvolle Impulse bereichert und mir dabei stets genügend Freiraum gewährt. Dank gebührt auch Herrn Prof. Dr. Herbert Leßmann für die zügige Durchführung der Zweitkorrektur. Anerkennung verdient Herr Justitiar Stephan Welzel, Denic eG, der erhellende Hinweise aus praktischer Sicht geben konnte.

Für ihre stete Unterstützung in vielerlei Hinsicht bin ich Anja und meinen Eltern überaus dankbar. Ihnen ist die Arbeit gewidmet.

Germersheim, im Juni 2001 Jens Florstedt

Inhaltsverzeichnis

Literaturverzeichnis

Ackermann, Brunhilde: Wettbewerbsrecht, unter Berücksichtigung europarechtlicher Bezüge, Berlin 1997

Althammer/Ströbele/Klaka: Markengesetz, 6. Auflage, Köln 2000 (zit.: Althammer/*Bearbeiter*)

Bacher, Klaus: Kurzkommentar zu BGH, Urt. V. 15.1.1998 – I ZR 259/95 in EwiR 1998, § 23 1/98, S. 661 f

Baumbach, Adolf/Hefermehl Wolfgang: Warenzeichenrecht und Internationales Wettbewerbs- und Zeichenrecht, 12. Auflage, München 1985 (zit.: *Baumbach/Hefermehl* WZG)

Baumbach, Adolf/Hefermehl, Wolfgang: Wettbewerbsrecht, Kommentar, 21. Auflage, München 1999 (zit.: *Baumbach/Hefermehl*)

Bechtold, Stefan: Der Schutz des Anbieters von Information – Urheberrecht und Gewerblicher Rechtsschutz im Internet, ZUM 1997, S. 427 ff

Benkard, Georg: Patentgesetz, Gebrauchsmustergesetz, 9. Auflage, München 1993 (zit.: Benkard/*Bearbeiter*)

Berlit, Wolfgang: Das neue Markenrecht, 3. Auflage, München 1999 (zit.: *Berlit*)

Berlit, Wolfgang: Markenrechtliche und europarechtliche Grenzen des Markenschutzes, GRUR 1998, S. 423 ff (zit.: *Berlit*, GRUR 1998)

Bettinger, Torsten/Freytag, Stefan: Verantwortlichkeit der DeNIC e.G. für rechtswidrige Domains? CR 1999, 28 ff (zit.: *Bettinger/Freytag*)

Bettinger, Torsten/Thum Dorothee: Territoriales Markenrecht im Global Village, GRUR 1999, 659 ff (zit.: *Bettinger/Thum*)

Bettinger, Torsten: Anmerkung zu OLG Hamm – 4 U 135/97, CR 1998, S. 243 f (zit.: *Bettinger*, CR 1998)

Bettinger, Torsten: Kennzeichenrecht im Cyberspace: Der Kampf um die Domain-Namen, GRUR Int. 1997, 402 ff (zit.: *Bettinger*, GRUR Int. 1997)

Biere, Sebastian: Anmerkung zu OLG Köln – 13 W 48/98, CR 1999, S. 387 f

Biermann, Claudia: Kennzeichenrechtliche Probleme des Internets: Das Domain-Name-System, WRP 1999, S. 997 ff

Bock, Christian: Die Vergabe von Internet Domain-Names – ein neuer Lösungsansatz, sic! 1997, S. 267 ff (zit.: *Bock*, sic! 1997)

Bock, Christian: www.worldwrestlingfederation.com, sic! 2000, S. 132 ff (zit.: *Bock*, sic! 2000)

Boes, Ulrich/Deutsch, Volker: Die Bekanntheit nach dem neuen Markenrecht und ihre Ermittlung durch Meinungsumfragen, GRUR 1996, S. 168 ff

Bonn, Volkmar: Anmerkung zum Urteil des BGH vom 6.12.1990 – „SL", GRUR 1991, S. 613 f

Börner, Fritjof (Bearb.): Der Internet-Rechtsberater: Rechtsfragen und steuerliche Gestaltungsmöglichkeiten, Köln 1999 (zit.: Internet-Rechtsberater)

Bornkamm, Joachim: Gerichtsstand und anwendbares Recht bei Kennzeichen und Wettbewerbsverstößen im Internet, S. 99 ff, in: Neues Recht für neue Medien, Hrsg. *Bartsch, Michael*, Köln 1998

Brunel, André: Trademark Protection for Internet Domain Names, International Business Lawyer 1996, S. 174 ff

Bücking, Jens: Internet-Domains – Neue Wege und Grenzen des bürgerlichrechtlichen Namensschutzes, NJW 1997, S. 1886 ff (zit.: *Bücking*, NJW 1997)

Bücking, Jens: Namens- und Kennzeichenrecht im Internet (Domainrecht), Stuttgart, Berlin, Köln 1999 (zit.: *Bücking*)

Busse, Rudolf/Starck, Joachim: Warenzeichengesetz nebst Pariser Verbandsübereinkunft und Madrider Abkommen, Kommentar, 6. Auflage, Berlin, New York 1990

Caemmerer, Ernst von: Bereicherung und unerlaubte Handlung, in FS *Ernst Rabel*, Band I, S. 353 ff

Canaris, Claus-Wilhelm: Kollisionen der §§ 16 und 3 UWG mit dem Grundsatz der Firmenbeständigkeit gem. §§ 22, 24 HGB, GRUR 1989, S. 711 ff (zit.: *Canaris*, GRUR 1989)

Chong, Stephanie: Internet Meta-tags and Trade Mark Issues, EIPR 1998, S. 275 ff

Cohen, Shlomo: Jurisdiction Over Cross Border Internet Infringements, EIPR 1998, S. 294 ff

Demmel, Annette/Skrobotz, Jan: Anmerkung zu OLG Stuttgart – 2 U 52/99, MMR 2000, S. 167 f (zit.: *Demmel/Skrobotz*, MMR 2000)

Demmel, Annette/Skrobotz, Jan: Vergabe und Nutzung von Vanity-Nummern, MMR 1999, S. 74 ff (zit.: *Demmel/Skrobotz* MMR 1999)

Deutsch, Erwin: Entwicklung und Entwicklungsfunktion der Deliktstatbestände, JZ 1963, S. 385 ff (zit.: *Deutsch*, JZ 1963)

Deutsch, Volker/Mittas, Tatjana: Werktitelschutz, Grundlagen und Praxis des Titelschutzrechts, München 1999

Deutsch, Volker: Der Schutz von Marken und Firmen außerhalb des Wettbewerbsbereichs, S. 99 ff, in FS für *Alfred-Carl Gaedertz*, München 1992 (zit.: *Deutsch*, FS Gaedertz)

Deutsch, Volker: Zur Markenverunglimpfung – Anmerkung zu den BGH-Entscheidungen „Mars“ und „Nivea“, GRUR 1995, S. 319 ff

Elliott, Clive/Gravatt, Breon: Domain Name Disputes in a Cross-border Context, EIPR 1999, S. 417 ff

Enzinger, Michael: Die Eingriffskondiktion als Rechtsbehelf im gewerblichen Rechtsschutz, GRUR Int. 1997, S. 96 ff

Erd, Rainer: Probleme des OnlineRechts, KJ 2000, S. 107 ff

Erman: Bürgerliches Gesetzbuch: Handkommentar mit AGBGB, EGBGB, Band I, II; *Harm Peter Westermann* (Hrsg.), 10. Auflage, Münster 2000
Ernst, Stefan: Anmerkung zu OLG Hamm - 4 U 135/97, NJW CoR 1998, S. 177 f (zit.: *Ernst*, NJW CoR 1998)
Ernst, Stefan: Anmerkung zu OLG München – 6 U 4557/98, MMR 1999, S. 487 ff (zit.: *Ernst*, MMR 1999)
Ernst, Stefan: Deutsche Städte im Internet und das Namensrecht, NJW CoR 1997, S. 426 ff (zit.: *Ernst*, NJW CoR 1997)
Ernst, Stefan: Internet und Recht, NJW 1997, S. 776 ff (zit.: *Ernst*, NJW 1997)
Ernst, Stefan: Wirtschaftsrecht im Internet, BB 1997, S. 1057 ff (zit.: *Ernst*, BB 1997)
Ernst-Moll, Jürgen: Die berühmte und die bekannte Marke, GRUR 1993, S. 8 ff
Esser, Josef/Weyers, Hans-Leo: Schuldrecht Band II, Besonderer Teil, Teilband 2, Gesetzliche Schuldverhältnisse, Heidelberg 2000
Fest, Nicolaus: Bereicherungs- und Schadensausgleich bei der Verletzung von Immaterialgüterrechten, Diss. Berlin 1995
Fezer, Karl-Heinz: Anwendungsbereich des § 23 MarkenG, WRP 1996, S. 973 ff (zit.: *Fezer*, WRP 1996)
Fezer, Karl-Heinz: Markenrecht, Kommentar, 2. Auflage, München 1999 (zit.: *Fezer*)
Fezer, Karl-Heinz: Rechtsverletzende Benutzung einer Marke als Handeln im geschäftlichen Verkehr, GRUR 1996, S. 566 ff (zit.: *Fezer*, GRUR 1996)
Fingerhut, Michael/Witzmann, Markus: Deutsch-deutsches Firmenrecht von Gleichnamigen in Enteignungsfällen, BB 1993, S. 1382 ff
Flechsig, Norbert P.: Anmerkung zu LG Mannheim – 7 O 60/96, ZUM 1996, S. 707 f
Fleckenstein, Jürgen: Der Schutz territorial beschränkter Kennzeichen, Diss. Mannheim 1999
Formm, Friedrich Karl/Nordemann, Wilhelm: Urheberrecht, Kommentar, 9. Auflage, Stuttgart 1998
Fournier, Erik: Bereicherungsausgleich bei Verstößen gegen das UWG, Frankfurt am Main 1999
Freitag, Andreas: Marken und Kennzeichenrechte im Internet, in: *Kröger, Detlef/Gimmy, Marc A.* (Hrsg.): Handbuch zum Internetrecht: Electronic Commerce, Informations-, Kommunikations- und Mediendienste, Berlin 2000 (zit.: *Freitag*)
Fromm, Karl: Das Namensrecht des Künstlers im Widerstreit zum wettbewerblichen Kennzeichenrecht, Ufita 44 (1965), S. 59 ff
Gabel, Detlev: Internet: Die Domain-Namen, NJW CoR 1996, S. 322 ff

Gamm, Otto-Friedrich Frhr. von: Gesetz gegen den unlauteren Wettbewerb, 3. Auflage, Köln 1993 (zit.: *v. Gamm* UWG)

Gamm, Otto-Friedrich Frhr. von: Rufausnutzung und Beeinträchtigung bekannter Marken und geschäftlicher Bezeichnungen, S. 537 ff, in FS für *Henning Piper*, München 1996 (zit.: *v. Gamm*, FS Piper)

Gamm, Otto-Friedrich Frhr. von: Warenzeichengesetz, Kommentar, München, Berlin 1965 (zit.: *v. Gamm* WZG)

Gamm, Otto-Friedrich Frhr. von: Wettbewerbsrecht und Wettbewerbsverfahrensrecht, Erster Halbband, 5. Auflage, Köln 1987 (zit.: *v. Gamm* Wettbewerbsrecht)

Gilliéron, Philippe: Les noms de domaine: Possibilités de protection et de résolution des conflits, sic! 2000, S. 71 ff

Gloy, Wolfgang (Hrsg.): Handbuch des Wettbewerbsrechts, 2. Auflage, München 1997

Göhler, Erich: Gesetz über Ordnungswidrigkeiten, 12. Auflage, München 1998

Graefe, Thomas: Marken und Internet, MA 1996, S. 100 ff

Großner, Ivo: Der Rechtsschutz bekannter Marken: markengesetzliche Betrachtungen, Diss. Konstanz 1998

Hackbarth, Ralf: Anmerkung zu OLG Hamburg – 3 U 130/98, CR 1999, S. 186 f

Hackbarth, Ralf: Anmerkung zu OLG München – 6 U 4557/98, CR 1999, S. 384 f

Hackbarth, Ralf: Anmerkung zu OLG München – 6 U 4798/97, CR 1998, S. 558

Hahn, Harald/Wilmer, Thomas: Die Vergabe von Top-Level-Domains und ihre rechtlichen Konsequenzen, NJW CoR 1997, S. 485 ff

Härting, Niko: Internetrecht, Köln 1999

Haupt, Wolfgang: Die Bedeutung des Prioritätsgrundsatzes im Recht der Kennzeichen, Diss. Köln 1963

Hefermehl, Wolfgang: Der Namensrechtliche Schutz geschäftlicher Kennzeichen, in FS *Alfred Hueck*, Berlin 1959, S. 519 ff

Herberger, Maximilian: Quaerite et invenietis: Vom Suchen und Finden im World Wide Web, NJW 1999, S. 2424 ff

Hoeren, Thomas: „Domain Grabber" geraten unter Druck, MA 1997, S. 46 f (zit.: *Hoeren*, MA 1997)

Hoeren, Thomas: Anmerkung zu LG Düsseldorf – 34 O 191/96, WuB V F. § 14 MarkG 1.97, S. 934 ff (zit.: *Hoeren*, WuB 1997)

Hoeren, Thomas: Cybermanners und Wettbewerbsrecht – Einige Überlegungen zum Lauterkeitsrecht im Internet, WRP 1997, S. 993 ff (zit.: *Hoeren*, WRP 1997)

Hoeren, Thomas: Internet und Recht – Neue Paradigmen des Informationsrechts, NJW 1998, S. 3849 ff (zit.: *Hoeren*, NJW 1998)

Hoeren, Thomas: Kurzkommentar zu OLG München – 6 U 4798/97, EWiR 1998, S. 711 f (zit.: *Hoeren*, EWiR 1998)

Hoeren, Thomas: Rechtsfragen des Internet: Ein Leitfaden für die Praxis, Köln 1998 (zit.: *Hoeren*, Rechtsfragen)

Hoffmann, Helmut: Anmerkung zu OLG München, Urteil vom 12.8.1999 – 6 U 4484/98, MMR 2000, S. 105 f

Höhne, Thomas: Anmerkung zu OGH vom 13.7.1999, 4 Ob 140/99p, Medien und Recht 1999, S. 239 (zit.: *Höhne*, Medien und Recht 1999)

Höhne, Thomas: Anmerkung zu OGH vom 27.4.1999, 4 Ob 105/95s, MMR 1999, S. 661 f (zit.: *Höhne*, MMR 1999)

Höhne, Thomas: Namensfunktion von Internet Domain Names?, ecolex 1998, S. 924 ff (zit.: *Höhne*, ecolex 1998)

Hoppmann, Carsten/Moos, Flemming: Der allgemeine Rechtsrahmen des Online-Auftritts von Versicherungsunternehmen, Zeitschrift für Versicherungswesen 1999, S. 194 ff

Horn, Norbert (Hrsg): Handelsgesetzbuch (ohne Seerecht), Kommentar, Bd. 1, Einleitung, §§ 1-104, 2. Auflage, Berlin, New York 1995

Hubmann, Heinrich/Götting, Horst-Peter: Gewerblicher Rechtsschutz, 6. Auflage, München 1998

Hubmann, Heinrich: Das Persönlichkeitsrecht, 2. Auflage, Köln 1967 (zit.: *Hubmann*)

Hufnagel, Frank-Erich/Rädler, Peter: Multimedia und Telekommunikation, AfP 1999, S. 242 ff

Ingerl, Reinhard/Rohnke, Christian: Die Umsetzung der Markenrechts-Richtlinie durch das deutsche Markengesetz, NJW 1994, S. 1247 ff (zit.: *Ingerl/Rohnke*, NJW 1994)

Ingerl, Reinhard/Rohnke, Christian: Gesetz über den Schutz von Marken und sonstigen Kennzeichen, Kommentar, München 1998 (zit.: *Ingerl/Rohnke*)

Jacobs, Rainer/Lindacher, Walter F./Teplitzky, Otto (Hrsg.): UWG, Großkommentar, §§ 16-24, 3. Auflage, Berlin 1991 (zit.: GroßKomm/*Bearbeiter*)

Jaeger-Lenz, Andrea: Kennzeichenschutz gegen ähnliche Domainbezeichnungen?, K&R 1998, S. 9 ff (zit.: *Jaeger-Lenz*, K&R 1998)

Jaeger-Lenz, Andrea: Markenrecht im Internet, in: Rechtsgeschäfte im Netz – Electronic Commerce, Hrsg. *Michael Lehmann*, Stuttgart 1999 (zit.: *Jaeger-Lenz*, Rechtsgeschäfte im Netz)

Jakubik, Renate: Markenrecht und das Internet, S. 175 ff, in: *Hoeren, Thomas/ Queck, Robert* (Hrsg.), Rechtsfragen der Informationsgesellschaft, Berlin 1999

Jaskulla, Ekkehard: Anmerkung zu LG München I vom 15.1.1997, 1 HKO 3146/ 96, und LG Lüneburg vom 29.1.1997, 2 0 336/96, WuB IV A. § 13 BGB 2. 97, S. 897 f

Jauernig, Othmar: Bürgerliches Gesetzbuch mit Gesetz zur Regelung des Rechts der Allgemeinen Geschäftsbedingungen, 9. Auflage, München 1999 (zit.: Jauernig/*Bearbeiter*)

Jonas, Kay-Uwe/Schmitz, Nicolás: Neue Möglichkeiten für den Kennzeichenmissbrauch? – Zur Einordnung von sogenannten Vanity-Rufnummern, GRUR 2000, S. 183 ff

Karlsruher Kommentar zum Gesetz über Ordnungswidrigkeiten, Hrsg. *Karlheinz Boujong*, München 1989 (zit.: KK-*Bearbeiter*)

Keller, Erhard: Der Schutz eingetragener Marken gegen Rufausnutzung nach deutschem und europäischem Recht, Diss. Baden-Baden 1994 (zit.: *Keller*)

Keller, Erhard: Die zeichenmäßige Benutzung im Markenrecht – Umfang und Grenzen der markenrechtlichen Abwehrbefugnis – , GRUR 1996, 607 ff (zit.: *Keller*, GRUR 1996)

Kiethe, Kurt/Krauß, Oliver: Die Verwechselungsgefahr nach dem Markengesetz – Verstärkter Rechtsschutz durch legislative Begriffserweiterung, WRP 1996, S. 495 ff

Kilches, Ralph: Rechtsfragen zu Internet-Domainnamen, ÖJZ 1999, S. 329 ff

Kilian, Matthias: Die Adresse im Internet – Domains und ihr rechtlicher Schutz, DZWiR 1997, S. 381 ff

Klaka, Rainer/Krüger, Christof: Zur Problematik örtlich begrenzter Kennzeichenrechte, in FS für Alfred-Carl Gaedertz, München 1992, S. 299 ff (zit.: *Klaka/Krüger*)

Kleinheyer, Gerd: Rechtsgutsverwendung und Bereicherungsausgleich, JZ 1970, S. 471 ff

Kleinwächter, Wolfgang: ICANN als United Nations der Informationsgesellschaft? Der lange Weg zur Selbstregulierung des Internet, MMR 1999, S. 452 ff

Klippel, Diethelm: Der zivilrechtliche Schutz des Namens, Paderborn, München, Wien, Zürich 1985

Kloos, Bernhard: Anmerkung zu LG München I - 21 O 17599/96, CR 1997, S. 543 f (zit.: *Kloos*, CR 1997)

Knaak, Roland: Das Recht der Gleichnamigen, Köln, Berlin, Bonn, München 1979 (zit.: *Knaak*)

Knaak, Roland: Der Schutz der nichteingetragenen Kennzeichenrechte im vereinigten Deutschland, GRUR 1991, 891 ff (zit.: *Knaak*, GRUR 1991)

Koch, Frank A.: Internetrecht, Oldenburg 1998 (zit.: *Koch*)

Kochinke, Clemens/Bäumer, Ulrich: Die Vergaberichtlinie des InterNIC bei Internet-Adressen CR 1996, S. 499 ff

Kochinke, Clemens/Tröndle, Rüdiger: Links, Frames und Meta-Tags, CR 1999, S. 190 ff

Kögel, Stefan: Neues Firmenrecht und alte Zöpfe: Die Auswirkungen der HGB-Reform, BB 1998, S. 1645 ff

Köhler, Helmut: Der Schadensersatz-, Bereicherungs- und Auskunftsanspruch im Wettbewerbsrecht, NJW 1992, 1477 ff (zit.: *Köhler*, NJW 1992)

Köhler, Helmut: Kurzkommentar zu BGH – I ZR 8/89, EWiR 1991, 95 f (zit.: *Köhler* EWiR 1991)

Köhler, Markus/Arndt, Hans-Wolfgang: Recht des Internet, 2. Auflage, Heidelberg 2000

Koller, Ingo/Roth, Wulf-Henning/Morck, Winfried: Handelsgesetzbuch, Kommentar, München 1999 (zit.: Koller/Roth/Morck/*Bearbeiter*)

Koppensteiner, Hans Georg; Kramer, Ernst A.: Ungerechtfertigte Bereicherung, 2. Auflage, Berlin, New York 1988

Körner, Eberhard: Zur Kollision von Firmen- und Warenzeichenrecht, insbesondere bei Firmen mit örtlich begrenztem Wirkungskreis, WRP 1975, S. 706 ff

Kotthoff, Jost: Fremde Kennzeichen in Metatags: Marken- und Wettbewerbsrecht, K&R 1999, S. 157 ff

Krings, Philipp: Der Schutz von Buchstabenkennzeichen, WRP 1999, S. 50 ff (zit.: *Krings*, WRP 1999)

Kröger, Detlef: Internet für Juristen: weltweiter Zugriff auf juristische Fachinformationen, Neuwied, Kriftel, Berlin 1998 (zit.: *Kröger*, Internet für Juristen)

Krol, Ed: Die Welt des Internet, Bonn 1995

Krüger, Christof: Zum gedanklichen Inverbindungbringen im Sinne der §§ 9 I 2, 14 II 2 MarkenG, GRUR 1995, S. 527 ff

Krüger-Nieland, Gerda: Anwendungsbereich und Rechtsnatur des Namensrechts, in FS für Robert Fischer, Berlin 1979, S. 339 ff

Kuhlenbeck, Ludwig: Von den Pandekten zum BGB, Eine dogmatische Einführung in das Studium des bürgerlichen Rechts, Berlin 1898

Kunz-Hallstein, Hans-Peter: Ähnlichkeit und Verwechslungsgefahr – Überlegungen zur Auslegung des neuen Markengesetzes, GRUR 1996, S. 6 ff

Kur, Annette: die notorisch bekannte Marke im Sinne von 6bis PVÜ und die „bekannte Marke" im Sinne der Markenrechtsrichtlinie, GRUR 1994, S. 330 ff (zit.: *Kur*, GRUR 1994)

Kur, Annette: Internet Domain names, CR 1996, S. 325 ff (zit.: *Kur*, CR 1996)

Kur, Annette: Internet und Kennzeichenrecht, in: *Loewenheim, Ulrich/Koch, Frank A.* (Hrsg.): Praxis des Online-Rechts, Weinheim 1998 (zit.: *Kur*, Internet und Kennzeichenrecht)

Kur, Annette: Kennzeichenkonflikte im Internet – „ Kinderkrankheiten" oder ernstzunehmendes Problem?, FS für Friedrich-Karl Beier, S. 265 ff (zit.: *Kur*, FS Beier)

Kur, Annette: Namens- und Kennzeichenschutz im Cyberspace, CR 1996, S. 590 ff (zit.: *Kur*, CR 1996)

Larenz, Karl/Canaris, Claus-Wilhelm: Lehrbuch des Schuldrechts, Zweiter Band, Besonderer Teil, 2. Halbband, 13. Auflage, München 1994 (zit.: *Larenz/ Canaris* BT II/2)

Larenz, Karl/Canaris, Claus-Wilhelm: Methodenlehre der Rechtswissenschaft, 3. Auflage, Berlin 1995 (zit.: *Larenz/Canaris*, Methodenlehre)

Lehmann, Michael: Der Schutz der geschäftlichen Bezeichnung im neuen Markengesetz, in FS für Friedrich-Karl Beier, S. 279 ff

Leßmann, Herbert: Persönlichkeitsschutz juristischer Personen, AcP 170, S. 266 ff (zit.: *Leßmann*, AcP 170)

Leßmann, Herbert: Weiterentwicklungen in Rechtsprechung und Lehre zu § 823 Abs. 1 BGB, JA 1988, S. 409 ff (zit.: *Leßmann*, JA 1988)

Loewenheim, Ulrich: Bereicherungsansprüche im Wettbewerbsrecht, WRP 1997, S. 913 ff (zit.: *Loewenheim*, WRP 1997)

Loewenheim, Ulrich: Bereicherungsrecht, 2. Auflage, München 1997 (zit.: *Loewenheim*)

Look-Wagner, Oliver: Das Internet und sein Recht, Stuttgart 2000

Marwitz, Petra: Heilmittel im Internet, MMR 1999, S. 83 ff

Mayer-Schönberger, Viktor/Hauer, Karin: Kennzeichenrecht & Internet Domain Namen, Ecolex, Fachzeitschrift für Wirtschaftsrecht, 1997, S. 947 ff

Medicus, Dieter: Allgemeiner Teil des BGB, 7. Auflage, Heidelberg 1997

Michalski, Lutz: Anmerkung zu OLG Frankfurt a. M., 6 W 5/97, DZWiR 1997, S. 165 f

Michalsky, Udo: Die Marke in der Wettbewerbsordnung nach dem Inkrafttreten des Markengesetzes, Diss., Baden-Baden 1996

Münchener Kommentar zum Bürgerlichen Gesetzbuch, Band I, Allgemeiner Teil, §§ 1-240, 3. Auflage, München 1993; Band II, Schuldrecht Allgemeiner Teil, §§ 241-432, 3. Auflage, München 1994; Band 5, Schuldrecht Besonderer Teil III, §§ 705-853, 3. Auflage München 1997 (zit.: MünchKomm/*Bearbeiter*)

Münchener Kommentar zur Zivilprozessordnung mit Gerichtsverfassungsgesetz und Nebengesetzen, Band 3, §§ 803-1048, München 1992 (zit.: MünchKommZPO/*Bearbeiter*)

Nägele, Thomas: Die rechtsverletzende Benutzung im Markenrecht, Baden-Baden 1999, zugl. Heidelberg, Univ., Diss., 1998 (zit.: *Nägele*)

Nordemann, Axel/Goddar, Heinz/Tönhardt, Marion/Czychowski, Christian: Gewerblicher Rechtsschutz und Urheberrecht im Internet, CR 1996, S. 645 ff (zit.: *Nordemann/Goddar/Tönhardt/Czychowski*, CR 1996)

Nordemann, Axel: Internet-Domains und zeichenrechtliche Kollisionen, NJW 1997, S. 1891 ff (zit.: Nordemann, NJW 1997)

Omsels, Hermann-Josef: Die Kennzeichenrechte im Internet, GRUR 1997, S. 328 ff

Palandt (Begr.): Bürgerliches Gesetzbuch, Kommentar, 59. Auflage, München 2000 (zit.: Palandt/*Bearbeiter*)

Patt, Herrmann: Die Stellung der Gleichnamigen im Wettbewerbsrecht, Diss. Köln 1960

Pawlowski, Hans-Martin: Allgemeiner Teil des BGB, 5. Auflage, Heidelberg 1998

Pehle, Alexander: Die Kollision von Kennzeichenrechten, Diss. München 1969

Piper, Henning: Der Schutz der bekannten Marken, GRUR 1996, 429 ff

Plaß, Gunda: Neue Grundsätze für das Recht der Gleichnamigen?, WRP 2000, S. 40 ff

Poeck, Torsten: Kennzeichenrecht – Marke, Geschäftsbezeichnung, Name: der Domain-Name im Internet, in: *Schwerdtfeger, Armin* (Hrsg.): Grundlagen, Checklisten und Fallbeispiele zum Online-Recht, Wiesbaden 1999 (zit.: *Poeck*, Schwerdtfeger)

Poeck, Torsten: Marken- und Kennzeichenrecht: Der Schutz der Internet-Adresse, in: *Schwarz, Mathias* (Hrsg.): Recht im Internet, Stadtbergen; Loseblatt, Stand: Sept. 1999 (zit.: *Poeck*)

Raßmann, Christian: Der Schutz des Freihaltebedürfnisses im Rahmen von § 23 MarkenG, GRUR 1999, S. 384 ff

Rebmann/Roth/Herrmann: Gesetz über Ordnungswidrigkeiten, Kommentar, 3. Auflage, 3. Lieferung (Stand April 1999)

Rehbein, H.: Das Bürgerliche Gesetzbuch mit Erläuterungen für das Studium und die Praxis, I. Band, Allgemeiner Theil, Berlin 1899

Renck, Andreas W.: Kennzeichenrechte versus Domain-Names - eine Analyse der Rechtsprechung, NJW 1999, S. 3587 ff (zit.: *Renck*, NJW 1999)

Reuter, Dieter/Martinek, Michael: Ungerechtfertigte Bereicherung, Tübingen 1983

RGRK – Das Bürgerliche Gesetzbuch mit besonderer Berücksichtigung der Rechtsprechung des Reichsgerichts und des Bundesgerichtshofes, Kommentar, Band I, §§ 1-240, 12. Auflage, Berlin1982; Band III, 1. Teil, §§ 854-1011, 12. Auflage, Berlin 1979

Ring, Gerhard: Das Rechtsinstitut der Verwirkung nach dem Markengesetz sowie nach allgemeinem Recht, DZWiR 1995, 494 ff (zit.: *Ring*, DZWiR 1995)

Ring, Gerhard: Kurzkommentar zu OLG München - 6 U 6228/98, EWiR 1999, S. 1153 f (zit.: *Ring*, EWiR 1999)

Rößler, Bernd: Die Ausnutzung der Wertschätzung bekannter Marken im neuen Markenrecht, GRUR 1994, 559 ff (zit.: *Rößler*, GRUR 1994)

Rößler, Bernd: Die Rufausbeutung als Unlauterkeitskriterium in der Rechtsprechung zu § 1 UWG, Köln, Diss. 1997 (zit.: *Rößler*)

Sack, Rolf: Die „Verwässerung“ bekannter Marken und Unternehmenskennzeichen, WRP 1985, S. 459 ff (zit.: *Sack,* WRP 1995)
Sack, Rolf: Die eigenmächtige Werbung mit fremden Namen als Delikt, WRP 1984, S. 521 ff (zit.: *Sack*, WRP 1984)
Sack, Rolf: Probleme des Markenschutzes im Ähnlichkeitsbereich, WRP 1998, S. 1127 ff (zit.: *Sack*, WRP 1998)
Sack, Rolf: Sonderschutz bekannter Marken, GRUR 1995, S. 81 ff (zit.: *Sack*, GRUR 1995)
Samson, Yann: Domain-Grabbing in den USA: Ist die Einführung des „Trademark Cyberpiracy Prevention Act“ notwendig?, GRUR Int. 2000, 137 ff (zit.: *Samson*, GRUR Int. 2000)
Samson, Yann: Domain-Grabbing. Ein Vergleich der Rechtslagen in den USA und Deutschland, Diss. München, 1998 (zit.: *Samson*)
Schließ, Markus: Übertragung von Domainnamensrechten, ZUM 1999, S. 307 ff
Schlosser, Peter: Vollstreckungsrechtliches Prioritätsprinzip und verfassungsrechtlicher Gleichheitssatz, ZZP 97 (1984), S. 121 ff
Schmiedel, Ralf: Namensrecht für Unternehmenskennzeichen, CI 2000, S. 9 f
Schmieder, Hans-Heinrich: Die Entwicklung des Markenrechts seit Ende 1997, NJW 1999, S. 3089 ff
Schmittmann, Jens: Domain-Names von Gebietskörperschaften – Streitpunkte in der Praxis, K&R 1999, S. 510 ff
Schneider, Jochen: Handbuch Praxis des EDV-Rechts, 2. Auflage, Köln 1997
Scholz, Ulrich: Die Änderung der Gleichgewichtslage zwischen namensgleichen Unternehmen und das Recht auf die Namensmarke, GRUR 1996, S. 679 ff
Schöne, Thomas/Wüllrich, Michael: Das Prioritätsprinzip im Markenrecht am Beispiel der Kollision von älterer Marke und jüngerer geschäftlicher Bezeichnung, WRP 1997, S. 514 ff
Schotthöfer, Peter/Scharrer, Ulrich: Werberecht im Internet, Ettlingen 1997
Schultz, Detlef von: Eigenname contra prioritätsältere Phantasiebezeichnung, GRUR 1992, S. 487 ff (zit.: *v. Schultz*, GRUR 1992)
Schultz, Detlev von: Zu den Privilegierungstatbeständen des § 23 MarkenG, GRUR 1997, S. 408 ff (zit.: *v. Schultz*, GRUR 1997)
Schulz, Fritz: System der Rechte auf den Eingriffserwerb, AcP 105 (1909), S. 1 ff
Schumann, Ekkehard: Verfassungs- und Menschenrechtsbeschwerde gegen richterliche Entscheidungen, Berlin 1963
Sick, Ulrich/Richter, Heike: Rechtsschutz im Zusammenhang mit Domain-Grabbing, K&R 2000, S. 339 ff
Soergel, Hans-Theodor (Begr.): Bürgerliches Gesetzbuch mit Einführungsgesetzen und Nebengesetzen, Band I, Allgemeiner Teil, (§§ 1-103), 13.

Auflage, Mainz 2000; Band II, Schuldrecht I, (§§ 241-432), 12. Auflage, Stuttgart 1990 Band IV, Schuldrecht III, (§§ 705-853), 11. Auflage, Stuttgart 1985 (zit.: Soergel/*Bearbeiter*)

Starck, Joachim: Markenmäßiger Gebrauch – Besondere Voraussetzung für die Annahme einer Markenverletzung? – , GRUR 1996, S. 688 ff

Starck, Joachim: Zur mittelbaren Verletzung von Kennzeichenrechten, in FS *Henning Piper*, München 1996

Staudinger, J. von: Kommentar zum Bürgerlichen Gesetz mit Einführungsgesetz und Nebengesetzen; Einl. Zum Bürgerlichen Gesetzbuch, §§ 1-12, 13. Bearbeitung, Berlin 1995; Zweites Buch, Recht der Schuldverhältnisse, §§ 249-254, 13. Auflage, Berlin 1998; Zweites Buch, Recht der Schuldverhältnisse, §§ 812-822, 13. Auflage, Berlin 1994; Zweites Buch, Recht der Schuldverhältnisse, §§ 823- 825, 13. Auflage, Berlin 1999; Drittes Buch, Sachenrecht, §§ 985-1011, 13. Auflage, Berlin 1993 (zit.: Staudinger/*Bearbeiter*)

Steckler, Brunhilde: Grundzüge des EDV-Rechts, München 1999

Stockinger, Stefan/Kranebitter, Florian: Kriterien für den rechtmäßigen Gebrauch von Internet-Domain-Bezeichnungen, Medien und Recht 2000, S. 3 ff

Stratmann, Holger: Internet domain names oder der Schutz von Namen, Firmenbezeichnungen und Marke gegen die Benutzung durch Dritte als Internet-Adresse, BB 1997, S. 689 ff

Strömer, Tobias H.: Anmerkung zu LG Lüneburg – 3 O 336/96, CR 1997, S. 290 f (zit.: *Strömer*, CR 1997)

Strömer, Tobias H.: Online-Recht, 2. Auflage, Heidelberg 1999 (zit.: *Strömer*)

Teplitzky, Otto: Verwechslungsgefahr und Warenähnlichkeit im neuen Markenrecht, GRUR 1996, S. 1 ff (zit.: *Teplitzky*, GRUR 1996)

Teplitzky, Otto: Wettbewerbsrechtliche Ansprüche, 7. Auflage, Köln, Berlin, Bonn, München 1997 (zit.: *Teplitzky*)

Tiedemann, Paul: Internet für Juristen – Eine praxisorientierte Einführung, Darmstadt 1999

Ubber, Thomas: Rechtsschutz bei Missbrauch von Internet-Domains, WRP 1997, S. 495 ff

Vahrenwald, Arnold: Recht in Online und Multimedia, Praxis Handbuch, Loseblatt, Neuwied, Kriftel, Berlin 1997

Vergani, Giorgio Nicolò: Electronic Commerce and Trade Marks in the United States: Domain Names, Trade Marks and the "Use in Commerce Requirement" on the Internet, EIPR 1999, S. 450 ff

Viefhues, Martin: Domain-Name-Sharing, MMR 2000, S. 334 ff (zit.: *Viefhues*, MMR 2000)

Viefhues, Martin: Kennzeichenrecht, in: Handbuch Multimedia-Recht, Rechtsfragen des elektronischen Geschäftsverkehrs, *Hoeren, Thomas/Sieber, Ulrich* (Hrsg.): München 1999 (zit.: *Viefhues*)

Viefhues, Martin: Reputationsschutz bei Domain Names und Kennzeichenrecht, MMR 1999, S. 123 ff (zit.: *Viefhues*, MMR 1999)

Völker, Stefan/Weidert, Stefan: Domain-Namen im Internet, WRP 1997, S. 652 ff

Wacke, A.: Wer zuerst kommt, mahlt zuerst – prior tempore potior iure, JA 1981, S. 94 ff

Wagner, Gerhard: Zeichenkollisionen im Internet, ZHR 162 (1998), S. 701 ff

Wegner, Ralf: Der rechtliche Schutz von Internetdomains, Kennzeichenrechtliche und deliktische Anspruchsgrundlagen, CR 1999, S. 250 ff

Weinknecht, Jürgen: Multimedia-Recht: für Autoren, Produzenten und Nutzer, Heidelberg 1997

Wendel, Dominik A.: Wer hat Recht im Internet? Ein juristischer Internet-Leitfaden, Aachen 1997

Werner, Andreas: Marketing-Instrument Internet, 2. Auflage, Heidelberg 1998

Wiebe, Andreas: Zur Kennzeichnungsfunktion von Domain Names, CR 1998, S. 157 ff (zit.: *Wiebe*, CR 1998)

Wilmer, Thomas: Offene Fragen der rechtlichen Einordnung von Internetdomains, CR 1997, S. 562 ff

Withöft, Anselm: Anmerkung zu LG Düsseldorf – 4 O 160/98, CR 1998, S. 690 f

Wuesthoff, Franz/Leßmann, Herbert/Wendt, Diethard: Sortenschutzgesetz, Kommentar, 2. Auflage, Weinheim 1990

Wulf, Julia: Anmerkung zu OLG Frankfurt a. M., Urteil vom 16. 12. 1999 – 6 U 144/99, BB 2000, S. 321 ff

Zumbusch, Ludwig von: Durchsetzung von Rechten des geistigen Eigentums – Verletzung und Haftung bei Marken, GRUR Int. 1997, S. 134 ff

Sonstige Quellen

Brockhaus-Enzyklopädie: in 24 Bd., 19. Auflage, Mannheim 1988

DENIC eG: Informationen zur Domainregistrierung und –vergabe (abrufbar unter www.denic.de)

Der Sachsenspiegel (Landrecht), *Weiske, Julius* (Hrsg), 5. Auflage von *R. Hildebrand*, Leipzig 1877 (zit.: Der Sachsenspiegel)

Duden Deutsches Universalwörterbuch: Hrsg. vom Wissenschaftlichen Rat und den Mitarbeitern der Dudenredaktion, Mannheim 1996

Mugdan: Die gesammelten Materialien zum Bürgerlichen Gesetzbuch für das Deutsche Reich, I. Band, Einführungsgesetz und Allgemeiner Theil, Berlin 1899

Hahn, Carl: Die gesammelten Materialien zur Civilprozeßordnung und dem Einführungsgesetz zu derselben, Erste Abtheilung, Berlin 1880

Weinknecht, Jürgen: Gutachten zu dem Urteil des LG Bochum vom 24. April 1997 – "krupp.de“, abrufbar unter www.weinknecht.de/krupp_g.htm.

WIPO Final Report of the WIPO Internet Domain Name Process (abrufbar unter http://wipo2.wipo.int/process/eng/final_report.htm.)

Abkürzungsverzeichnis und Glossar

Browser	Programm zum Abruf von Daten aus dem → WWW, z. B. Microsoft-Explorer, Netscape Navigator.
ccTLD	country code Top Level Domain. → TLD, die einem Land zugewiesen ist und von einer nationalen, meist nichtstaatlichen Organisation vergeben wird (die ccTLD „.de“ wird von → DENIC vergeben).
DENIC eG	Deutsches Network Information Center (DENIC Domain Verwaltungs- und Betriebsgesellschaft eG). Vergibt und verwaltet → SLDs unter der → TLD .de.
DNS	Domain Name Server (Service). Weist jedem → Domain-Namen eine → IP-Adresse zu und umgekehrt.
Domain-Name	Die als Buchstabenfolge ausgedrückte Adresse eines Computers im Netz. Besteht aus wenigstens → TLD und → SLD; weitere Subdomains können verwendet werden.
E-Mail	Programm zum Versand von Nachrichten an eine oder mehrere bestimmte Personen.
gTLD	generic Top Level Domain. → TLD, die gattungsmäßig eingesetzt werden soll, etwa „.edu“ für Bildungseinrichtungen oder „.com“ für kommerzielle Anbieter.

Homepage	Leitseite und Anlaufstelle einer → Website. Sie kann über eine Adresse (→ URL) abgerufen werden.
Host	→ Server.
http	Hypertext Transfer Protocol. Ermöglicht Zugriff auf und Versand von Hypertext-Daten im → WWW.
Hyperlink	Markierte, sensible Schaltflächen auf dem Bildschirm. Durch Anklicken können → Websites aufgerufen werden.
ICANN	Internet Corporation for the Assigned Numbers and Names. Koordiniert Verwaltung der Internet-Adressen; akkreditiert Vergabestellen.
Internet	Größtes Datennetz auf der Basis von → TCP/IP-Technologie.
InterNIC	International Network Information Center. Verwaltete bis 1999 alle → gTLDs.
IP-Adresse	Internet Protocol-Adresse. Die als Zahlenfolge ausgedruckte „Anschrift“ eines Computers im Internet.
Link	→ Hyperlink.
NIC(s)	Network Information Center(s). Sie vergeben → SLDs unterhalb einer bestimmten → TLD (z. B.: → DENIC).
Server/Host	Im Internet miteinander verbundene Computer.
SLD	Second Level Domain. Bestandteil des Domain-Namens auf der zweiten Hierarchieebene. Frei wählbar, soweit nicht bereits vergeben.
TCP/IP	Transmission Control Protocol/Internet Protocol. Standard der Versandtechnik von Daten im → Internet.
TLD	Top Level Domain. Bestandteil des → Domain-Namens auf der obersten Hierarchieebene (z. B.: „.de“, „.com“). Nur eine beschränkte Auswahl möglich.
URL	Uniform Resource Locator. Komplette Internet-Adresse. Besteht im → WWW aus dem Präfix „http://www.“ und dem Domain-Namen.
Website	Gesamtheit eines bestimmten Informationsangebotes.
WhoIs	Who is? Dienst zur Abfrage personenbezogener Daten und Adressen aus speziellen Verzeichnissen.
WWW	World Wide Web. Bedeutendster Dienst des Internets.

Für weitere Abkürzungen, die nicht aus sich selbst heraus verständlich sind, wird verwiesen auf

Kirchner, Hildebert: Abkürzungsverzeichnis der Rechtssprache, 4. Auflage, Berlin 1993

Einleitung

A. Gegenstand und Gang der Untersuchung

Mit der Verbreitung des Internets gewinnen internetbezogene Rechtsprobleme an Bedeutung. Diskutiert wird insbesondere der Schutz von Domain-Namen, den im Präfix mit http://www. beginnenden Adressen im World Wide Web (WWW). Konflikte entstehen dadurch, dass eine Adresse im WWW nur einmal vergeben wird. Akut wird der Konflikt spätestens dann, wenn einem Antragsteller von der Domain-Vergabestelle mitgeteilt wird, dass sein gewünschter Domain-Name bereits vergeben ist.

Zwei typische Varianten lassen sich unterscheiden: An erster Stelle zu nennen ist der Domaininhaber, der allein aufgrund der Zuteilung der Domain davon ausgeht, diese auch weiterhin für sich nutzen zu können. Hierzu gehört sowohl der ‚Domaingrabber'[1] als auch der Inhaber eines mit einer Gattungsbezeichnung übereinstimmenden Domain-Namens[2]. Charakteristikum der zweiten Variante ist der Domaininhaber, der – ebenso wie der Antragsteller – auch aufgrund eines außerhalb der bloßen Zuweisung einer Domain liegenden Rechts die Domain für sich beansprucht. Zu nennen sind insbesondere Rechte an geschäftlichen Bezeichnungen, Marken und Namen. Nur die zweite Variante ist Gegenstand vorliegender Untersuchung. Es soll der Frage nachgegangen werden, ob und gegebenenfalls welche Ansprüche einem Antragsteller zustehen, dessen geschütztes Kennzeichen[3] in identischer Form schon als Bestandteil eines Domain-Namens benutzt wird.

Die Eingrenzung auf beidseitig bestehende Kennzeichenrechte beruht auf mehreren Erwägungen. Inzwischen befassen sich zahlreiche Urteile und Aufsätze mit dem Domain-Grabbing[4]. Nicht wenige Veröffentlichungen sind mittlerweile auch zur Registrierung von Gattungsbezeichnungen erschienen. Deutlich spärlicher gesät sind hingegen Beiträge zu Fällen kollidierender Kennzeichen. Schließlich führt die Eindimensionalität des Namensraums im Internet (ein Domain-Name wird weltweit nur ein einziges Mal vergeben) angesichts der ständig wachsenden Zahl von Teilnehmern zwangsläufig zu Konflikten. Außerhalb des Internets stört ein Kennzeichen ein identisches und für eine andere Branche benutztes Kennzeichen in der Regel nicht. Eine Koexistenz ist daher möglich. Aufgrund der Eindimensionalität bleibt einem der Kennzeichen-

---

1 Auch „Cyber-Squatter" genannt. Sie lassen sich aussagekräftige Domains wie „citroen.de" oder „toyota.de" registrieren, um sie anschließend Dritten zum Kauf anzubieten.

2 Zum Beispiel „mitwohnzentrale.de" oder „last-minute.de"

3 Geographische Herkunftsangaben bleiben hierbei unberücksichtigt.

4 Zum Domain-Grabbing wird auf die Dissertation von *Samson* verwiesen. Zur erfolgreichen Bekämpfung des Domain-Grabbings siehe auch *Bock*, sic! 2000, S. 132 ff.

inhaber eine Internetpräsenz unter identischer Domain jedoch verwehrt. Während außerhalb des virtuellen Raums Kennzeichenschutz territorial in Abhängigkeit des Verbreitungsortes bestehen kann, geraten Kennzeichen innerhalb des Internets aufgrund seiner immanenten Deterritorialisierung aneinander.[5]

Der Ausschluss eines der Kennzeicheninhaber stellt sich für diesen als unbefriedigend dar. Denn wer im WWW etwas anbieten möchte, will sichergehen, dass das Angebot von Internet-Nutzern bestmöglich wahrgenommen wird. Das gestaltet sich angesichts der ungeordneten Informationsflut im Internet als schwierig. Besonderen Erfolg kann die Registrierung eines Domain-Namens versprechen, der mit einem eigenen Kennzeichen identisch ist, z. B. einer Marke oder einem Bestandteil der Firma. Dem Internet-Nutzer kann es dann schon durch bloßes Erraten gelingen, auf das gewünschte Angebot zu stoßen. Sollen etwa die neuesten Nachrichten der ARD abgerufen werden, gibt der Nutzer die gleichbleibenden Praefices, das Wort „Tagesschau“ und ein gleichbleibendes Suffix in den Computer ein, drückt „Enter“ – fertig.

Der Gegenstand der Untersuchung wird im Hinblick auf die Art der Domain weiter eingegrenzt. Es werden nur Domain-Namen mit dem Suffix „.de“ erörtert. Grund hierfür ist, dass sich entgegen vielfach postulierter Globalisierung deutsche Nutzer des Internets an diesem Suffix orientieren. Die „.de“-Endung hat daher im deutschen Rechtskreis besondere Verbreitung gefunden. Dadurch erübrigen sich auch Ausführungen zu internationalen Kollisionsfragen[6]. Sie würden den Umfang der Arbeit sprengen.

Unter Berücksichtigung der spezifischen Besonderheiten des Internets gilt es festzustellen, ob die in Rechtsprechung und Literatur gefundenen Ansätze zur Lösung des Konflikts homonymer Kennzeicheninhaber einer kritischen Analyse standhalten. Die rechtliche Untersuchung widmet sich in einem ersten Kapitel dem Markenrecht und dessen Anwendbarkeit auf Domain-Namen. Vom Speziellen soll dann in einem zweiten Kapitel zum allgemeinen bürgerlich-rechtlichen Namensschutz geführt und die skizzierte Domain-Problematik im Anwendungsbereich des § 12 BGB erörtert werden. Im dritten Kapitel sollen verbleibende Lücken im Rechtsschutz geschlossen und im darauf folgenden Kapitel die Rechtsfolgen der Ansprüche untersucht werden. Dabei wird davon auszugehen sein, dass allenfalls einer von mehreren Kennzeicheninhabern die kennzeichengleiche Domain für sich benutzen kann.

---

5 Beispiel nach RGZ 171, 30 ff – Am Rauchfang: Der Betreiber einer in Düsseldorf ansässigen Gaststätte mit der Bezeichnung „Rauchfang“ und der Betreiber einer gleichnamigen Braunschweiger Gaststätte können ohne kennzeichenrechtliche Konflikte außerhalb des virtuellen Raums koexistieren. Anders im Internet: Hier kann nur einer der Betreiber seine Bezeichnung als Domain http://www.rauchfang.de registrieren lassen.

6 Zu diesen *Bettinger*/Thum, GRUR Int. 1999, S. 659 ff; *Bornkamm*, S. 99 ff; *Cohen*, S. 294 ff und *Elliott/Gravatt*, S. 417 ff.

Bevor jedoch Lösungsmöglichkeiten, geordnet nach Anspruchsgrundlagen, gesucht werden, erscheint es aufgrund des jungen und sich rasant entwickelnden Mediums Internet zum Verständnis der rechtlichen Problematik geboten, kurz auf technische und organisatorische Aspekte zum Internet allgemein und die Domain-Vergabe im besonderen einzugehen.[7] Außerdem soll begründet werden, warum die Benutzung einer Domain durch mehrere Kennzeicheninhaber bei der Lösung des Konflikts außer Betracht bleiben soll.[8]

B. Technische und organisatorische Aspekte

Vorläufer des Internet war das für das US-Militär entwickelte und 1969 vorgestellte Arpanet.[9] Die Kommunikation der Rechner untereinander fußte damals auf der verwendeten Software Network Control Protocol (NCP). Durch das NCP konnten Rechner unterschiedlicher Art miteinander verbunden werden. Damit gab es jedoch noch kein Internet, denn es war noch nicht gelungen, verschiedene Computernetze miteinander zu verbinden. Diese Hürde wurde 1982 durch das TCP/IP (Transmission Control Protocol/Internet Protocol) genommen.[10] Dieses Übertragungsprotokoll sendet Informationen paketweise gestückelt zum Zielrechner, wobei die einzelnen Pakete im Netz verschiedene Wege nehmen können – etwa dann, wenn ein Pfad überlastet oder ausgefallen ist. Am Zielrechner werden die Pakete in richtiger Reihenfolge durch das TCP zusammengefügt. Diese Aufspaltung in einzelne Pakete verhindert die Blockade physikalischer Verbindungen, insbesondere beim Versenden größerer Datenpakete.[11] Damit ist das Netzwerk sehr sicher vor Angriff und Ausfall. Unvollständig ankommende Pakete werden so häufig zurückgesandt, bis sie vollständig beim Zielrechner eingehen. Es muss also nicht die Gesamtdatei neu versandt werden. Charakteristisch ist die dezentrale Struktur des Netzes. Es gibt keinen zentralen Rechner, sondern eine Vielzahl von Teilnetzwerken und mehrere Millionen miteinander in Verbindung tretende Rechner, die sogenannten Hosts oder Server. Der dezentrale Aufbau ermöglicht schnelles Wachstum des Netzes durch den Anschluss neuer Hosts.

Der für vorliegende Untersuchung relevante und auch sonst wohl bedeutendste Dienst des Internets ist das erst 1992 durch das Europäische Labor für

---

7 Dazu sogleich B.

8 Dazu sogleich C.

9 ARPA = Advanced Research Projects Agency. Sie wurde kurz nach dem Sputnik-Erfolg der Sowjetunion 1957 gegründet. Die militärische Nutzung erklärt nach *Kochinke/Bäumer*, S. 499, die nicht hinreichende Berücksichtigung von Fragen des geistigen Eigentums bei der Entwicklung zu einem kommerziellen Medium.

10 Internet-Rechtsberater, S. 17 f; *Tiedemann*, S. 4.

11 Internet-Rechtsberater, S. 19; *Kröger*, Internet für Juristen, S. 4; *Krol*, S. 29.

Teilchenphysik (CERN) vorgestellte World Wide Web.[12] Das WWW ermöglicht das Bereitstellen von Informationen unterschiedlichster Form – etwa Texte, Datenbanken, Grafiken, Musik und Videos. Diese Informationen werden mit Hilfe der Web-Browser (spezieller Computerprogramme) abgerufen.[13] Voraussetzung zum Auffinden des Rechners mit den gewünschten Informationen ist eine genaue Adressierung des Servers als Zielrechner im Feld für den URL.[14] Jeder mit dem Netz verbundene Rechner hat nach Maßgabe des TCP/IP wenigstens eine als Ziffernfolge ausgedrückte Adresse (sog. IP-Adresse). Eine IP-Adresse der Philipps-Universität Marburg lautet z. B. 137.248.21.22. Da jedoch eine Zahl gewöhnlich wenig Aussagegehalt hat und schwer zu merken ist, werden den IP-Adressen auch Buchstabenfolgen zugeordnet. Diese Buchstabenfolgen werden Domain-Namen[15] genannt. Üblicherweise werden für die Domain-Namen Wörter gewählt, die mit der zur Verfügung gestellten Information zusammenhängen. Im Beispielsfall der Philipps-Universität ist das der Domain-Name uni-marburg.de. Nachdem ein Teilnehmer die Buchstabenfolge des Zielrechners eingegeben hat, wandelt ein Domain-Name-Server (DNS) diese in die numerische IP um.

Ein solcher Domain-Name besteht aus verschiedenen Ebenen, die hierarchisch von rechts nach links gegliedert sind. Die einzelnen Gliederungsteile (Levels) werden durch einen Punkt voneinander getrennt. Rechts ist die Top-Level-Domain (TLD), links davon die Second-Level-Domain (SLD) zu finden. Die Top-Level-Domains werden nach der Konzeption des DNS entweder generisch verwendet,[16] oder sie geben an, welche Stelle den Domain-Namen vergeben hat[17]. Die SLD stellt den grundsätzlich frei wählbaren Teil des Domain-

[12] Nicht ganz korrekt werden – angesichts des allgemeinen Sprachgebrauchs auch hier – Internet und WWW meist synonym verwandt. Andere wichtige Dienste neben dem WWW sind FTP, Telnet und E-Mail.

[13] Die bekanntesten Web-Browser sind die Programme „Internet Explorer" von Microsoft und „Navigator" von Netscape.

[14] Unified Resource Locator. Der URL spezifiziert, wo die Information im WWW zu finden ist.

[15] Im deutschsprachigen Raum werden auch „Online-Kennung", „Internet-Kennung", „Internet-Domain", „Domainname", „Domain-Adresse" und das Englische „domain name" verwendet.

[16] gTLD für generic TLD. Beispiel: .edu für amerikanische Bildungseinrichtungen oder .com für kommerzielle Unternehmen.

[17] ccTLD für country code TLD. Beispiel: .de für Deutschland, .fr für Frankreich. Die ausnahmslos zweibuchstabigen ccTLDs geben indessen nicht an, in welchem Land sich der Inhaber der Domain befindet. Die ccTLDs geben lediglich jedem Land die Möglichkeit, in eigener Verantwortung den Namensraum unter ihrer ccTLD zu verwalten. Die nationalen Vergabestellen knüpfen dementsprechend auch unterschiedliche Bedingungen an die Zuteilung von Domains. So untergliedert beispielsweise die französische Vergabestelle die TLDs – tm.fr für Markeninhaber, .gouv.fr für staatliche Stellen usw., während die deutsche Vergabestelle DENIC eG Domains nur an Personen vergibt, die nach §§ 13, 17 ZPO ihren Allgemeinen Gerichtsstand in der Bundesrepublik

Namens dar. Privatleute verwenden in der Regel ihren bürgerlichen Namen oder Teile davon, Unternehmen ihre Geschäftsbezeichnung, Firma, Marke oder andere Kennzeichen.

Doch den Gestaltungsmöglichkeiten der SLD unter der TLD .de sind – wie der Domain insgesamt – enge Grenzen gesetzt. So wird bei Domain-Namen nicht zwischen Groß- und Kleinschreibung unterschieden. Ein Domain-Name darf nur aus arabischen Ziffern und/oder Zahlen und aus den Buchstaben des lateinischen Alphabets von A-Z sowie dem Zeichen „-" (Bindestrich) bestehen. Umlaute und Sonderzeichen sind also nicht erlaubt. Der Domain-Name hat mit einer Zahl oder einem Buchstaben anzufangen und zu enden. Die Mindestlänge beträgt 3[18], die Höchstlänge 63 Zeichen. Außerdem muss ein Domain-Name wenigstens einen Buchstaben enthalten, um Verwechslungen mit IP-Adressen zu vermeiden. Der Inhaber der berühmten Marke 4711 hat demnach keine Möglichkeit, sich unter „www.4711.de" online zu präsentieren. Selbst drei Buchstaben, die mit einem Kfz-Kennzeichen identisch sind, werden von der deutschen Vergabestelle nicht mehr vergeben. Angesichts der ständig wachsenden Domain-Registrierungen soll die Möglichkeit offengehalten werden, die Kfz-Kennzeichen als neue SLD für alle Interessenten der durch das Kennzeichen jeweils repräsentierten Region anzubieten.

Links von der SLD gibt der Befehl http://www. dem Rechner zu erkennen, dass die Zugriffsart des Hypertext Transfer Protocol (http) verwendet und eine Datei des World Wide Web aufgerufen wird. Eine vollständige Adresse im URL-Feld lautet beispielsweise:

http://www.jura.uni-marburg.de/Zivilr/welcome.html

Übertragungsprotokoll://Dienst.Subdomain.SLD.TLD/Verzeichnisse

Links der SLD können weitere Subdomains angelegt sein. Subdomains (3rd Level Domain, 4th Level Domain etc.) werden durch die nächsthöhere Hierarchieebene vergeben und bedürfen daher keiner Registrierung bei einer Vergabestelle für SLDs.[19] Dateiverzeichnisse, die durch Schrägstrich getrennt der TLD folgen, bedürfen ebenfalls keiner Registrierung. Die Eingabe eines Dateiverzeichnisses ist ebenso wenig Voraussetzung für das Auffinden einer Homepage wie die Eingabe von Subdomains. In aller Regel finden sich auf der Homepage als der Anfangs- oder Leitseite eines Angebots im WWW sogenannte Links zu

---

Deutschland haben (Vergaberichtlinie der DENIC eG abrufbar unter http://www.denic.de /doc/faq/vergaberichtlinie.html), wird die TLD .ch von der schweizerischen Vergabeorganisation auch an Personen vergeben, deren Wohn- oder Firmensitz nicht in der Schweiz liegt.

18 Zweibuchstabige SLDs werden nicht mehr zugelassen, um einem Softwarefehler zu begegnen, der bei Verwendung einer Buchstabenkombination auftreten kann, die als TLD benutzt wird (z. B. www.fr.de). Aus diesem Grund werden selbst dreibuchstabige SLDs nicht registriert, die mit den bisher meist dreistelligen gTLDs identisch sind. Zu allem www.denic.de/doc/faq/domainregistrierung.html#r0001.

19 *Bock*, sic! 1997, S. 267 f.

Subdomains bzw. Dateiverzeichnissen. Links sind Querverweise. Sie werden im Fließtext meist farbig hervorgehoben. Durch Anklicken kann der Nutzer ohne neue Befehlseingabe im URL-Feld andere Textstellen oder andere Dokumente aufrufen. Mit Hilfe von Links kann beispielsweise nach Aufruf der Homepage unter http://www.uni-marburg.de die Website der Abteilung Zivilrecht im Fachbereich Rechtswissenschaften aufgerufen werden. Die Eingabe von Subdomain und Dateiverzeichnis ermöglicht ohne Links den direkten Zugriff zur zivilrechtlichen Abteilung.

Homepages können allerdings nicht nur durch die Eingabe einer Adresse im URL-Feld, sondern auch mit Hilfe von Suchmaschinen[20] abgerufen werden. Das sind Suchprogramme im WWW, die durch einen meist automatisierten Datenabgleich im Internet Inhalte indizieren und dem Nutzer Domains von Websites anzeigen, in denen das gesuchte Wort enthalten ist. Zusätzlich zur Domain werden knappe Informationen über den Inhalt der gefundenen Sites gegeben. Diese Dateien können dann mittels Link aufgerufen werden, so dass die Eingabe des Domain-Namens in das URL-Feld erspart bleibt.[21]

Angesichts der Bedeutung des Domain-Namens für das Marketingkonzept und das schnelle Auffinden der Homepage eines Unternehmens kommt der Verteilung der Domains eine große Bedeutung zu. Zuständig für die Vergabe von Domain-Namen und IP-Adressen war bis 1999 die zentrale Vergabestelle InterNIC/NSI für alle TLDs und SLDs unter den TLDs .com, .edu, .gov, .int, .mil, .net und .org. Zur Förderung eines freien Wettbewerbs mit dem Handel von Domain-Namen ist die nicht auf Gewinnerzielung ausgerichtete „Internet Corporation for the Assigned Numbers and Names" (ICANN) gegründet worden. Unter ihrer Aufsicht sind derzeit (Stand: 2. April 2001) schon allein 76 Gesellschaften für die Registrierung von Domain-Namen unter der TLD .com zuständig.[22]

---

20 Engl.: search engine. Beliebte Suchmaschinen sind unter http://www.altavista.de, http://www.fireball.de und http://www.infoseek.de zu finden. Sie durchsuchen das Internet vollautomatisch und entwickeln selbständig Schlagwortindices. Web-Kataloge hingegen werden von Online-Redakteuren zusammengestellt, die nach Stichwörtern und Rubriken geordnet sind. Häufig benutzte Web-Kataloge können unter http://www.yahoo.de und http://www.excite.de aufgerufen werden. Zur Benutzung von Suchmaschinen in der juristischen Praxis *Herberger*, NJW 1999, S. 2424 ff.

21 Darüber hinaus können die Suchmaschinen auch Dokumente anzeigen, in deren Websites der eingegebene Begriff nicht gefunden werden kann. Grund dafür ist die im WWW verwendete Seitenbeschreibungssprache HTML (Hypertext Markup Language). Mit ihr können einem Dokument Begriffe zugeordnet werden, ohne sie sichtbar zu machen (sog. Meta-tags). Findige Unternehmen locken so gelegentlich durch Eingabe von Kennzeichen ihrer Konkurrenten deren potentielle Kunden auf die eigene Website. Dazu *Chong*, S. 275 ff; *Cohen*, S. 294 ff; *Hufnagel/Rädler*, S. 242, 243 und *Kochinke/Tröndle*, S. 192 ff.

22 Die aktuelle Statistik kann über www.icann.org/registrars/accredited-list.html in ermittelt werden.

In Deutschland vergibt und verwaltet das Deutsche Network Information Center (DENIC eG, kurz DENIC) Domains unter der TLD .de. Außerdem betreibt DENIC den Domain Name Server, der Domains mit der TLD .de in die IP-Adresse transformiert. Sie ist damit die zentrale Registrierungsstelle für alle .de-Domains. Man kann einen Domain-Namen zwar direkt bei DENIC registrieren lassen, doch stellt DENIC weder IP-Adressen noch Webspace zur Verfügung. Gängig ist es daher in der Praxis, die Konnektierung einer Domain von einem Internet Service Provider vornehmen zu lassen, der Genosse der DENIC eG ist oder mit einem solchen zusammenarbeitet – was übrigens meist preiswerter ist.

DENIC eG leitet ihre alleinige Zuständigkeit von der ICANN ab, die die Verwaltung der Domain-Namen überwacht.[23] DENIC vergibt – wie viele Registraturen – die Domains nach dem Prinzip "first come, first served". Sie unternimmt vor Zuweisung eines beantragten Domain-Namens keine präventive Prüfung, ob die Domain Kennzeichenrechte Dritter verletzen könnte.[24] Grund ist der große finanzielle und personelle Aufwand, der mit einer solchen Prüfung verbunden wäre. Die Verantwortlichkeit zur Prüfung entgegenstehender Rechte Dritter an einem Domain-Namen werden deshalb auf den Anmelder verlagert. Dieser muss der DENIC eG versichern, dass er nach Prüfung und seiner Kenntnis zufolge Rechte Dritter nicht verletzt. Folge dieses Prinzips ist, dass sich die Gerichte im Nachhinein vermehrt mit Kennzeichenkonflikten beschäftigen müssen.

Das Prinzip des "first come, first served" wird oftmals als Prioritätsprinzip bezeichnet.[25] Diese Terminologie ist missverständlich. Das Prioritätsprinzip ist ein den gewerblichen Rechtsschutz beherrschender Grundsatz. Durch ihn kommt zum Ausdruck, dass das früher begründete im Verhältnis zum zeitlich nachfolgenden das bessere Recht ist.[26] Priorität wird unabhängig davon beurteilt, wo und in welchem Medium mit einem Kennzeichen aufgetreten wird. Dieses berücksichtigt das Prinzip des "first come, first served" jedoch gerade nicht. Im Internet kann nämlich ein prioritätsjüngerer einem prioritätsälteren Zeicheninhaber durch eine Registrierung seines Kennzeichens als Domain-Namen zuvor kommen. Insofern erscheint es geboten, diesem Unterschied auch begrifflich Ausdruck zu verleihen. Das Prinzip des "first come, first served" wird daher im folgenden als „Erstanmelderprinzip" bezeichnet.

---

23 Zur ICANN siehe *Kleinwächter*, S. 452 ff.

24 Anders etwa die schwedische Vergabestelle, die zur Eindämmung des Domain-Grabbings den Nachweis eines bestehenden Kennzeichenrechts verlangt.

25 Z. B. bei *Bücking*, RdNr. 6; *Demmel/Skrobotz*, MMR 1999, S. 74, 76; *Ernst*, NJW 1997, S. 776, 781; *Hoeren*, MA 1997, S. 46; *Kochinke/Bäumer*, S. 500; *Marwitz*, S. 87; *Wagner*, S. 702.

26 Vgl. *Berlit*, RdNr. 23 f.

C. Vorüberlegung: Gemeinsame Nutzung einer Domain als Lösung

Vorab soll geklärt werden, ob zur Lösung der Kollision eine Domain nicht doch mehreren Kennzeicheninhabern zugeordnet werden kann. Dabei kommt die Verbindung einer Domain mit mehreren Homepages aus technischen Gründen – ähnlich wie die Konnektierung einer Telefonnummer mit mehreren Anschlüssen – nicht in Betracht. Möglich erscheint aber für die widerstreitenden Kennzeichenrechte ein Ausgleich dadurch, dass mehrere Kennzeicheninhaber eine gemeinsame Homepage unter einer gemeinsamen Domain betreiben.[27] Jeder Kennzeicheninhaber könnte dann eine bestimmte Fläche der Homepage mit Links zu einer eigenen Sub-Homepage gestalten. Kann ein solcher Ansatz nicht zu einer befriedigenden Lösung verhelfen, können die Ausführungen im Hauptteil getrost auf die Benutzung einer Domain durch einen Kennzeicheninhaber beschränkt werden.

Für eine gemeinsame Nutzung einer Homepage durch mehrere Kennzeicheninhaber kann angeführt werden, dass dann auch im Internet identische Kennzeichen koexistieren könnten und niemand auf die Verwendung seines Kennzeichens im Internet verzichten müsste.[28] Auch der Praxis ist das gemeinsame Betreiben einer Homepage mit weiterverweisenden Links nicht völlig fremd. So betreiben die schweizerische Winterthur-Versicherung und die Bezirkshauptstadt Winterthur gemeinsam eine Homepage unter der Domain ‚winterthur.ch'[29]. Dort wird der Nutzer gebeten, sich für die Sub-Homepage der Versicherung oder der Stadt zu entscheiden.

Fraglich ist, ob eine Pflicht zum gemeinsamen Betreiben einer Homepage mit den gesetzlichen Wertungen in Einklang zu bringen ist. Für das Recht ist es keine Besonderheit, dass mehrere Personen in bestimmten Bereichen zusammen tätig sind. Beispielsweise können sich mehrere zur Verfolgung eines gemeinsamen Zwecks in Gesellschaften zusammentun, § 705 BGB. Insbesondere für eine große Zahl von Beteiligten bietet das Gesetz die Möglichkeit der Gründung von Vereinen.[30] Auch bei Fehlen eines gemeinsamen Zwecks kann gem. § 741 BGB mehreren ein Recht gemeinschaftlich zustehen. Und schließlich: Erweist sich ein bestimmtes Gut als knapp, so ist die Aufteilung zwischen mehreren Prätendenten nicht außergewöhnlich. Im Falle der Insolvenz gilt es, das nicht zur Befriedigung aller Gläubiger ausreichende Vermögen des Insolvenzschuldners par condicio creditorum entsprechend den jeweiligen Forderungen gleich mäßig zu verteilen. Jeder und nicht nur ein einziger Gläubiger soll bestmöglich

---

27 Für eine solche Lösung *Biermann*, S. 997, 1000 f. *Omsels*, S. 328, 335, hält einen solchen Ausweg indessen nur de lege ferenda für möglich.

28 So *Biermann*, S. 997, 1000 und neuerdings auch *Viefhues*, MMR 2000, S. 334, 337.

29 Dieses Beispiel wird schon angeführt von *Poeck*, S. 31.

30 Die durch das einfache Recht gebotene Vielzahl möglicher Vereinigungen ist schließlich erforderlich, um Art. 9 I GG gerecht zu werden.

an dem knappen Gut „Vermögen" partizipieren. Dann könnte ebenso der knappe Domain-Namensraum zwischen Homonymen aufzuteilen sein.

Trotz und wegen dieses Befundes spricht vieles gegen eine nicht auf freiwilliger Vereinbarung, sondern auf Zwang beruhenden Verpflichtung zum gemeinsamen Betreiben einer Homepage. Art. 2 I GG gewährleistet Privatautonomie und Vertragsfreiheit. Dementsprechend verlangt § 305 BGB einen Vertrag zur Gründung einer Gesellschaft iSd § 705 BGB. Es müssen sich also mehrere Personen als Ergebnis einer freien Entscheidung zur Verwirklichung eines gemeinsamen Zwecks gegenseitig verpflichten. Die Pflicht zum gemeinsamen Betreiben einer Homepage ist daher mit einem Vertrag nicht zu vereinbaren.

Allerdings kennt die Privatautonomie auch für Vereinigungen Grenzen. Trotz grundsätzlicher Aufnahmefreiheit können Vereine ausnahmsweise verpflichtet sein, einen Einzelnen als Mitglied aufzunehmen. So hat der BGH einen Aufnahmeanspruch anerkannt, wenn ein Verein oder Verband im wirtschaftlichen oder sozialen Bereich eine überragende Machtstellung ausübt und ein wesentliches und grundlegendes Interesse an der Mitgliedschaft besteht. Gegenüber der IG Metall etwa wurde ein solcher Anspruch bejaht.[31] Das bloße Innehaben einer Domain hingegen verleiht keine derartige Machtstellung. Außerdem geht es hier um die Begründung und nicht um die Erweiterung eines bereits bestehenden Zusammenschlusses.

Näher als ein Rückgriff auf gesetzliche Wertungen zu Vereinigungen mag ein solcher auf Wertungen der §§ 741 ff BGB (Bruchteilsgemeinschaft) liegen. Denn bei lediglich gemeinsamem Halten und Verwalten einer Homepage ohne einen darüber hinausgehenden Zweck ist schon dessen „Gemeinsamkeit" fraglich. Und überdies entstehen Bruchteilsgemeinschaften auch ohne vertragliche Vereinbarung, manchmal sogar gegen den Willen der Betroffenen. Es kann schon ein tatsächlicher Vorgang zur Begründung einer Gemeinschaft nach Bruchteilen genügen. Werden etwa bewegliche Sachen verschiedener Eigentümer miteinander vermischt, entsteht gem. §§ 948 I, 947 I BGB Miteigentum der bisherigen Sacheigentümer an der Gesamtmenge, sofern nicht eine der vermischten Sachen Hauptsache ist. Dann könnte auch ein den Willen der Parteien entgegenstehender Zwang zum gemeinschaftlichen Halten und Verwalten einer Homepage mit den im Gesetz vorzufindenden Wertungen in Einklang zu bringen sein.

Allerdings korrespondiert die erleichterte Begründung einer Bruchteilsgemeinschaft mit ihrer erleichterten Aufhebbarkeit. Während dem Gesellschafter einer GbR zur Kündigung vor Ablauf der Zeit gem. § 723 I 2 BGB ein wichtiger Grund zur Seite stehen muss, kann die Aufhebung der Bruchteilsgemeinschaft gem. § 749 I BGB jederzeit, selbst zur Unzeit[32] verlangt werden. Darin

---

31 BGHZ 93, 151, 152 ff – IG Metall.

32 Erman/*Aderhold*, RdNr. 3 zu § 749. Entsprechendes gilt dem Grundsatz nach für die auf Liquidation gerichtete Erbengemeinschaft, dazu Erman/*Schlüter*, RdNr. 1 zu § 2042.

ist bereits zu erkennen, dass nach der Konzeption des Gesetzes die Bruchteilsgemeinschaft nicht auf Dauer angelegt, sondern auf Teilung gerichtet ist. Diese Aussage findet ihre Bestätigung in den Motiven: „Die Theilung ist etwas in der Natur des Verhältnisses Gegebenes und liegt im Entwicklungsgange der Gemeinschaft von selbst“[33]. Selbst die in der Vergangenheit liegende rechtsgeschäftliche Gründung einer Gemeinschaft begründet keine grundsätzliche Pflicht zur Bindung an die Gemeinschaft für die Zukunft.

Diesen Wertungen des Gesetzes würde nicht gerecht, könnten identische Kennzeicheninhaber zum gemeinsamen Halten und Verwalten einer Homepage verpflichtet werden. Ungeachtet der dogmatischen Schwierigkeit der Begründung einer solchen Pflicht könnte der durch sie generierte Zustand nicht überzeugen: jeder Kennzeicheninhaber dürfte die Aufhebung der Gemeinschaft jederzeit gem. § 749 BGB verlangen. Die Domain müsste gem. § 753 I BGB veräußert werden, so dass am Ende nur einer oder gar keiner der Kennzeicheninhaber die Domain erhält. Auch der Zusammenschluss der Gläubiger eines zahlungsunfähigen Schuldners in den Organen der Gläubigerversammlung und des Gläubigerausschusses ist nicht auf Dauer angelegt, sondern vom Ziel bestmöglicher Befriedigung mit dem Abschluss des Insolvenzverfahrens durch Aufhebungsbeschluss gem. § 200 I InsO getragen. Somit lassen sich Grundgedanken der Insolvenzordnung für ein gemeinsames Betreiben einer Homepage ebenfalls nicht fruchtbar machen.[34]

Eine Pflicht zum dauerhaften Betreiben einer gemeinsamen Homepage stößt nicht nur auf Wertungswidersprüche mit gesetzlichen Regelungen, sondern obendrein auf praktische Schwierigkeiten. Kann jeder Herr Mueller einen Link zu seiner Website von der Homepage mueller.de verlangen, wäre die Homepage schnell überfüllt. Darf eine Frau Shell auf der gemeinsamen Homepage ebensoviel Platz beanspruchen wie die Deutsche Shell AG? Und wie einigt man sich auf einen gemeinsamen Provider, wie verlaufen Entscheidungsprozesse hinsichtlich der Gestaltung und Aktualisierung der Homepage, wie wird finanziert? Hier zeichnet sich ab, dass das zwangsweise Betreiben einer Homepage durch eine Mehrzahl von Kennzeicheninhabern mehr Konflikte schafft als es zu lösen geeignet ist. Mögen sich homonyme Rechteinhaber zu einer solchen Form der Homepage-Nutzung einigen – in einem streitigen Verfahren mit kontradiktorischem Urteil ist das, wohl entgegen *Biermann*[35], keine Lösung.

Zu gleichem Ergebnis gelangt die World Intellectual Property Organization (WIPO). Sie lehnt die Pflicht zum gemeinsamen Betreiben einer Homepage

---

33 *Mugdan*, Band II, S. 491; darauf wird auch abgestellt in BGHZ 63, 349, 351.

34 Das Ziel bestmöglicher Gläubigerbefriedigung gilt schließlich auch bei dem Verfahren nach §§ 217 ff InsO.

35 *Biermann*, S. 997, 1000, 1001.

ausdrücklich ab. Sie ermutigt die Internet-Nutzer aber, auf freiwilliger Grundlage das gemeinsame Betreiben einer Sub-Homepage zu erwägen.[36]

Die Gestaltung eines Vertrages zum gemeinsamen Betreiben einer Sub-Homepage obliegt den autonom handelnden Vertragsparteien in den Grenzen der §§ 134, 138, 242 BGB. Besonderheiten juristischer Art sind hierbei nicht zu erwarten. Im Folgenden soll daher nur der Frage nachgegangen werden, ob und wer unter Ausschluss eines gleichnamigen Kennzeicheninhabers eine Domain verwenden kann.

---

36 Final Report of the WIPO Internet Domain Name Process, http://wipo2.wipo.int/process/eng/FinalReport_2.htm, Nr. 128.

1. Kapitel: Markenrecht

Der folgende Abschnitt geht der Frage nach, ob und - falls ja - wie mit dem MarkenG die rechtlichen Konflikte zwischen Domaininhaber und Drittem gelöst werden können. Zuerst wird untersucht, ob sich Unternehmen mit §§ 14, 15 MarkenG gegen die Verwendung ihrer Marke oder geschäftlichen Bezeichnung in einer Domain wehren können (A). Hierbei geht es darum, ob die Verwendung von Kennzeichen in Domains die Voraussetzungen eines markenrechtlichen Anspruchs erfüllt. Dann wird geklärt, ob Domains als solche eigenständigen Schutz als Kennzeichen genießen (B)[37]. Anschließend werden die Schranken der Rechtsausübung bestimmt (C).

A. Markenrechtliche Anspruchsgrundlagen und deren Voraussetzungen

I. Zeichenmäßiger Gebrauch

Marke und geschäftliche Bezeichnung sind Kennzeichen. Unter dem Oberbegriff der geschäftlichen Bezeichnung werden Unternehmenskennzeichen und Werktitel geschützt (§ 5 I MarkenG). Kennzeichen im Rechtssinne sind außerdem die geographische Herkunftsangabe sowie der Name iSd § 12 BGB. Trotz unterschiedlicher Schutzobjekte (Unternehmen oder Personen einerseits, Waren oder Dienstleistungen andererseits) und divergierender Entstehungsvoraussetzungen (allein die Benutzung bei einem Werktitel, dagegen der Grundsatz der Registrierung bei einer Marke gem. § 4 Nr. 1 MarkenG) ist allen diesen Kennzeichen eine Identifizierungs- oder Herkunftsfunktion gemein: Unternehmenskennzeichen iSd § 5 II 1 MarkenG identifizieren den Inhaber eines Unternehmens oder den Geschäftsbetrieb als wirtschaftlich-organisatorische Funktionseinheit. Der Name iSd § 12 BGB identifiziert und unterscheidet eine natürliche oder juristische Person[38]. Werktitel identifizieren Druckschriften, Film-, Ton-, Bühnen- und sonstige Werke; Marken identifizieren bestimmte Waren oder Dienstleistungen. Mit Blick auf die skizzierte Identifizierungs- und Herkunftsfunktion könnten die §§ 14, 15 MarkenG auf einen Schutz gegen einen zeichenmäßigen Gebrauch beschränkt sein. Das Erfordernis der zeichenmäßigen Benutzung konnte nach dem bis Ende 1994 geltenden WarenzeichenG aus dessen §§ 15, 16 hergeleitet werden.[39] Nach

[37] Relevant kann dieses Problem insbesondere dann werden, wenn ein Unternehmen ausschließlich im Internet auftritt.

[38] Dazu unten, 2. Kapitel A. (S. 93).

[39] Zur alten Rechtslage Busse/*Starck*, RdNr. 15, 21 zu § 15, RdNr. 14 zu § 16; *Fezer*, RdNr. 21 ff zu § 14.

ständiger Rechtsprechung handelt es sich um eine zeichenmäßige Benutzung, wenn im geschäftlichen Verkehr eine Bezeichnung für eine Ware oder Dienstleistung so gebraucht wird, dass der unbefangene und flüchtige Durchschnittsabnehmer annehmen darf, das Zeichen diene der Unterscheidung der so gekennzeichneten Ware oder Dienstleistung von gleichen oder gleichartigen Waren oder Dienstleistungen anderer Herkunft.[40] Ein effektiver Kennzeichnungsschutz gebietet dabei eine weite Auslegung des Begriffs der zeichenmäßigen Benutzung, wobei im Fall der Verwendung eines fremden Zeichens eine Vermutung für eine zeichenmäßige Benutzung spricht.[41]

Nach Inkrafttreten des Markengesetzes ist das aus der Herkunftsfunktion entwickelte Erfordernis der kennzeichenmäßigen Benutzungshandlung allerdings fraglich geworden. Schon der Wortlaut der §§ 14, 15 MarkenG enthält keinen klaren Hinweis auf eine derartige Einschränkung. Teleologisch kann argumentiert werden, dass neben den Schutz der Herkunftsfunktion der Schutz der Qualitäts- und Werbefunktion unter dem MarkenG hinzugetreten ist.[42] Funktionen wie Qualität und Werbung können aber auch durch eine nicht kennzeichnende Benutzungshandlung beeinträchtigt werden.[43] Zum Teil wird an dem Erfordernis einer kennzeichenmäßigen Benutzungshandlung festgehalten.[44] Dabei stützt man sich einesteils auf Art. 5 I, II MarkenRL, Art. 9 I MarkenVO und § 14 MarkenG, die die „Benutzung" eines Zeichens untersagen.[45] Anderenteils wird auf einen Umkehrschluss aus Art. 5 V MarkenRL verwiesen.[46]

---

40 Vgl. BGHZ 8, 202, 206 f; BGH GRUR 1955, 484, 485 – Luxor-Luxus; BGH GRUR 1961, 280, 281 – Tosca; BGH GRUR 1962, 647, 648 – Strumpf-Zentrale; BGH GRUR 1968, 367, 369 – Corrida; BGH GRUR 1974, 84, 86 – Trumpf; BGH GRUR 1982, 229, 230 – Klix/Klick; LG Köln GRUR 1989, 515 – natura.

41 BGH WRP 1995, 92, 95 – Nivea m.w.N.

42 Vgl. dazu die Gesetzesbegründung zum MarkenG in BT Drucksachen 1994, 12/6581, 64, Fussnote 11, S. 72, sowie *Berlit*, RdNr. 131. Der im Vergleich zum WZG erweiterte Schutzzweck kommt etwa in den §§ 9 I Nr. 3, 14 II Nr. 3 MarkenG zum Ausdruck.

43 Mit unterschiedlichen Begründungen kennzeichenmäßigen Gebrauch nicht voraussetzend *Berlit*, GRUR 98, 423, 426; *Fezer*, RdNr. 29 ff zu § 14; *Fezer*, GRUR 1996, S. 566 ff; *Ingerl/Rohnke* NJW 1994, 1247, 1251 f; *Nägele*, S. 53 ff, 184 f; *Starck*, GRUR 1996, S. 690 ff.

44 OLG Hamburg WRP 1996, 572, 576 – Les Paul Gitarren; OLG München, WRP 1996, 128, 130 – The Beatles; OLG Karlsruhe, ZUM 1999, 582, 583; *v. Gamm*, FS Piper, S. 537, 540; *Keller*, GRUR 1996, S. 607, 608 ff, *Zumbusch*, S. 139; *Rassmann*, S. 386, hält wohl an einem zeichenmäßigen Gebrauch fest, will den Begriff aufgrund der neuen Rechtslage aber extensiv verstehen; zweifelnd auch *Bacher*, S. 661, 662 f.

45 *Keller*, S. 75; *Piper*, S. 434; *Schöne/Wüllrich*, S. 516.

46 *Kotthoff*, S. 160; *Piper*, S. 434; *Sack*, GRUR 1995, S. 81, 94; *Wagner*, S. 707. Nach Art. 5 V MarkenRL (89/104/EWG) berühren die Absätze 1 – 4 nicht die in einem Mitgliedstaat geltenden Bestimmungen über den Schutz gegenüber der Verwendung eines Zeichens zu anderen Zwecken als der Unterscheidung von Waren oder Dienstleistungen, wenn die Benutzung dieses Zeichens die Unterscheidungskraft oder die Wertschätzung der Marke

Zu diesem besonders kontrovers diskutierten Thema soll an dieser Stelle indes nicht weiter Stellung genommen werden. Die Erörterung der Frage, ob ein Kennzeicheninhaber gegen einen Domaininhaber aus §§ 14, 15 MarkenG vorgehen kann, ist irrelevant, wenn der Domain-Name ohnehin eine kennzeichnende Wirkung entfaltet. Entsprechende Diskussion erübrigt sich weitgehend zum *zeichenmäßigen* Gebrauch, der vielfach zum „Gebrauch" eines Namens iSd § 12 BGB für erforderlich gehalten wird.

II. Kennzeichnungsfunktion von Domain-Namen

1. Keine Kennzeichnungsfunktion

Gelegentlich werden kennzeichenrechtliche Ansprüche durchweg abgelehnt. Rechtsprechung und Literatur vertreten im wesentlichen vier unterschiedliche Begründungsansätze.

Das LG Köln versagt der Domain Kennzeichenschutz wegen fehlender gesetzlicher oder rechtsgeschäftlicher Vorgaben. Eine kennzeichnende Funktion der Domain sei nur denkbar, wenn der an das Internet angeschlossene Benutzer in der gewählten Buchstabenfolge einen Hinweis auf den Inhaber des Kennzeichens sehen müsse. Das sei der Fall, wenn etwa für Websites von Städten und Gemeinden eine obligatorische Kennung voranzugehen hätte. Dann könne der das Internet Benutzende auch erwarten, dass sich der bezeichnete Namensträger hinter der Domain verbirgt. Da aber Domains frei wählbar sind, könnten sie auch ohne erkennbaren Zusammenhang mit dem Inhaber des Kennzeichens stehen. Folglich dürfe der ans Internet angeschlossene Benutzer nicht auf eine Identität zwischen Domain- und Kennzeicheninhaber schließen. Zwar werde eine Domain auch als kennzeichnendes Element verwendet und

---

ohne rechtfertigenden Grund in unlauterer Weise ausnutzt oder beeinträchtigt. Hieraus wird in der Umkehrung geschlossen, dass der in Art. 5 I – IV MarkenRL vorgesehene markenrechtliche Schutz nur die Benutzung einer Marke zu Zwecken der Unterscheidung erfasst. Dieser Umkehrschluss ist möglich, aber nicht zwingend. Plausibel, wenngleich nicht logisch notwendig ist der Schluss, dass durch Art. 5 V MarkenRL die in einem Mitgliedstaat geltenden Bestimmungen zu Zwecken der Unterscheidung von Waren oder Dienstleistungen berührt werden, wenn die Benutzung des Zeichens die Unterscheidungskraft oder die Wertschätzung der Marke ohne rechtfertigenden Grund in unlauterer Weise ausnutzt oder beeinträchtigt. Dass die MarkenRL – und durch eine richtlinienkonforme Auslegung auch das MarkenG – über den Zweck der Unterscheidung hinaus keine weiteren Zwecke verfolgt, kommt in § 5 V MarkenRL nicht zum Ausdruck. Vielmehr wird schon in der amtlichen Begründung zum Markengesetz betont, dass die Marke nunmehr auch über die Herkunftsfunktion hinausgehenden Schutz genießen soll (Amtl. Begr. in Blatt für PMZ, Sonderheft 1994, S. 80 zu § 30; zur Kritik außerdem *Fezer*, RdNr. 38 zu § 14).

stehe oftmals in Zusammenhang mit Namen und Funktion des Benutzers, doch komme diese Funktion nicht durchgängig zur Anwendung. Wegen des fehlenden Zusammenhangs von Domain und Kennzeichen seien Domains vielmehr mit Telefonnummer, Post- und Bankleitzahl vergleichbar.[47]

Kennzeichenrechtliche Ansprüche werden ebenfalls mit technischen Erwägungen abgelehnt. Domains an sich bezeichneten weniger Personen, Waren oder Dienstleistungen, sondern dienten vielmehr der Identifizierung des angerufenen Computers[48] bzw. des Inhalts einer Homepage[49]. Diese Argumentation stützt sich auf folgende Überlegungen: Die Domain-Namen werden von den Domain Name Servern in die den Domain-Namen zugrundeliegenden Zahlenfolgen des IP umgewandelt. Über das Internet Protocol werden dann die Rechner miteinander verbunden. Die Identifizierung der Rechner vollzieht sich folglich mittelbar über den Domain-Namen. Daher solle allein der unter dem Domain-Namen abgelegten Website eine identifizierende Funktion zukommen.[50]

Unter Zugrundelegung der Gewohnheiten der Internetnutzer bei dem Auffinden einer Website lehnen *Hahn* und *Wilmer* kennzeichenrechtlichen Schutz für Domains ab. Ausgangspunkt der Überlegungen *Wilmers* ist – in Anlehnung an die Rechtsprechung des BGH[51] – die Frage, ob ein rechtlich beachtlicher Teil der angesprochenen Verkehrskreise in der Verwendung eines Kennzeichens in einer Domain einen Hinweis auf einen Dritten erblickt.[52] Bei der Analyse der maßgeblichen Verkehrsauffassung möchte *Wilmer* den durchschnittlichen Internetnutzer zugrundelegen. Er differenziert entsprechend den ccTLDs und den gTLDs zwischen regionalen und nichtregionalen TLDs. Unter den Internetnutzern der TLD .de statuiert und prognostiziert er eine zunehmende Anwendung von Suchmaschinen. Dies führt er sowohl auf eine wachsende Zahl von TLDs als auch auf eine sich verbreitende Anwendung von Subdomains zurück.[53] Diese sich abzeichnende Entwicklung erlaube es nicht,

---

47 LG Köln, CR 1997, 291 f. Die Ausführungen des LG Köln zur kennzeichnenden Wirkung beziehen sich ausdrücklich nur auf den namensrechtlichen Schutz. Sie können aber gleichermaßen auf die kennzeichnende Wirkung von Marken und geschäftlichen Bezeichnungen übertragen werden.

48 *Strömer*, S. 73 f ; *Strömer*, CR 1997, S. 290. Die technische Funktion stellt auch *Kur* in den Vordergrund. Kennzeichenrechtlichen Schutz für Domains will sie jedoch nicht ausschließen (CR 1996, S. 325, 327).

49 *Stockinger/Kranebitter*, S. 6, für § 43 ABGB (Österreich), der § 12 BGB stark ähnelt.

50 *Strömer*, CR 1997, S. 290: „Wer celle.com eingibt und dann auf eine Seite stößt, auf der Papiertaschentücher angeboten werden, der kommt nicht auf die Idee, daß die Stadtväter hinter der Web-Präsenz stehen."

51 BGH NJW 1963, 2277, 2269 – Dortmund grüßt ...

52 *Wilmer*, S. 563 und 565; kritisch zur Kennzeichenfunktion auch *Höhne*, ecolex 1998, S. 924 ff.

53 *Hahn/Wilmer*, NJW CoR 1997, S. 485, 486, führen die Beispiele www.zdf.msn.de und www.tvspielfilm.compuserve.com an.

den Domain-Namen zu erraten.[54] Die Anwendung von Suchmaschinen werde daher zum Regelfall. Bei Suchmaschinen spiele aber der Domain-Name keine Rolle mehr. Der Domain-Name verkomme somit zu einem Äquivalent der IP-Adresse, also zu einer Kennzeichnung technischer Art mit nur begrenzter kennzeichenrechtlicher Wirkung. Da die Anwendung des Namensrechts untrennbar mit dem Gebrauch von Suchmaschinen und der Gestaltung der Domainvergabe, mithin von schwankenden Nutzungsgewohnheiten abhängig sei, könne unter Berücksichtigung der dadurch drohenden Rechtsunsicherheit kennzeichenrechtlicher Schutz nicht gewährt werden.[55]

Zur Klärung der Kennzeichnungsfunktion bei Verwendung einer generischen TLD solle entsprechend des weltweiten Nutzerkreises auf die Verkehrsauffassung des weltweiten Internetnutzers abgestellt werden. Kennzeichnender Charakter einer Domain unter einer gTLD setze eine ganz bestimmte, weltweit eindeutig identifizierbare Firma oder Person voraus.[56] Es könne in aller Regel aber nicht davon ausgegangen werden, dass ein beachtlicher Teil der weltweiten Internetnutzer meint, etwa bei dem Domain-Namen „herrmann.com" handele es sich um eine weltweit eindeutig identifizierbare Firma oder Person. Somit scheide auch für gTLDs Kennzeichenschutz aus.[57]

2. Kennzeichnungsfunktion

Rechtsprechung und Literatur bejahen indessen überwiegend eine kennzeichnende Wirkung.[58] Bei der Begründung dieser Ansicht wird zumeist

---

[54] *Hahn/Wilmer*, NJW CoR 1997, S. 485, 486 fragen sich: „Wird der Modellbahnhersteller Fleischmann unter „.com", „.shop", „.store", „.firm" oder gar unter „.modellbahn" zu erreichen sein?"

[55] *Wilmer*, S. 564; ähnlich wohl *Hoeren*, NJW 1998, S. 2849, 2850, der unter Berücksichtigung der Informationsrecherche mittels Suchmaschinen und Intelligent Robots fordert, es müsse über die Kennzeichnungskraft von Domains neu nachgedacht werden.

[56] *Wilmer*, S. 564. Zu Unrecht stützt sich *Wilmer* indessen auf das LG Mannheim, das angeblich eine weltweit eindeutige Bezeichnung als Unterscheidungskriterium fordert. Aus dem Satz, daß „die Beklagten den Namen „Heidelberg" als weltweit eindeutige Bezeichnung für die von ihnen unterhaltene Domain innerhalb des Bereichs „de" benutzen", kann nicht auf das Erfordernis einer weltweit eindeutigen Bezeichnung geschlossen werden. Das stellt schon der folgende Satz der Urteilsbegründung (LG Mannheim, CR 1996, 353, 354) klar, in dem es heißt: „Die – in diesem Fall sogar eindeutige – Unterscheidung einer bestimmten Person oder Einrichtung von anderen Personen oder Einrichtungen ist die klassische Funktion des Namens." Jenseits dieses Falles soll es nach Ansicht des LG Mannheim also auch nicht [weltweit] eindeutige Unterscheidungen mit Namensfunktion geben können.

[57] *Wilmer*, S. 564.

[58] Vgl. OLG Hamm, CR 1998, 241, 242 – krupp.de; OLG München, CR 1998, 556, 557 – freundin.de; OLG Köln, CR 1999, 385 – herzogenrath.de; OLG Dresden, CR 1999, 589, 590 – cyberspace.de; LG Magdeburg, K&R, 1999, 426, 427 – foris.de; LG Berlin, 16 O

die Doppelnatur des Domain-Namens in den Vordergrund gestellt: einerseits sei der Domain-Name zwar technische Adresse zur Identifizierung des anvisierten Hosts ähnlich einer Telefonnummer oder Adresse, andererseits komme den häufig an Unternehmenskennzeichen, Marken oder Namen angelehnten Domains ein hohes Identifizierungspotential zu, so dass auch kennzeichenrechtlicher Schutz - zumindest entsprechend[59] - Anwendung finden könne.[60] Durch die Buchstabenfolge der Domain schließe man häufig auf die Person zurück, die die Domain unterhält oder über das angesteuerte Gerät zu erreichen ist.[61] Dieser Schluss von der Domain auf dessen Inhaber erweist sich zumeist als zutreffend, da der das Internet zu Selbstdarstellungszwecken Nutzende unter einer die Identität mit dem eigenen Namen oder Kennzeichen wahrenden Domain im Internet auftreten wird.[62]

Zur rechtlichen Qualifizierung der Doppelnatur von Internet-Domains wird auf Fernsprechkennungen verwiesen,[63] für die der BGH[64] kennzeichenrechtlichen Schutz bejaht hat. Das Absenden eines bis in die 90er Jahre verwendeten Fernschreibens erforderte, ähnlich einem Telefax-Gerät, die Eingabe einer Ziffernfolge zur Bestimmung des Empfängers. Neben der obligatorischen Netzvorwahl konnte der Fernschreibnummer voluntativ als zusätzliches Kennungsmittel eine kurze Buchstabengruppe hinzugefügt werden. Da die Fernschreibteilnehmer bestrebt waren, als Kennung eine Ableitung aus ihrer Firma oder Unternehmensbezeichnung zu wählen, wurde von der Möglichkeit eines zusätzlichen Kennungsmittels weitgehend Gebrauch gemacht. Der BGH stellte fest, dass die Buchstabenfolge „kora d" in der Fernsprechkennung durch

---

33/01 – oil-of-elf.de (www.netlaw.de/urteile/lgb_9.htm); *Fezer*, RdNr. 305 zu § 3 MarkenG; *Flechsig*, S. 707; *Hoeren*, Rechtsfragen des Internet, RdNr. 52; *Jaeger-Lenz*, Rechtsgeschäfte im Netz, S. 183, 189; *Look-Wagner*, S. 39; zum zeichenmäßigen Gebrauch bei § 12 BGB *Bechtold*, ZUM 1997, S. 427, 441; *Biermann*, S. 997, 999; *Erd*, S. 114; *Freitag*, S. 346 f; *Hoppmann,/Moos*, S. 194, 197; *Jaskulla*, S. 897, 898; *Kilches*, S. 329, 332; *Köhler/Arndt*, RdNr. 32 ff; *Mayer-Schönberger/Hauer*, S. 948; *Renck*, NJW 1999, S. 3587, 3588; *Schneider*, RdNr. O 211; *Schotthöfer/Scharrer*, S. 37, Soergel/ *Heinrich*, RdNr. 152a zu § 12; *Sick/Richter*, S. 343 f; *Steckler*, S. 264.

59 *Kur*, CR 1996, S. 325, 327; zustimmend *Gabel*, NJW CoR 1996, S. 322, 324.

60 Vgl. KG NJW 1997, 3321, 3322 – concert-concept.de; OLG Stuttgart, CR 1998, 621 – steiff.com; *Bücking*, S. 43; *Freitag*, MA 1996, S. 495, 496; *Kilian*, S. 389; *Völker/ Weidert*, S. 656.

61 LG Frankfurt, CR 1997, 287 – das.de; LG Lüneburg, CR 1997, 288, 289 – celle.de; KG CR 1997, 685, 686 – concert-concept.de; *Bettinger*, GRUR Int. 1997, S. 402, 409.

62 *Bücking*, RdNr. 74 f. *Völker/Weidert*, S. 656, weisen präzisierend darauf hin, dass die Internetadresse zwar nicht unmittelbar der Kennzeichnung des Inhabers der Domain diene, sondern zur Kennzeichnung der Homepage als Datei erfolge. Bei Verwendung eines Namens zur Kennzeichnung einer Datei werde jedoch gleichzeitig diese Datei als Einrichtung des Namensinhabers iSv § 12 BGB gekennzeichnet.

63 *Bettinger*, GRUR Int. 1997, S. 402, 409; *Bücking*, RdNr. 77; *Kilian*, S. 389; *Omsels*, S. 334; *Ubber*, S. 504 f; *Stratmann*, S. 692.

64 BGH GRUR 1986, 475 ff – Fernschreibkennung.

das beklagte Konkurrenzunternehmen Verwechslungen mit dem klägerischen und prioritätsälterem Firmenbestandteil „Kores" hervorrufen könne. Dass ein Firmenschlagwort in der Fernsprechkennung auch als kennzeichenmäßiger Hinweis auf ein Unternehmen verstanden wird, stützt der BGH auf die folgenden zwei Erwägungen: Erstens werde die Fernschreibkennung durch die Visibilisierung am Anfang und am Ende eines jeden Fernschreibens sowie durch die Aufnahme in amtliche Fernschreibverzeichnisse als Kurzbezeichnung eines Unternehmens verwendet und aufgefasst. Zweitens seien es die Gepflogenheiten des Geschäftsverkehrs, der üblicherweise die Telexnummer mit der Fernschreibkennung auf den Geschäftspapieren ausdruckt.[65]

Parallelen zwischen Fernschreibkennungen einerseits und den Domain-Namen andererseits sind nicht zu leugnen. Auch Domain-Namen werden durch Anzeige im URL-Feld des WWW-Browsers sichtbar gemacht,[66] selbst wenn die Website über Links oder Suchmaschinen aufgerufen wird. Zudem wird der Domain-Name gewöhnlicherweise auf Geschäftspapieren mit ausgedruckt. Außerdem muss bedacht werden, dass Domain-Namen weit mehr als Fernschreibkennungen in die Kennzeichnungsstrategien eines auf Fortschrittlichkeit bedachten Unternehmens eingebunden werden. Somit müssten Domain-Namen erst recht als Hinweis auf ein Unternehmen aufgefasst werden können.[67]

Die Kennzeichnungsfunktion von Domain-Namen wird auch mit der Entstehung des DNS erklärt. Sie wurden geschaffen, gerade weil die reine IP-Adresse als Ziffernfolge nicht ausreichte, um die Anwender auf Websites hinzuweisen.[68] Durch Einführung des DNS wurde es Nutzern sogar möglich, durch Erraten der Domain auf die gewünschte Homepage zu gelangen.

3. Vermittelnde Position

Eine vermittelnde Position schlägt *Graefe* vor. Er unterscheidet zwischen einerseits ausschließlich im Internet verwendeten und andererseits auch außerhalb des Internets umworbenen Domains. Für ausschließlich im Internet verwendete Domains geht er davon aus, dass eine Domain für sich genommen nur technische Adresse zum Auffinden einer Homepage und nicht kennzeichnungsfähig ist. Erst die Homepage selbst stelle den Bezug zum Kennzeicheninhaber her, die Domain jedoch nicht.[69]

---

65 BGH GRUR 1986, 475, 476 – Fernschreibkennung.

66 Darauf weist *Bettinger* hin (GRUR Int. 1997, S. 402, 409). Unzutreffend *Wilmer*, S. 565, der meint, Domains gelangten nicht notwendigerweise zur Kenntnis der Nutzer.

67 *Bettinger*, a.a.O.

68 *Nordemann/Goddar/Tönhardt/Czychowski*, CR 1996, S. 645, 652.

69 *Graefe*, S. 102; insoweit mit *Strömer*, CR 1997, S. 290, übereinstimmend.

Anderes gelte für außerhalb des Internets (Printmedien, Geschäftsbriefe) umworbene Domains. Hier unterscheidet er wiederum zwei Fälle. Schutz könne sich erstens dann für einen Domain-Namen ergeben, wenn der Inhaber der Domain diese im Verkehr durch Verwendung auf Geschäftsbriefen oder Ähnlichem derart hatte durchsetzen können, dass ohne Rücksicht auf kennzeichenrechtliche Bezüge die Domain durch eine identische oder ähnliche Verwendung verwässert wird. Zweitens soll die Domain unmittelbar kennzeichnend dann wirken, wenn mit ihr in optischer oder verbaler Verbindung zu den im Internet dargestellten Produkten, Unternehmen oder Dienstleistungen geworben wird.

4. Kritik

Die vom LG Köln vorgebrachten Argumente gegen eine kennzeichnende Wirkung von Domain-Namen können nicht überzeugen. Die freie Wählbarkeit der Domain kann kennzeichenrechtlichem Schutz nicht entgegenstehen: Im Anwendungsbereich des § 12 BGB ist anerkannt, dass neben Zwangs- auch Wahlnamen wie Pseudonyme oder Künstlernamen tatbestandlich erfasst werden, obgleich sie – ebenso wenig wie Domain-Namen – wegen gesetzlicher Vorgaben verwendet werden müssen.[70] Zwar ist dem LG Köln zuzugestehen, dass von einer durchgängigen Anwendung einer Kennzeichnungsfunktion bei Domain-Namen nicht gesprochen werden kann. Dies erlaubt indessen nicht den Schluss, namensrechtlichen Schutz von vornherein auszuschließen. Die in diese Richtung weisende Ansicht *Strömers* ist ebenfalls abzulehnen. Er spricht allein dem unter einer Website zu findenden Angebot identifizierendes Potential zu. Auch vor Erscheinen der Website auf dem Bildschirm kann sich der Internetnutzer anhand der Domain Vorstellungen über den Betreiber der Site machen.

Die Begründung *Wilmers* gegen kennzeichenrechtlichen Schutz erscheint ebenso zweifelhaft. *Bücking* lehnt die von *Wilmer* vorgeschlagene Unterscheidung zwischen regionalen und überregionalen TLDs zur Bestimmung der Kennzeichnungsfunktion unter Hinweis auf die Internationalität des Internets ab. Der Vorteil des Internets liege in der Nutzbarkeit von prinzipiell allen Orten der Welt. Die Zielgruppen unternehmerischen Marketings definierten sich eher nach Themen als nach regionalen Kriterien. Die TLD spiele aus Sicht des Nutzers nur eine untergeordnete Rolle. Er schlägt daher vor, zur Bestimmung der Namensfunktion von Domains nicht auf das Verständnis des „Weltdurchschnittsbürgers“, sondern auf das der Verkehrskreise des jeweiligen Schutzlandes abzustellen. Die in einem Webangebot angesprochenen Verkehrskreise

[70] Hiermit wohl auch dem LG Köln widersprechend *Völker/Weidert*, S. 657.

als Sprach- und Kulturgemeinschaft allein könnten darüber Aufschluss geben, ob eine Bezeichnung als Name fungieren kann.[71]

Bücking kritisiert zu Recht, dass die TLD allein geeignetes Kriterium zur Bestimmung der angesprochenen Verkehrskreise sein solle. Schließlich kann der Adressat einer im Internet unter .com aufzurufenden Website beispielsweise ausschließlich ein deutschsprachiger Verkehrskreis sein. Das ist etwa dann anzunehmen, wenn ein Unternehmen im WWW deutschsprachige Lexika verkauft und darauf hinweist, dass sich das Angebot ausschließlich an Deutsche, Schweizer und Österreicher richtet. Allerdings vermag *Bückings* Kritik nicht *Wilmers* These zu entkräften, Domains verfügten nicht über eine kennzeichnende Funktion. Schließlich verneint *Wilmer* die Kennzeichnungsfunktion doch selbst dann, wenn man mit *Bücking* auf den Schutzlandverkehr abstellt – jedenfalls bei einem deutschen unter der TLD .de angesprochenen Verkehrskreis.

Ausgangspunkt muss zutreffenderweise die Frage sein, ob ein nicht unerheblicher Teil der angesprochenen Verkehrskreise Domain-Namen überhaupt als kennzeichnenden Hinweis verstehen kann.[72] Falls diese Frage bejaht wird, bleibt in einem zweiten Schritt zu prüfen, ob einer konkreten Domain in ihrer konkreten Verwendung kennzeichnende Wirkung beigemessen werden kann.[73]

Die Verkehrsauffassung wird nicht von rechtlichen Erfordernissen bestimmt. Geprägt wird sie vielmehr durch die Art der Verwendung von Domain-Namen. In diesem Zusammenhang ist nicht zu übersehen, dass Domains in aller Regel an bestehende Kennzeichen angelehnt sind – seien es nun geschäftliche Bezeichnungen, Namen oder Marken. Domains werden gezielt in die Marketingstrategien von Unternehmen einbezogen. Gerade die Möglichkeit einer grundsätzlich freien Domain-Wahl ermöglicht Anbietern, den Domain-Namen aus bestehenden Kennzeichen abzuleiten. Darüber hinaus empfehlen die Vergabestellen für Domains regelmäßig, die SLD aus Namen oder Namensbestandteilen abzuleiten.[74] Die Verkehrsauffassung wird in dem sich rasant entwickelnden Medium Internet entscheidend durch Presse, Funk und Fernsehen geprägt. Da die in diesen Medien vorgestellten Domains üblicherweise an Kennzeichen angelehnt sind, bringt der Verkehr die Domains auch regelmäßig mit den Inhabern der Kennzeichen in Verbindung.[75] Wenn etwa die Domain „shell.de" 271.096 Anfragen erhielt, allerdings nur 1201 Einsichten in

---

71 *Bücking*, RdNr. 67.

72 *Viefhues*, RdNr. 65.

73 Nur hierauf abstellend OLG München ZUM 1999, 582, 583: „Kennzeichenmäßiger Gebrauch hängt vom konkreten Gebrauch der Domain ab."

74 Für die DENIC eG unter ftp://ftp.nic.de/pub//de-nic/infos/domains.twt abrufbar.

75 *Wilmer*, S. 562, weist zwar darauf hin, dass unzählige Domaininhaber und vermutete Namens- oder Markenberechtigte nicht identisch sind. Indessen stehen einer Verkehrsauffassung nicht abweichende Fälle von Domain-Grabbern entgegen, die einen fremden Domain-Namen für sich registrieren lassen.

die Site erfolgten, legt das den Schluss nahe, dass die Internetnutzer die Domain mit dem Mineralölkonzern und nicht mit einer anderen Person verbinden, die unter diesem Namen im WWW präsent ist.[76]

Beleg für die kennzeichnende Wirkung von Domain-Namen ist zudem der Umstand, dass Domains in vielen Fällen durch bloßes Erraten der URL aufgerufen werden können. Das könnte umgekehrt den Schluss nahe legen, mit *Bücking* und *Wilmer* eine kennzeichnende Wirkung von der Erratbarkeit der Domain-Namen abhängig zu machen. Dies lässt sich jedoch nicht begründen. Plausibel erscheint zwar, mit *Bücking* und *Wilmer* davon auszugehen, dass die Erratbarkeit der URL durch die Nennung von Internet-Service-Providern sowie durch eine steigende Anzahl von TLDs schwindet.[77] *Bücking* und *Wilmer* berücksichtigen jedoch die insoweit einzigartige Interaktivität des WWW nicht hinreichend. Außerhalb des Internets soll es genügen, dass ein Durchschnittsverbraucher bei flüchtiger und unbefangener Wahrnehmung aufgrund des Zeichens eine gedankliche Beziehung zum Unternehmen bzw. zur Herkunft der Ware oder Dienstleistung aus einem bestimmten Unternehmen herstellen kann.[78] Die Bestimmung der Kennzeichnungsfunktion wird also durch einen passiven Vorgang bloßer Wahrnehmung durch Lesen oder Hören geprägt. Für das Internet verlangen *Bücking* und *Wilmer* ungleich mehr, nämlich die Eingabe einer durch aktive und eigene Überlegungen entwickelten Domain, so wie sie Strategen für ein Unternehmen wohl ausgedacht haben werden. Eine plausible Erklärung, warum das ohnehin extensiv ausgelegte Kriterium der kennzeichenmäßigen Benutzung[79] für das Internet derart restriktiv verstanden werden soll, ist nicht ersichtlich.

Bei der Beurteilung der Verkehrsauffassung kann es innerhalb wie außerhalb des Internets nur darauf ankommen, ob der Verkehr eine schon vorhandene Zeichenfolge als Hinweis auf ein Unternehmen, eine Person oder ein Produkt auffasst. Unerheblich ist, ob der Internetnutzer eine solche Zeichenfolge entwickeln kann. Gelingt es ihm dennoch, die korrekte URL zu erraten, belegt das nur die kennzeichnende Funktion von Domains – mehr aber nicht. Die angesprochenen Verkehrskreise können auch Domains wie www.tvspielfilm.compuserve.com oder www.zdf.msnbc.de mit der Fernsehzeitschrift oder dem Zweiten Deutschen Fernsehen in Verbindung bringen, obwohl der Internet

---

76 Vgl. OLG München, CR 1999, 382, 383 – shell.de.

77 Dagegen wohl *Wegner*, S. 251, wenn er meint, die Gedächtnisstütze zum Merken der Domain bleibe bestehen.

78 *Fezer*, RdNr. 27 zu § 14 m.w.N.

79 Eine zeichenmäßige Benutzung wurde schon dann bejaht, wenn die objektiv nicht völlig fern liegende Möglichkeit bestand, dass ein nicht unerheblicher Teil der maßgebenden Verkehrskreise in der Bezeichnung ein Unterscheidungsmerkmal gegenüber gleichartigen oder gleichen Waren oder Dienstleistungen anderer Herkunft erblickte: BGHZ 8, 202, 206 – Kabel-Kennzeichnung; BGH GRUR 1969, 601, 602 – Candahar; BGH GRUR 1981, 592, 593 – Championne du Monde.

Service Provider in der Domain genannt ist. Schließlich wird die Kennzeichenfunktion einer Marke nicht geschmälert, wenn sie mit anderen Kennzeichen oder Adressen zusammen verwendet wird.[80]

Es ließe sich noch argumentieren, dass ein Unternehmenskennzeichen schwerlich aus der kompletten URL wie etwa http://www.x.com besteht.[81] In der Tat stimmt der Name der hinter dem Unternehmen stehenden Rechtsperson nicht mit der URL überein. Der Name ist – bestenfalls – nur der Bestandteil „x". Kennzeichen dienen der Individualisierung und Unterscheidung von Personen, Produkten, Unternehmen usw. Diese Wirkung kann das Übertragungsprotokoll http://www nicht erzielen, weil diese Zeichen nicht individuell auf eine bestimmte Website hinweisen, sondern generell bei jedem Aufruf einer Website erscheinen. Die Protokollbezeichnung wird daher von den Internetnutzern als angesprochenem Verkehrskreis nicht als kennzeichnendes Element aufgefasst. Gleiches muss im Regelfall für die TLD gelten.[82]

Schwerer als die bisher formulierten Bedenken gegen eine Kennzeichnungswirkung könnte der Hinweis auf eine erhöhte Benutzung von Suchmaschinen wiegen. So wird argumentiert, der Zuwachs an Domains erfordere die Benutzung von Suchmaschinen. Nutzer, die bislang versucht hätten, Domains zu erraten, würden angesichts der Vielzahl neuer Domains zunehmend Schwierigkeiten haben, ohne Suchmaschine den richtigen Zielrechner zu finden.[83] Wenn aber Domains erraten werden konnten, als nur wenige Websites abrufbar waren, können diese Domains auch dann noch erraten werden, wenn Websites mit neuen Domains zu dem bisherigen Angebot hinzutreten. Es lässt sich eher umgekehrt die Prognose wagen, dass die Erratbarkeit von Domains durch die Verbreitung des Internet eher zu- als abnehmen wird: mit zunehmender Vergabe von Domain-Namen wächst proportional die Möglichkeit, auf ‚gut Glück' eine Website durch Erraten der Domain zu finden.

Auch hat sich *Wilmers* Prognose, das Auffinden einer Website über eine Suchmaschine werde zum Regelfall, jedenfalls bis dato, noch nicht bewahrheitet. Als Beleg dafür kann die nach wie vor starke Umwerbung von Domains außerhalb des Internets gelten. Internetnutzern wird so die Möglichkeit gegeben, ohne Suchmaschine in die URL des WWW-Browsers die Domain

80 Wenn etwa das ZDF hinter seinem Kürzel auf Briefen die Postanschrift angibt, nimmt diese Angabe der Buchstabengruppe dem Fernsehsender nicht seine Namensfunktion.

81 So versteht wohl *Viefhues*, RdNr. 71, die Bemerkung *Omsels*, S. 331: „Es wird kein Unternehmen behaupten, sein Name sei ‚http://www.x.com'." Indessen stellt *Omsels* nicht die kennzeichnende Funktion von Domain-Namen in Abrede (vgl. *Omsels*, S. 334). Er bezweifelt lediglich, dass der Domain-Name als solcher Unternehmenskennzeichen iSd § 5 II MarkenG ist.

82 OLG Karlsruhe, K&R 1999, 423, 424 zur TLD .com; LG Düsseldorf, CR 1998, 688, 689 – jpnw.de; LG Braunschweig CR 1998, 364, 366 – deta.com zur TLD .com; *Viefhues*, RdNr. 71.

83 *Hahn/Wilmer*, NJW CoR 1997, S. 485, 486; *Bücking*, RdNr. 159.

direkt einzugeben. Zwar könnte hiergegen eingewendet werden, Sinn und Zweck dieser Umwerbung in Funk, Presse und Fernsehen sei ausschließlich, dass Fortschrittlichkeit und Innovation mit der Domain suggeriert werden sollen. Dann aber könnte auch auf die Web-Präsenz ohne Angabe des Domain-Namens hingewiesen werden.

Außerdem bleibt das Maß der Frequentierung von Suchmaschinen als Kriterium zur Bestimmung der Kennzeichnungsfunktion überhaupt zweifelhaft. Suchmaschinen sind in gewisser Weise mit Branchenverzeichnissen wie etwa den „Gelben Seiten" vergleichbar. Unter einer Rubrik kann wie nach Eingabe eines Wortes in einer Suchmaschine der Hinweis auf verschiedene Anbieter gefunden werden. Wie die Kennzeichnungsfunktion von Namen und Firmenschlagworten nicht von der Intensität der Benutzung von Branchenverzeichnissen abhängt (die Namensfunktion bleibt selbst dann bestehen, wenn allen Kunden der Name über ein Branchenverzeichnis bekannt geworden ist), kann es auch bei Domain-Namen nicht entscheidend auf den Grad der Benutzung von Suchmaschinen ankommen.

Ausgangspunkt muss auch in der Konstellation des Bekanntwerdens einer Domain durch eine Suchmaschine die Frage sein, ob ein nicht ganz unerheblicher Teil der angesprochenen Verkehrskreise die Buchstabenfolge in einer Domain als Kennzeichen versteht. Als Hinweis auf einen Namensträger können die Verkehrskreise die Domain auch dann begreifen, wenn die Domain nicht direkt eingegeben wird, sondern per Hyperlink oder via Suchmaschine die Adresse im URL-Feld erscheint. Zudem darf Folgendes nicht unberücksichtigt bleiben: Die Suchmaschinen zeigen neben einer kurzen Information über die Website auch den Domain-Namen als Suchergebnis an. So können die Domain-Namen dem Suchenden eine erste Orientierung geben, ob er das gesuchte Angebot mit dem angegebenen Link finden wird. Im übrigen erscheint bei Ausdruck einer Website die Domain als Kopf- oder Fußzeile auf dem Papier. Das Dokument kann so bei seiner Verstetigung auf Papier mit Hilfe des Domain-Namens identifiziert und einem Anbieter zugeordnet werden. Die Verkehrsauffassung ist somit losgelöst von der manuellen Eingabe der Domain in das URL-Feld zu beurteilen.

Da richtigerweise die Verkehrsauffassung von der Anlehnung an bestehende Kennzeichen und vom gewöhnlichen Gebrauch der Domains abhängt, könnte *Graefe* mit seiner Differenzierung einen überzeugenden Ansatz verfolgen. Indessen ist schwer nachzuvollziehen, warum auch außerhalb des Internets beworbene Domains bei Verwässerungsgefahr oder konkretem Produktbezug namensrechtlichen Schutz genießen, hingegen innerhalb des Internets verwendete Domains nur technische Adresse sein sollen. Die maßgebliche Verkehrsauffassung orientiert sich bei der Beurteilung einer kennzeichnenden Funktion nicht ausschließlich an dem Kriterium, ob die Domain auch außerhalb des Internets verwendet wird. Entscheidend ist vielmehr, ob Domains in ihrer gewöhnlichen Verwendung als Hinweis auf ein Produkt, eine Person etc. verstanden werden. Der Ort der Bewerbung ist hierfür nicht entscheidend.

Richtig erscheint hingegen das von Rechtsprechung und Literatur überwiegend bevorzugte Modell der Janusköpfigkeit des Domain-Namens als einerseits technische Adresse und andererseits mögliches kennzeichnendes Element. Der Vorteil dieses Ansatzes liegt darin, keine der beiden Funktionen von Domain-Namen vernachlässigen zu müssen: Der Domain kommt mittelbar über die Transkription in das numerische IP mit Hilfe der DN-Server die technische Funktion zu, den Nutzer mit dem gewünschten Host zu verbinden. Gleichzeitig ist ihre Fähigkeit zu kennzeichnender Wirkung gerade mit Blick auf die Entstehungsgeschichte des DNS nicht zu übersehen, diente doch die Einführung des DNS einer durch die Möglichkeit von Kennzeichenverwendung benutzerfreundlichen Handhabung beim Aufrufen von Homepages. Parallelen der Domains mit den Fernschreibkennungen sind unverkennbar. Es erscheint gewiss verfehlt, axiomatisch die Kennzeichenkraft der janusköpfigen Domains mit der Rechtsprechung des BGH zur Fernschreibkennung zu begründen. Allerdings liefert die Parallele mit Fernschreibkennungen den Beleg dafür, dass sich auch Domain-Namen in die bisherige Rechtsprechung zur Kennzeichnungsfunktion einfügen lassen.[84]

Nach alledem ergibt sich, dass ein nicht ganz unbeachtlicher Teil der angesprochenen Verkehrskreise Domain-Namen als kennzeichnenden Hinweis verstehen kann. Erforderlich ist weiterhin, dass einer Domain in ihrer konkreten Verwendung kennzeichnende Wirkung beigemessen werden kann. Dies ist der Fall, wenn der Internetnutzer die SLD schon als Kennzeichen kennt, etwa http://www.spiegel.de oder http://www.focus.de. Unterschieden werden muss aber bei SLDs, deren Zeichen keinen vergleichbaren Bekanntheitsgrad aufweisen. Regelmäßig wird der Internetnutzer wegen der gängigen Praxis vermuten, dass auch eine ihm nicht bekannte Zeichenfolge ein Kennzeichen ist.[85] Ausnahmsweise kann das etwa nicht gelten, wenn einer SLD als Kennzeichen ein absolutes Schutzhindernis iSd § 8 II MarkenG entgegensteht und Verkehrsdurchsetzung nach § 8 III MarkenG nicht erlangt hat.[86] Für die

---

84 Fehl geht der Hinweis von *Omsels*, Fernschreibkennungen bestünden aus einer Zeichenfolge ohne Zusätze und seien deshalb nicht mit Domain-Namen zu vergleichen (*Omsels*, S. 331). Richtig ist, dass Fernschreibkennungen ähnlich der SLD aus einer kurzen Buchstabengruppe bestehen. Zum Absenden eines Fernschreibens ist die Eingabe einer Netzkennzahl erforderlich, die insofern mit der Protokollbezeichnung verglichen werden kann.

85 So auch *Viefhues*, RdNr. 72.

86 OLG München, ZUM 1999, 582, 583 – buecher.de. Dasselbe muss für sog. „hate-sites" gelten, die das Kennzeichen eines Dritten diffamatorisch als SLD verwenden, z. B. http://www.volkswagen-NeinDanke.com. Die angesprochenen Verkehrskreise können dem Domain-Namen ohne weiteres entnehmen, dass es sich nicht um eine Website der Volkswagen AG handelt.

hier zu erörternde Konstellation, in der sich sowohl der Domaininhaber als auch der Ausgeschlossene auf Kennzeichenrechte berufen, sind die Ausnahmefälle jedoch nicht relevant.

III. Verwechslungsgefahr

Für Marken und geschäftliche Bezeichnungen, die nicht im Inland bekannt sind, verlangen § 14 II Nr. 2 und § 15 II MarkenG Verwechslungsgefahr. § 14 II Nr. 2 MarkenG setzt voraus, dass wegen der Identität oder Ähnlichkeit des Domain-Namens mit der Marke und der Identität oder Ähnlichkeit der durch die Marke und den Domain-Namen erfassten Waren oder Dienstleistungen für das Publikum die Gefahr von Verwechslungen besteht. Das schließt die Gefahr ein, dass der Domain-Name mit der Marke gedanklich in Verbindung gebracht wird. § 15 II MarkenG verlangt die Benutzung der geschäftlichen Bezeichnung oder eines ähnlichen Zeichens in einer Weise, die geeignet ist, Verwechslungen mit der geschützten geschäftlichen Bezeichnung hervorzurufen. Trotz seines von § 14 II Nr. 2 MarkenG abweichenden Wortlauts setzt auch § 15 II MarkenG eine gewisse Nähe der Branchen voraus, für die das Zeichen und die geschäftliche Bezeichnung verwendet werden.[87]

Die Verwechslungsgefahr ergibt sich somit zum einen aus der Identität oder Ähnlichkeit des Domain-Namen mit dem geschützten Kennzeichen (Zeichenähnlichkeit) und zum anderen aus der Identität oder Ähnlichkeit der Waren, Dienstleistungen oder Branchen, auf die sich der Domain-Name und das andere geschützte Kennzeichen beziehen (Produktähnlichkeit). Sie wird aufgrund eines flexiblen Systems ermittelt. Je ähnlicher das verwendete dem geschützten unterscheidungskräftigen Zeichen ist, desto größer kann die Produktverschiedenheit sein und umgekehrt. Der Zeichenschutz ist größer, je kennzeichnungskräftiger, d.h. unterscheidungskräftiger und origineller das geschützte Zeichen ist.

Liegen hingegen die Tatbestände der §§ 14 II Nr. 1, 15 I MarkenG vor, ist die gesonderte Feststellung einer Verwechslungsgefahr nicht nötig – sie ergibt sich bereits daraus, dass die Zeichen und die mit ihnen gekennzeichneten Objekte identisch sind (sog. Doppelidentität[88]). Somit muss für die Fälle der §§ 14 II Nr. 1, 15 I als auch die der §§ 14 II Nr. 2, § 15 II MarkenG der Domain-Name mit dem geschützten Kennzeichen entweder identisch oder diesem wenigstens ähnlich sein.

---

87 *Fezer*, RdNr. 73 zu § 15; *Viefhues*, RdNr. 86.

88 Diesen treffenden Begriff gebrauchte, soweit ersichtlich, erstmals *Sack*, WRP 1998, S. 1127.

1. Zeichenidentität

Im Rahmen der Zeichenidentität stellt sich das Problem, dass Wortmarken aufgrund der Vergabebestimmungen der DENIC und der Regelungen in den RFCs gelegentlich nur abgewandelt als Domain-Name registriert werden können.[89] Die Telefongesellschaft AT&T etwa tritt unter att.com im Internet auf. Der Inhaber der Marke C&A kann selbst die Buchstaben ca.de nicht als Domain registrieren lassen, da die SLD aus wenigstens drei Buchstaben bestehen muss. Es fragt sich daher, ob auch solche Domains mit der Marke identisch sind, die den Vergabebestimmungen angepasst wurden – beispielsweise ‚att.com' und ‚cunda.de'. Zeichenidentität ist auch bei Übernahme eines schutzfähigen Zeichenbestandteils gegeben.[90] Gleiches soll gelten, wenn der übernommene und in Alleinstellung benutzte Zeichenbestandteil das Wesen der geschützten Marke ausmacht und die übrigen Bestandteile nur unwesentliches Beiwerk darstellen.[91]

Jedenfalls bei den genannten Beispielen sind mangels Freihaltebedürfnisses weder die Bestandteile an den Zeichen „AT" und „T" sowie „C" und „A" schutzfähig, noch können die Buchstaben ohne das Zeichen „&" als das Wesen der Marken begriffen werden. Auch der Normzweck spricht dagegen, die Zeichen als identisch aufzufassen. § 14 II Nr. 1 MarkenG soll nur zur Anwendung kommen, wenn für das Publikum von vornherein keine Unterscheidungsmöglichkeit besteht. Der Verkehr kann jedoch Zeichen wie att und cunda von den Marken AT&T und C&A unterscheiden. In diesen Fällen besteht vielmehr die Gefahr von Verwechslungen, sodass bei Verwendung dieser der Marke ähnlichen Zeichen möglicherweise der Tatbestand des § 14 II Nr. 2 MarkenG verwirklicht ist. Allerdings wird man trotz Unterschiede in Groß- und Kleinschreibung wohl von Zeichenidentität ausgehen können, weil die Adresse unabhängig von Groß- oder Kleinschreibung ordnungsgemäß geroutet werden kann.

2. Zeichenähnlichkeit

Verwechslungsfähig beurteilte die Rechtsprechung etwa APISOL für Bienenwachs, Blütenpollen, Bienengift und Aspisol für Arzneimittel, pharmazeutische Drogen und Präparate[92]; Monsieur Michel und Michelle für

---

89 Zu den Einschränkungen s.o., Einleitung B (S. 3 ff).

90 BGH GRUR 1966, 259, 260 – Übernahme des Bestandteils NAPOLÉON aus dem Warenzeichen NAPOLÉON LE PETIT CAPORAL.

91 *Baumbach/Hefermehl* WZG, RdNr. 1a zu § 31; *Fezer*, RdNr. 76 zu § 14.

92 BPatGE 35, 26 ff– APISOL.

kosmetische Artikel[93] sowie PARK und LARK für Tabake[94]. Nach verbreiteter Ansicht in der Literatur soll das Abstandsgebot auf Internet-Domains nicht unbesehen übertragen werden. Für ein restriktives Abstandsgebot spricht der Umstand, dass Domain-Namen nur in Grenzen frei gewählt werden können (keine Differenzierung nach Farbe, Groß- und Kleinschreibung, Schriftart etc.). Die fehlende Möglichkeit koexistierender Kennzeichen als Domain-Namen sowie das Bemühen um kurze und damit merkfähige Domains wird als weitere Ursache einer zwangsläufigen Annäherung der Kennzeichen gewertet. Das übliche Abstandsgebot würde den Fundus an verfügbaren Domain-Namen zu stark einschränken.[95] Die eindeutige Identifizierung eines Servers ist bereits bei Abweichung eines einzigen Buchstabens oder Satzzeichens von einem bisher als Domain-Namen registrierten Kennzeichen gewährleistet. Ein erhebliches volkswirtschaftliches Interesse an einem ungehinderten Ausbau eines funktionsfähigen Internets wird zudem geltend gemacht. Der gutgläubige Nutzer liefe stets Gefahr, sich mit seinem Domain-Namen einer Vielzahl geschützter Kennzeichen rechtsverletzend anzunähern.[96]

Nordemann und *Poeck* widersprechen.[97] Da jedes Land seine eigene TLD hat, stünden unter weltweiten Maßstäben nicht weniger Domain-Namen zur Verfügung als Wortmarken.[98] Dies überzeugt jedenfalls dann nicht, wenn man mit *Nordemann*[99] der TLD rein beschreibenden und damit keinen unterscheidungskräftigen Charakter beimisst. Wer auf einen Domain-Namen stoße, hinter dem der Internet-Nutzer eine ihm bekannte Marke oder Firma vermutet, werde ebenso Verwechslungen unterliegen wie außerhalb des Internets. Durchschnittsverbraucher würden innerhalb des Internets nicht anders auf Übereinstimmungen und Unterschiede von Domains, Marken und geschäftlichen Bezeichnungen achten als außerhalb.[100]

Dies trifft indessen nicht zu. Dem Internetnutzer ist bekannt, dass er nur durch fehlerfreie Eingabe einer Domain die gewünschte Seite abrufen kann[101]. Dies zwingt ihn zu besonderer Sorgfalt bei der Eingabe jedes einzelnen Buchstabens der Domain. Dadurch wird seine besondere Aufmerksamkeit hinsichtlich der Schreibweise schon bei der Wahrnehmung eines neuen Domain-Namen geweckt. Es ist zwar zu berücksichtigen, dass ein Internetnutzer ohne manuelle Eingabe via Suchmaschine mittels Link eine

---

93 BpatGE 36, 14 ff– Monsieur Michel.

94 BpatGE 36, 82 ff– Park.

95 *Kur*, CR 1996, S. 590, 593; *Hoeren*, Rechtsfragen des Internet, RdNr. 56; *Viefhues*, RdNr. 81.

96 *Bücking*, RdNr. 149.

97 *Nordemann*, NJW 1997, S. 1891, 1894; *Poeck*, S. 24

98 *Nordemann*, NJW 1997, S. 1891, 1894.

99 *Nordemann*, NJW 1997, S. 1891, 1895.

100 *Nordemann*, NJW 1997, S. 1891, 1894.

101 *Bücking*, RdNr. 152; *Viefhues*, RdNr. 82; *Wegner*, S. 254.

Website abrufen kann und folglich die Gefahr einer falschen Eingabe nicht besteht. Die Verwechslungsgefahr einer per Suchmaschine gefundenen Domain mit ähnlichen Kennzeichen mindert sich aber schon dadurch, dass regelmäßig eine Vielzahl von Fundstellen angegeben wird, die gleichzeitig auf dem Bildschirm erscheinen. Während im übrigen Kennzeichenrecht davon ausgegangen wird, dass die Zeichen nicht unmittelbar nebeneinander wahrgenommen, sondern aufgrund eines Erinnerungsbildes miteinander verglichen und Gemeinsamkeiten festgestellt werden,[102] nimmt der Nutzer einer Suchmaschine die Kennzeichen nebeneinander wahr. So kann er seinen Blick auf Unterschiede der gefundenen Domains richten und damit die Verwechslungsgefahr mindern. Auf eine klangliche Verwechslungsgefahr kann es jedenfalls nicht entscheidend ankommen.[103]

Ein vermindertes Abstandsgebot lässt sich schließlich auch mit der Rechtsprechung vereinbaren, die in jüngerer Zeit bei der Beurteilung der Verwechslungsgefahr nicht mehr auf das Verständnis des flüchtigen Verbrauchers abstellt.[104] Schon das Reichsgericht hatte erkannt, dass die Art des Markengebrauchs eine aufgrund der Zeichenähnlichkeit bestehende Verwechslungsgefahr beeinflussen kann. Kleine oder schwer wahrnehmbare Marken wie auf Uhren oder Wasserzeichen in Papier erfordern erhöhte Aufmerksamkeit des Verbrauchers bei der Wahrnehmung der Marke und verringern so die zeichenbedingte Verwechslungsgefahr[105]. Diese vom Reichsgericht angestellten Überlegungen lassen sich auf Internet-Domains übertragen, bei deren Eingabe ebenso wie bei der Wahrnehmung kleiner Zeichen eine erhöhte Aufmerksamkeit erforderlich ist. Der BGH hat festgestellt, dass der Schutzumfang einer Marke durch eine Vielzahl ähnlicher Zeichen geschwächt sein kann. Die Schwächung der Kennzeichnungskraft rühre unter anderem daher, dass der Verkehr durch das Nebeneinander vieler ähnlicher Zeichen gezwungen sei, auf geringfügige Unterschiede zu achten. Schon dadurch werde die Gefahr von Verwechslungen gemindert.[106] Auch wegen des starken Anstiegs der Neueintragungen von Domains wird der Verkehr zu besonderer Aufmerksamkeit genötigt, was sich verwechslungsmindernd auswirkt. Schon für Arzneimittelmarken gilt, dass ihr Schutzumfang eng zu bemessen ist, um für andere pharmazeutische Produkte den Markenerwerb zu ermöglichen.[107] Richtigerweise muss daher das Abstandsgebot der Zeichen im Rahmen von Domain-Namen restriktiv gehandhabt werden.

---

[102] BGH GRUR 1974, 30, 31 – Erotex; *Fezer*, RdNr. 157 zu § 14.

[103] *Schmieder*, NJW 1999, S. 3088, 3095; *Jaeger-Lenz*, Rechtsgeschäfte im Netz, S. 183, 195, und *Wegner*, S. 254, wollen ganz auf klangliche Verwechslungsgefahr verzichten.

[104] EuGH WRP 1998, S. 848, 850 – 6-Korn-Eier; BGH WRP 1998, 990, 992 – Alka-Seltzer.

[105] RGZ 63, 241, 243f – Tafelgeräte und Bestecke aus Alpacca; RG GRUR 1944, 85, 87 – Kienzle.

[106] BGH GRUR 1955, 415, 417 – Arctuvan - Artesan.

[107] Vgl. *Fezer*, RdNr. 156 zu § 14.

Nicht überzeugend indessen scheint wiederum, eine Abweichung in einem einzigen Zeichen ausreichen zu lassen, um eine Verwechslungsgefahr gänzlich auszuschließen.[108] Gerade bei bekannteren Marken besteht die Möglichkeit, dass ein Zeichen wegen der geringfügig abweichenden Bestandteile als Serienmarke interpretiert und somit die Gefahr einer mittelbaren Verwechslung geschaffen wird.[109] Eine generalisierende Betrachtung verbietet sich somit. Die Verwechslungsgefahr ist vielmehr anhand der Umstände des konkreten Einzelfalles zu bestimmen. Eine abweichende TLD kann allerdings die Verwechslungsgefahr nicht ausschließen,[110] da sich ein Hinweis auf den Betreiber der gesuchten Website im Regelfall nur den Subdomains entnehmen lässt. Gelegentlich kann die Wahl einer bestimmten TLD verwechslungsbegründend sein, etwa wenn die TLD in das Kennzeichen einbezogen wird[111] oder Subdomains kennzeichnend verwendet werden[112].

3. Waren-, Dienstleistungs- und Branchennähe

§ 14 II Nr. 2 MarkenG setzt voraus, dass wegen der Identität oder Ähnlichkeit des Domain-Namens mit der Marke und der Identität oder Ähnlichkeit der durch die Marke und den Domain-Namen erfassten Waren oder Dienstleistungen für das Publikum die Gefahr von Verwechslungen besteht. Problematisch ist, welche Ware oder Dienstleistung der Domain-Name „erfaßt". Auch § 14 II Nr. 1 MarkenG verlangt, dass der Domain-Name „für" Waren oder Dienstleistungen benutzt wird.[113] Er könnte einerseits die unter der Website angebotenen Dienstleistungen oder Waren erfassen bzw. für diese benutzt werden. Andererseits erscheint es möglich, dass auch die Homepage als solche die erfasste Ware bzw. Dienstleistung ist. Dann käme es zur Bestimmung der Verwechslungsgefahr nicht auf den Inhalt der Website an.

---

[108] So jedoch *Hoeren*, Rechtsfragen des Internet, RdNr. 56, der eine Verwechslungsgefahr für ibmx.de und ibm.de verneint.

[109] Etwa in dem von *Hoeren*, a.a.O., angeführten Beispiel ibmx.de und ibm.de.

[110] LG Düsseldorf WM 1997, 1444, 1447 – epson.de; LG Lüneburg CR 1997, 288, 289 – celle.com; einschränkend *Bücking*, RdNr. 155 ff; *Nordemann* NJW 1997, S. 1891, 1895; *Ubber*, S. 505.

[111] *Ubber*, S. 505, führt das Beispiel des unter „EUnet" firmierenden Service-Providers an, der sich die Domain eunet.com registrieren ließ. Auf diese Domain erhob ein Unternehmen mit dem Namen Eunetcom Anspruch. Auch wer sich die Domain deutschetele.com registrieren lässt, könnte mit der Deutschen Telekom AG in Verbindung gebracht werden.

[112] Z. B.: www.marl.boro.de.

[113] Ein vergleichbares Problem stellt sich im Rahmen des § 15 I, II MarkenG, weil eine gewisse Branchennähe entgegen des Wortlauts ebenfalls vorausgesetzt wird, s.o.

a. Die Homepage als Ware

Die 4. Kammer des LG Düsseldorf meint, die verwechslungsfähige Ware bzw. Dienstleistung sei die Homepage als solche.[114] Zur Begründung wird auf eine identische Sachlage zwischen Homepage und Zeitschrift verwiesen. Werden zwei Zeitschriften unter gleichem Titel angeboten, kommt es auf den Inhalt der Zeitschrift nicht mehr an. Das LG konstatiert, dass nicht der Inhalt, sondern das Produkt Zeitschrift Ware oder Dienstleistung im Sinne des Markengesetzes ist. Daraus schließt es, dass es auch für Domain-Namen zur Bestimmung der Verwechslungsgefahr nicht auf den Inhalt der Homepage ankommen kann. Entscheidend sei, dass unter einer mit der klägerischen Marke identischen Bezeichnung eine identische Ware, nämlich eine Homepage, bereitgehalten werden soll. Aus der Doppelidentität zwischen einerseits Marke und Zeichen und andererseits der Ware Homepage ergebe sich ohne weiteres die Verwechslungsgefahr. In sich folgerichtig wendet das LG nicht § 14 II Nr. 2, sondern § 14 II Nr. 1 MarkenG an.[115]

Das LG Düsseldorf begründet die Irrelevanz der unter einer Website bereitgestellten Inhalte zur Bestimmung der Verwechslungsgefahr mit der Erwartungshaltung eines Internetnutzers. Wer über einen Link, ein Verzeichnis oder einer sonstigen Veröffentlichung von einer URL erfährt, die die Domain ‚epson' enthält, gehe regelmäßig davon aus, dass eine Beziehung der Domain zur Klägerin besteht. Außerdem sollten es Domains der streitgegenständlichen Art einem Internetnutzer ohne positive Kenntnis der URL ermöglichen, auf das Geratewohl hin und ohne von der Existenz einer Internetpräsenz zu wissen durch Eingabe des Unternehmenskennzeichens zur gewünschten Homepage zu gelangen. Internetnutzer gingen davon aus, dass sich hinter der Domain „lufthansa.de" die gleichnamige Fluggesellschaft, unter „focus.de" das gleichnamige Magazin, unter „epson.de" der gleichnamige Computerhersteller und nicht etwa ein Reisebüro, ein Zeitschriftenkiosk oder ein beliebiger Computerhändler verbergen.[116]

Zu ähnlichem Ergebnis gelangt *Wagner*, indem er § 14 II Nr. 2 MarkenG auch bei völliger Verschiedenheit der Produkte anwenden will. Er stützt die Anwendbarkeit des § 14 II Nr. 1, 2 MarkenG bei völliger Branchenverschiedenheit zum einen auf die Begründung des Gesetzentwurfs der Bundesregierung sowie einen Erwägungsgrund der dem Markengesetz zugrunde

---

114 LG Düsseldorf, CR 1998, 165, 168 – epson.de. Dem zustimmend ohne weitere Begründung *Kilian*, S. 388.

115 Für § 14 II Nr. 2 MarkenG greift dann allenfalls bei Ähnlichkeit des Domain-Namens mit der Marke ein, beispielsweise „www.epsen.de".

116 LG Düsseldorf, CR 1998, 165, 168 – epson.de.

liegenden Richtlinie[117]. Zum anderen beruft er sich auf eine Entscheidung des BGH, nach der die Warenähnlichkeit nur noch „eines von mehreren zueinander in Wechselwirkung tretenden und deshalb von Fall zu Fall unterschiedlich zu gewichtenden Kriterien für die Beurteilung der Rechtsfrage ist, ob eine Verwechslungsgefahr besteht."[118] Wie Verwechslungsgefahr trotz Identität der Zeichen bei völliger Branchenferne verneint werden könne, so müsse auch umgekehrt eine Verwechslungsgefahr trotz völliger Branchenferne bejaht werden können. Da einem Domain-Namen nicht anzusehen ist, für welche Produkte er steht, sei Verwechslungsgefahr ohne weiteres gegeben.[119]

Auch bei fehlender Verwechslungsgefahr plädiert *Nordemann* für die Anwendung der §§ 14, 15 MarkenG. Deren Absätze 1 gewährten ihrem Inhaber ein ausschließliches Recht. Dieses würde nur durch § 23 MarkenG eingeschränkt. Wer über keine rechtfertigenden Gründe wie eigene Marke, eigenen Namen oder eigene geschäftliche Bezeichnung verfüge, sondern das Kennzeichen eines anderen als Domain-Name verwende, könne auch dann in das ausschließliche Recht des Markeninhabers eingreifen, wenn keine Verwechslungsgefahr besteht.[120]

Weniger rigoros argumentiert *Jaeger-Lenz*[121]: Zur Beurteilung der Verwechslungsgefahr solle nur weniger als üblich auf die Ähnlichkeit der sich gegenüberstehenden Waren oder Dienstleistungen abgestellt werden. Sie begründet ihre Ansicht mit den Besonderheiten des Internets: Im non-virtuellen Raum träten Waren- oder Dienstleistungsangebot und Kennzeichen regelmäßig zusammen auf – etwa mit einer kennzeichnenden Warenverpackung. Bei Domains stelle sich das regelmäßig anders dar: Der Waren- oder Dienstleistungsbezug gehe in der Regel aus der Domain nicht hervor. Nach Eingabe der URL müsse eine gewisse Zeit gewartet werden, bis die für die Darstellung der Homepage erforderlichen Daten am Zielrechner zusammengefügt sind. Der Waren- oder Dienstleistungsbezug ergäbe sich möglicherweise erst nach Anwahl weiterverweisender Links und somit nur mittelbar. Das Waren- und Dienstleistungsangebot spiele beim Aufeinandertreffen von Marke und Domain damit nicht

---

[117] BT-Drucks. 12/6581, S. 71 f: „Im Mittelpunkt steht der Begriff der Verwechselungsgefahr. [...] Der Schutz der Marke reicht immer so weit, wie Verwechselungsgefahr gegeben ist." 10. Erwägungsgrund der Richtlinie 89/104/EWG des Rates vom 21.12.1988, Abl.EG Nr. L 40, S. 1 ff.

[118] BGH GRUR 1993, 404, 405 – Columbus. Dort heißt es freilich: „Das Ergebnis einer solchen Prüfung hängt von der Ähnlichkeit der einander gegenüberstehenden Bezeichnungen, von der Kennzeichnungskraft und von der Branchennähe ab, wobei nach ständiger Rechtsprechung des BGH zwischen diesen Beurteilungskriterien eine Wechselwirkung dergestalt besteht, dass Ähnlichkeit und Kennzeichnungskraft um so größer sein können, je entfernter voneinander die Gebiete liegen, auf denen die Namensträger sich betätigen."

[119] *Wagner*, S. 713 f.

[120] *Nordemann*, NJW 1997, S. 1891, 1894.

[121] *Jaeger-Lenz*, K&R 1998, S. 9, 13.

jene Rolle, die ihr nach der Konzeption des Markengesetzes zugeschrieben worden ist. *Kur* stellt fest, dass sich die Gefahr einer Verwechslung zwischen Kennzeichen und Domain-Name grundsätzlich auf die Phase der Eingabe der Domains in den Browser beziehe. Sie werde also akut, bevor die konkret angebotenen Waren oder Dienstleistungen überhaupt zur Kenntnis genommen werden können.[122] Es ginge zu weit, bei der Frage der Verwechslungsgefahr stets auf den konkreten Inhalt der Website abzustellen.[123]

Auch könnte die Eindimensionalität des Namensraums im Internet eine gegenüber „normalen" Kennzeichenkonflikten geringere Berücksichtigung des Kriteriums der Waren- und Dienstleistungsähnlichkeit gebieten. Die Beschränkung des § 14 II Nr. 2 MarkenG auf durch Produkt- oder Dienstleistungsnähe bedingte Verwechslungsgefahr kann darauf zurückgeführt werden, dass sich identische Kennzeichen für Produkte unterschiedlicher Branchen in der Regel nicht stören. Im Internet hingegen wird ein Kennzeicheninhaber allein aufgrund des eindimensionalen Namensraums sein Kennzeichen nicht als Domain-Namen unter identischer TLD nutzen können – die Kennzeichen stören einander also auch bei Branchenferne.[124] Diese Überlegung ließ *Kur* die Frage stellen, ob im Rahmen des § 15 II MarkenG wegen des von § 14 II Nr. 2 MarkenG abweichenden Wortlauts die Branchenähnlichkeit unberücksichtigt bleiben könne.[125] Später verneint sie dies[126] zutreffend mit Hinweis auf die bisherige Rechtsprechung zu Unternehmenskennzeichen und deren Fortgeltung unter § 15 MarkenG sowie der amtlichen Begründung zum Markengesetz, die ausdrücklich auf das Kriterium der Branchennähe hinweist.[127]

b. Inhalt der Homepage

Die Argumentation des LG Düsseldorf wird von anderen als Bruch mit markenrechtlichen Kategorien gewertet. Verwechslungsgefahr setze immer eine Ähnlichkeit der betroffenen Branchen oder Produkte voraus.[128] Die verwechslungsfähige Ware oder Dienstleistung sei nicht die Homepage als solche, sondern das unter der Domain bereitgestellte Leistungsangebot.[129] Nach

---

[122] *Kur*, Internet und Kennzeichenrecht, S. 348.
[123] *Kur*, Internet und Kennzeichenrecht, S. 350.
[124] *Jaeger-Lenz*, K&R 1998, S. 9, 12, unter Berufung auf *Kur*, CR 1996, S. 590, 592 f.
[125] *Kur*, FS Beier, S. 265, 272.
[126] *Kur*, Internet und Kennzeichenrecht, S. 354 (Fussnote 110).
[127] Amtl. Begr. in Blatt für PMZ, Sonderheft 1994, S. 60.
[128] *Viefhues*, RdNr. 89. *Jaeger-Lenz*, Rechtsgeschäfte im Netz, S. 183, 192, spricht davon, dass markenrechtliche Kategorien verbogen werden, um ein als gerecht empfundenes Ergebnis zu erzielen.
[129] Vgl. LG München I, Urteil vom 23.09.98, 1 HK O 11678/98 – explora.de (http://urteile.inte.de/explora_de.htm); LG München I CR 1997, 540, 541 – freundin.de; LG Hamburg

Bücking ist es lebensfremd, bei den beteiligten Kreisen eine Assoziation zu unterstellen, derzufolge mit dem Aufruf einer Website der „Marktplatz Homepage" im Sinne konkurrierender Produkte betreten werde.[130] Er vergleicht Domain-Namen mit dem Eintrag eines Unternehmens in ein „Branchen-Verzeichnis", aus dem die Branche jedoch nicht hervorgeht. Bei einem solchen Branchenbuch käme niemand auf den Gedanken, in dem Eintrag als solchem bereits die Ware zu erblicken. Es solle hier – gleich der Pforte eines Hotels – lediglich der Zugang zu einem Angebot vermittelt werden. Nicht jeder Irrtum über den Inhalt des erwarteten Angebots greife in kennzeichenrechtliche Interessen desjenigen ein, der hinter seiner Eingangstür unter demselben Namen unterschiedliche Angebote bereithält.

Köhler/Arndt kritisieren die Gleichsetzung zwischen Zeitschriftentitel und Homepage. Grundsätze des Werktitelschutzes könnten nicht auf markenrechtliche und unternehmenskennzeichenrechtliche Fragestellungen übertragen werden. Zwischen den Produkten der beiden Inhaber von verwechslungsfähigen Marken bestehe weder Produktähnlichkeit noch -identität, weil beide auf Plakaten werben. Der Verkehr betrachte eine Homepage als Informationsmedium und nicht als eigenständiges Produkt.[131] *Hackbarth* wendet gegen die Ansicht des LG Düsseldorf zu Recht ein, dass Ansprüche dann auch gegenüber der Benutzung des gleichen Domain-Namen auf Briefpapier usw. gewährt werden müssten, selbst wenn Ansprüche nach § 14 II Nr. 2 MarkenG zwischen denselben Unternehmen mangels Ähnlichkeit der Dienstleistungen oder Waren nicht durchgriffen.[132]

Ebenso kritisiert *Viefhues*, dass sich die Verwechslungsgefahr allein aufgrund der Identität oder Ähnlichkeit des Domain-Namens mit dem geschützten Kennzeichen ergeben soll.[133] Er gibt zu bedenken, dass man konsequenterweise auch dann noch von Verwechslungsgefahr ausgehen müsse, wenn nach dem Öffnen einer Website zu erkennen ist, dass sich dessen Inhalt entgegen einer anfänglichen Vermutung auf eine Branche bezieht, die zu der prioritätsälteren geschäftlichen Bezeichnung keinerlei Berührung aufweist. Eine einmal begründete Fehlvorstellung könne nicht deshalb entfallen, weil zusätzliche, im für die Beurteilung der Verwechslungsgefahr maßgeblichen Zeitpunkt nicht bekannte Tatsachen existierten. Die nachträgliche Beseitigung der Fehlvorstellung werde dadurch aufgewogen, dass die fehlerhafte Vorstellung über die Branche allein auf einer vorschnellen Vermutung des Internet-Nutzers beruht, da konkrete Anhaltspunkte für eine bestimmte Branche bis zum

---

CR 1999, 47, 48 – eltern.de; *Bücking*, RdNr. 168; *Vahrenwald*, S. 8; für den Regelfall zustimmend *Völker/Weidert*, S. 658.

130 *Bücking*, RdNr. 168.

131 *Köhler/Arndt*, RdNr. 40.

132 *Hackbarth* CR 1998, S. 558.

133 *Viefhues*, RdNr. 88 ff.

Erscheinen der Website gerade nicht bestehen. Man könne auch im Rahmen einer Verlautbarung von einer Firma als bloßem Zeichen Kenntnis nehmen, von der Geschäftstätigkeit des Firmeninhabers jedoch erst später erfahren. Kann aber in solch einem Fall die Benutzung eines kollidierenden Zeichens als Firma in einer entfernten Branche trotz der zeitweisen Fehlvorstellung von der Identität des Firmeninhabers wegen fehlender Branchennähe mangels Verwechslungsgefahr nicht untersagt werden, so könne auch die Benutzung desselben Zeichens als Domain-Name keine Verwechslungsgefahr begründen.[134]

Viefhues erwägt für den Fall einer nicht konnektierten oder leeren Website eine differenzierte Lösung: Wenn dem einzelnen Internet-Nutzer die Firma unbekannt ist, bestehe schon deshalb keine Verwechslungsgefahr, weil der Internetnutzer mangels Kenntnis der Firma den Domain-Namen mit dieser nicht verwechseln wird.[135] Anders stelle sich die Sachlage möglicherweise bei einer dem Internet-Nutzer bekannten Firma dar. In einem solchen Fall werde die Fehlvorstellung des Internet-Nutzers nicht durch den Inhalt der Website beseitigt. Die Vermutung der Branchennähe bliebe bestehen. Es ließe sich dann überlegen, ob das tatsächliche Bestehen einer Branchennähe durch eine dahingehende Vermutung ersetzt werden kann. Dagegen spräche zum einen, dass der Domain-Name lediglich in Zusammenhang mit dem Inhalt der Website benutzt werde, zu der der Domain-Name den Zugang verschafft.[136] Zum anderen argumentiert *Viefhues*, dass die Vermutung einer Branchennähe mit teleologischen Erwägungen nicht zu vereinbaren ist. Verwechslungsgefahr besteht, wenn der Verkehr der Gefahr einer assoziativen Fehlzurechnung unterliegt. Bei einer Marke erfolge die Fehlzurechnung zwischen dem gekennzeichneten Produkt und dem Markeninhaber. Bei einer bloßen Vermutung einer Warenähnlichkeit fehle es jedoch an jeglicher Manifestation eines Produktes, die dem Markeninhaber zugerechnet werden könnte. Folglich wird dem Inhaber einer Marke nicht ein Produkt zugerechnet, das tatsächlich nicht von ihm stammt. Das vermutete Produkt sei aber gerade dasjenige, für das die Marke bekannt ist, d.h. eben das Produkt des Markeninhabers. Damit wäre die Zurechnung aber zutreffend und keine Fehlvorstellung.[137]

[134] *Viefhues*, RdNr. 91 f.
[135] *Viefhues*, RdNr. 93, 89.
[136] *Viefhues*, RdNr. 94.
[137] *Viefhues*, RdNr. 96. Entsprechend argumentiert *Viefhues* für geschäftliche Bezeichnungen.

c. Kritik

Wäre die Homepage an sich die verwechslungsfähige Ware oder Dienstleistung iSd § 14 II Nr. 2 MarkenG, ergäben sich systematische Bedenken. Markenschutz entsteht vornehmlich durch Eintragung eines Zeichens als Marke in das vom Patentamt geführte Register gem. § 4 Nr. 1 MarkenG.[138] Nach § 32 II Nr. 3 MarkenG, § 14 I MarkenV[139] hat der Anmelder die Waren oder Dienstleistungen so zu bezeichnen, dass jede einzelne Ware oder Dienstleistung einer Klasse der Klasseneinteilung (§ 15 MarkenV) zugeordnet werden kann.[140] Darüber hinaus muss der Anmelder das Waren- und Dienstleistungsverzeichnis klar und deutlich fassen[141].

Sinn und Zweck dieser Regelungen ist es zum einen, den Schutzbereich einer eingetragenen Marke im Interesse der Rechtssicherheit zu begrenzen. Zum anderen wird dieser Schutzbereich grundsätzlich nach den eingetragenen Waren und Dienstleistungen bestimmt.[142] Das gilt insbesondere für den Identitätsschutz der Marke nach § 14 II Nr. 1 MarkenG und für den Verwechslungsschutz der Marke nach § 14 II Nr. 2 MarkenG hinsichtlich des Identitäts- sowie Ähnlichkeitsbereichs der Waren oder Dienstleistungen.[143] Wird der Schutzbereich einer Marke durch die eingetragenen Waren und Dienstleistungen bestimmt, dürfte eine Ware „Homepage" auch nur dann geschützt sein, wenn eine Homepage als Ware im Register eingetragen ist. Ausführungen dazu enthält das Urteil des LG Düsseldorf jedoch nicht.[144]

Selbst wenn dessen ungeachtet auf die Homepage als gekennzeichnete Ware abgestellt werden soll, bleibt ungeklärt, wie die Ähnlichkeit der Waren „Homepages" begründet werden kann, wenn der Markeninhaber noch nicht im WWW präsent ist. Ähnlichkeit verlangt wenigstens zwei Vergleichsobjekte. Wird - wie im Fall „epson.de" - ein mit einer Marke identisches Zeichen als Domain-Name benutzt, kann es aufgrund der Eindimensionalität des Internet-Namensraums keine zweite Homepage unter diesem Domain-Namen geben.[145]

---

[138] Althammer/*Klaka*, RdNr. 5 zu § 4; vgl. *Härting*, RdNr. 297.

[139] Promulgation: BGBl. 1994 I S. 3555.

[140] Es bestehen gem. der Anlage zu § 15 I MarkenV 32 Waren- und 8 Dienstleistungsklassen.

[141] Althammer/*Ströbele*, RdNr. 38 zu § 32.

[142] *Fezer*, RdNr. 36 zu § 32.

[143] *Fezer*, RdNr. 36 zu § 32.

[144] Ähnlich wohl die Kritik von *Poeck*, S. 17 f.

[145] Anders könnte sich die Sachlage für Fälle des § 14 II Nr. 1 und 2 MarkenG nur darstellen, wenn der Markeninhaber bereits unter einer die Identität seiner Marke wahrenden Domain eine Website betreibt und auf eine andere TLD zurückgreift – etwa statt der Domain ‚marke.de' die Domain ‚marke.com' wählt. Nur in einem solchen Fall kann für die Ware „Homepage" eine Verwechslungsgefahr bestehen. Ob Epson bereits ihr Firmenschlagwort unter einer anderen TLD für eine Internetpräsenz verwendet hat, geht indessen aus dem Urteil des LG Düsseldorf nicht hervor.

Es fehlt dann schon an einem zweiten, die Verwechslungsgefahr begründenden Objekt.

Wagner indessen behauptet, Verwechslungsgefahr könne auch bei völliger Branchenverschiedenheit vorliegen. Richtig ist, dass der Grad der zwischen den gekennzeichneten Produkten bestehenden Ähnlichkeit nur einer von mehreren Faktoren zur Bestimmung der Verwechslungsgefahr ist. Dadurch wird die Feststellung der Ähnlichkeit jedoch nicht entbehrlich. Der Wortlaut des § 14 II Nr. 2 MarkenG verlangt vielmehr Kausalität zwischen der Verwechslungsgefahr und der Ähnlichkeit der Waren oder Dienstleistungen („wegen"). Richtig ist folglich, dass bei fehlender Produktähnlichkeit eine relevante Verwechslungsgefahr nicht bestehen kann.[146] Aus diesem Grund erweist sich auch die Umkehrung des BGH-Urteils als unzutreffend.

Allenfalls könnte erwogen werden, § 14 II Nr. 2 MarkenG analog auf Fälle anzuwenden, in denen sich branchenfremde Waren und Dienstleistungen gegenüberstehen. Eine analoge Anwendung des § 14 II Nr. 2 MarkenG bei Branchenferne setzt eine Regelungslücke voraus. Der Gesetzgeber hat bestimmt, dass Schutz im Bereich nicht ähnlicher Waren und Dienstleistungen nur den im Inland bekannten Marken gewährt wird, § 14 II Nr. 3 MarkenG. Hinsichtlich nicht ähnlicher Waren und Dienstleistungen besteht also keine Regelungslücke. Anders könnte nur dann argumentiert werden, wenn die Regelungslücke auf das Fehlen besonderer Bestimmungen für Domain-Namenskonflikte bezogen werden sollte. Da das Markengesetz die Benutzung von Kennzeichen unabhängig vom verwendeten Medium regeln will, lässt sich eine Planwidrigkeit nur schwer begründen. Jedenfalls sind die Regelungen der Fälle, denen sich das Markengesetz primär widmet, nicht mit den regelmäßig durch die Reservierung von Domain-Namen hervorgerufenen Konflikten vergleichbar: Zentrales Ziel des Markengesetzes ist, die Verwendung von verwechslungsfähigen Kennzeichen zu unterbinden. Die Beschränkung darauf beruht auf der Überlegung, dass anderen Marktteilnehmern die Möglichkeit offen stehen soll, das geschützte Zeichen für andere Waren, Dienstleistungen oder Branchen zu verwenden. Demgegenüber beruht der Vorwurf, der einem Domaininhaber bei fehlender Waren-, Dienstleistungs- oder Branchennähe gemacht wird, nicht in einer durch die Domain-Verwendung hervorgerufenen Verwechslung. Vielmehr wird sich gegen die Blockade der Domain gerichtet. Sie macht es dem Inhaber eines Kennzeichens unmöglich, unter diesem im WWW unter einer bestimmten TLD erreicht zu werden. Die Interessenlagen sind insoweit nicht vergleichbar. Folglich kann das Markengesetz auf Fälle nicht ähnlicher Waren, Dienstleistungen oder Branchen auch nicht analog angewendet werden.

---

146 *Ingerl/Rohnke*, RdNr. 251 zu § 14; *Kiethe/Krauß*, S. 496; *Kunz-Hallstein*, GRUR 1996, S. 6, 8.

Mangels analoger Anwendbarkeit fragt sich mit *Jaeger-Lenz* weiter, ob auf das Kriterium der Branchennähe bei Domain-Konflikten weniger als gewöhnlich abgestellt werden sollte. Da die Verwechslungsgefahr nicht anhand statisch feststehender Begriffe bestimmt werden muss, könnte das einer geringeren Berücksichtigung des Grades der Waren- bzw. Branchennähe bei Domain-Konflikten Raum geben. Die Begründung für diese gegenüber „normalen" Markenrechtsfällen eingeschränkte Berücksichtigung des Kriteriums der Waren- bzw. Branchennähe ist jedoch schwierig. *Jaeger-Lenz* argumentiert mit dem fehlenden Bezug einer Domain zu einer Ware. Allerdings tritt auch außerhalb des Internets das Waren- oder Dienstleistungsangebot nicht immer sofort mit dem Kennzeichen zutage. Dienstleistungen ist immanent, dass eine körperliche Verbindung mit dem gekennzeichneten Objekt nicht in gleicher Weise möglich ist wie bei einer Ware.[147] Bei Verwendung einer Marke in einer umfangreichen Werbebroschüre etwa ergibt sich die Zuordnung zu einer bestimmten Dienstleistung erst durch Lesen des Prospekts.[148] Außerhalb des virtuellen Raums begegnet man einer Vielzahl unterschiedlicher Kennzeichen, ohne sie einer bestimmten Ware, Dienstleistung oder einem bestimmten Unternehmen zuordnen zu können. Dies kann die Verlautbarung einer Firma in Unkenntnis des Gegenstands der Geschäftstätigkeit des Firmeninhabers sein[149] - etwa die Wahrnehmung eines Banners mit der bloßen Firma. Die Tatsache, dass man aus dem Zeichen bzw. der Domain nicht sofort erkennt, für welche Ware oder Branche es verwendet wird, ist demnach keine internetspezifische Besonderheit. Eine abweichende Berücksichtigung des Kriteriums der Waren- oder Dienstleistungsähnlichkeit ist also nicht gerechtfertigt.

Zudem wird die Branchennähe als Kriterium zur Bestimmung der Verwechslungsgefahr im Regelfall recht großzügig gehandhabt. Es kommt darauf an, ob die nach der Verkehrsauffassung für beide Parteien typischen Waren, Dienstleistungen oder Branchen so wenig Berührungspunkte aufweisen, dass der Verkehr organisatorische Zusammenhänge zwischen den Unternehmen der Parteien nicht mehr annimmt.[150] Dabei ist nicht nur auf die gegenwärtigen Verhältnisse, sondern auch auf eine mögliche künftige Ausdehnung abzustellen.[151] Eine Ausdehnung des Geschäftsfelds darf nach den Gegebenheiten des Einzelfalles allerdings nicht gänzlich fern liegen.[152]

Zu weit geht das LG Frankfurt/Main. Die Tätigkeitsbereiche einer Spedition und einer Telekommunikationsfirma stünden sich deshalb nahe, weil moderne

---

[147] *Wiebe*, S. 160.

[148] Auch durch Prospekte werden Dienstleistungsmarken funktionsgemäß verwendet, vgl. Althammer/*Ströbele*, RdNr. 20 zu § 26.

[149] So zutreffend *Viefhues*, RdNr. 91 f.

[150] BGH GRUR 1990, 1042, 1044 – Datacolor.

[151] BGH GRUR 1959, 484, 486 – Condux; BGH GRUR 1960, 550, 551 – Promonta; BGH GRUR 1984, 471, 472 – Gabor/Caber.

[152] BGH GRUR 1960, 550, 551 – Promonta.

Kommunikationsmittel auch in Speditionen eingesetzt werden könnten.[153] Da Kommunikationsmittel in nahezu allen Branchen eingesetzt werden können, folgte aus dieser Ansicht konsequenterweise die Branchenähnlichkeit fast aller Unternehmen. Das ist nicht mit der Intention des Markengesetzes zu vereinbaren, wonach identische Zeichen im Interesse der Marktteilnehmer für verschiedene Bereiche eingesetzt werden können.

Nach alledem ist die Verwechslungsgefahr maßgeblich aufgrund der Ähnlichkeit innerhalb der Website angebotener Waren oder Dienstleistungen und der durch das Kennzeichen erfassten Waren oder Dienstleistungen zu bestimmen. Dies bedeutet im Ergebnis, dass Kennzeicheninhaber mit §§ 14 II Nr. 2, 15 II MarkenG nicht gegen die Verwendung eines kennzeichengleichen Domain-Namens vorgehen können, sofern es an dieser Ähnlichkeit fehlt.

IV. Benutzung der Marke

Ansprüche aus dem MarkenG setzen voraus, dass ein Zeichen benutzt wird, vgl. §§ 14 II, 15 II MarkenG. Nicht erörtert zu werden braucht, dass Domain-Namen Zeichen iSd §§ 14 f MarkenG sind. Erörterungsbedürftig ist hingegen, ab welchem Zeitpunkt ein Domain-Name für Waren oder Dienstleistungen benutzt wird. Für die in der Praxis besonders bedeutenden Unterlassungsansprüche gem. §§ 14 V, 15 IV MarkenG stellt sich die Frage der Benutzung eines Domain-Namens, wenn eine Domain lediglich reserviert ist.[154] Dieselbe Frage stellt sich bei einer registrierten und in DN-Servern eingetragenen Domain, die jedoch nicht für einen Internet-Dienst wie E-Mail oder WWW freigeschaltet ist. Problematisch ist auch der Tatbestand des Benutzens bei einer für das WWW freigeschalteten Domain, falls die unter ihr abrufbare Website keine Inhalte bereitstellt. Der Bildschirm zeigt dann eine leere „Homepage“. Häufig wird darauf hingewiesen, dass die „Homepage“ noch aufgebaut und bald mit Inhalten bereitgestellt werde. Über den Betreiber fehlt oft jeder Hinweis, so dass Klarheit über den Verantwortlichen nur ein „WhoIs“-Antrag bei den für die jeweilige TLD zuständigen NIC verschafft.

---

[153] LG Frankfurt/Main, MMR 1998, 151, 153 – lit.de.

[154] In diesem Fall erscheint bei Eingabe des reservierten Domain-Name im URL-Feld eine Fehlermeldung mit dem Hinweis „URL not found“. Zwar hat die DENIC eG seit dem 1. Februar 1997 die langfristige Reservierungsmöglichkeit abgeschafft. Vereinzelt sollen jedoch einige Provider weiterhin diesen Dienst anbieten (so *Hoeren*, Rechtsfragen des Internet, RdNr. 49). In der Statistik der DENIC sind Reservierungen auch dadurch zu erklären, dass die DENIC eG den Anmeldern ab Antragsbewilligung etwa bis zu einem Monat Zeit lässt, die Domain in mindestens zwei DN-Servern einzutragen.

1. Gegenwärtige Verletzungshandlung

Das OLG Dresden ist der Ansicht, eine Benutzung iSd MarkenG liege bereits mit der Registrierung der Bezeichnung als Internet-Domain vor, auch wenn unter der Domain eine Homepage nicht abgerufen werden kann.[155] Dieses Ergebnis trifft zu, wenn man das Wort „benutzen“ aus den Satzzusammenhängen des § 14 II Nr. 1 - 3 MarkenG löst und als „Verwenden“ und „Gebrauchen“ betrachtet: Die Registrierung des Domain-Namens wird dazu verwendet und gebraucht, sich aus unterschiedlichen Motiven heraus die Domain zu sichern mit der Wirkung, andere von ihr auszuschließen.[156]

§ 14 II Nr. 1, 3 MarkenG verlangt die Benutzung jedoch zu einem bestimmten Zweck, nämlich der Benutzung des Zeichens „für“ Waren und Dienstleistungen.[157] Dies ist die Verwendung des Zeichens zu dem Zweck, Waren abzusetzen oder Dienstleistungen zu erbringen. Ausreichend ist der Zweck des Produktabsatzes im Marktwettbewerb. Entscheidend soll es dabei auf den Zusammenhang der Markenbenutzung mit der Herstellung und dem Vertrieb von Waren und Dienstleistungen aufgrund einer verständigen Beurteilung ankommen.[158] Zum Zeitpunkt der Registrierung wird der Domain-Name weder zum Zwecke des Absatzes von Waren noch wegen der Erbringung von Dienstleistungen verwendet.[159]

Möglich erscheint allenfalls, in einem Angebot auf Übertragung der Domain eine Dienstleistung zu erkennen, deretwegen die Domain verwendet wird.[160] *Kilian* überlegt, ob ein auf Übertragung einer Domain gerichtetes Angebot ein

---

155 OLG Dresden, CR 1999, 589, 591- cyberspace.de. Unzutreffend beruft sich das OLG Dresden dabei auf die Urteile des LG Braunschweig, CR 1998, 364, 365 – deta.com; LG Lüneburg, CR 1997, 288 – celle.de; LG Frankfurt/Main, CR 1997, 287 – das.de. Das Urteil des LG Braunschweig geht lediglich von einer die vorbeugende Unterlassungsklage rechtfertigenden Benutzungsabsicht aus. Benutzt werde die Domain erst bei Abgabe eines Kaufangebotes. Die letztgenannten Urteile beschäftigen sich mit dem Begriff des Benutzens iSd MarkenG überhaupt nicht.

156 *Härting*, RdNr. 302; so auch *Nordemann* NJW 1997, S. 1891, 1893: „Wer nämlich dem DENIC [...] gegenüber erklärt, er nehme eine bestimmte Internet-Domain für sich in Anspruch und reserviere sie deshalb für sich, benutzt bereits die Bezeichnung“.

157 § 14 II Nr. 2 MarkenG spricht von durch das Zeichen „erfassten“ Waren oder Dienstleistungen.

158 *Fezer*, RdNr. 68 zu § 14. Wenn unter Geltung des Markengesetzes weiterhin auf den flüchtigen und unbefangenen Durchschnittsbenutzer abzustellen ist, der in der Kennzeichnung von Waren oder Dienstleistungen ein der Unterscheidung der Herkunft gleicher oder gleichartiger Waren oder Dienstleistungen dienendes Mittel annehmen muss, handelt es sich im Falle bloßer Registrierung einer Domain um keine kennzeichenrechtliche Benutzung, da das Zeichen keinerlei Waren oder Dienstleistungen zugeordnet werden kann (ähnlich *Kotthoff*, S. 160, zur markenrechtlichen Benutzungshandlung bei Meta-Tags).

159 *Bettinger/Freytag*, S. 32; *Freitag*, S. 358; *Ubber*, S. 504.

160 So sieht es das LG Braunschweig, CR 1998, 364, 365 – deta.com.

Anbieten iSd § 14 III Nr. 2 Variante 1 MarkenG ist. Von einer markierten Ware könne bei einer Domain als solcher nicht gesprochen werden. Dieser Charakter ergäbe sich erst durch eine Verknüpfung der Domain mit einer Homepage. Das Anbieten einer markierten Ware gelte schon als Benutzung, selbst wenn die Ware noch hergestellt werden muss. Jedoch setze dies voraus, dass der Anbietende auch der Lieferant des markierten Produkts sein wird. Wie der Übernehmer die Domain nutzt, bliebe jedoch diesem selbst überlassen – die Tätigkeit des Domaininhabers sei mit Übertragung der Domain erschöpft. Eine gegenwärtige Benutzung liege in einem Übertragungsangebot folglich nicht.[161]

Diesem Verständnis der erforderlichen Benutzungshandlung kommt der Wortlaut entgegen. Die Pluralformen „Dienstleistungen" oder „Waren" in §§ 14 II Nr. 1, 2, III Nr. 1 bis 4 MarkenG scheinen wiederkehrende Dienstleistungen und Waren im Blickfeld zu haben. Der Inhaber einer Domain kann diese jedoch nur ein einziges Mal übertragen. Zudem kann das Übertragungsangebot nicht als diejenige Dienstleistung qualifiziert werden, für die die Domain benutzt wird. Die Verwechslungsgefahr müsste sonst stets verneint werden. Die Dienstleistungen des Domain-Anmelders müssen nämlich mit denen des Markeninhabers identisch (§ 14 II Nr. 1 MarkenG) oder ihnen ähnlich (§ 14 II Nr. 2 MarkenG) sein.[162] Dem die Domain übernehmenden Markeninhaber wird aber kaum an einem Verkauf des Domain-Namen oder an der Vornahme „ähnlicher Dienstleistungen" gelegen sein. Aller Wahrscheinlichkeit nach wird er auch keine Dienstleistungsmarke für die Übertragung von Internet-Domains besitzen. Eine gegenwärtige Benutzung des Domain-Namens scheidet somit für die erörterungsbedürftigen Fälle aus.

2. Drohende Verletzungshandlung

Umso mehr drängt sich die Überlegung auf, in den Fällen einer nicht für das WWW freigeschalteten oder mit einer inhaltsleeren Website konnektierten Domain eine bevorstehende Benutzung zu vermuten und vorbeugenden Rechtsschutz eingreifen zu lassen.[163] Eine vorbeugende Unterlassungsklage setzt eine Begehungsgefahr voraus.[164] Hierfür müssen Tatsachen gegeben sein,

---

[161] *Kilian*, S. 388. Eine der in §§ 14 III Nr. 1 bis 5, V MarkenG beispielhaft aufgeführten Benutzungshandlungen liegt bei bloßer Registrierung auch nach *Bettinger* und *Freytag* nicht vor. Erforderlich sei eine Konnektierung und Benutzung für eine Website (*Bettinger/Freytag*, S. 32). *Ubber*, S. 504, lehnt eine Benutzung durch Veräußerung ebenfalls ab.

[162] S.o. 1. Kapitel A III 3 c (S. 36 ff). Dies gilt auch dann, wenn die verwechslungsfähige Ware die Homepage als solche ist.

[163] Vgl. LG Braunschweig – deta.com, CR 1998, 364, 365; *Hoeren*, WRP 1997, S. 993, 997; *Kur*, FS Beier, S. 265, 273; *Nordemann*, NJW 1997, S. 1891, 1893.

[164] BGHZ 2, 394, 395 – Widia/Ardia; BGHZ 14, 163, 170 – Constanze II; vgl. hierzu außerdem BGH GRUR 1962, 34, 35 – Torsana; BGH GRUR 1963, 218, 219 – Mampe

die die Annahme rechtfertigen, dass rechtswidrige Eingriffe in das Recht des Antragstellers beabsichtigt sind oder vorbereitet werden.[165] Die mit Kosten verbundene Registrierung der Domain erscheint für dessen Inhaber nur bei zukünftiger Benutzung sinnvoll.[166] Die Registrierung der Domain kann deswegen die Tatsache sein, die die Annahme beabsichtigter oder vorbereitender rechtswidriger Eingriffe rechtfertigt. Eine solche Argumentation ist dem gewerblichen Rechtsschutz im übrigen nicht fremd: Die für eine vorbeugende Unterlassungserklärung erforderliche vorbereitende Handlung wird bei Marken und Werktiteln in der Anmeldung und Registrierung gesehen.[167]

3. Keine drohende Verletzungshandlung

Strömer und *Poeck* lehnen einen Vergleich zwischen einer Domain-Anmeldung und einer Anmeldung zur Eintragung in das Handelsregister ab.[168] Mit der Domain-Anmeldung werde einzig und allein der Zweck verfolgt, eine Eintragung herbeizuführen. In der Handelsregisteranmeldung sehe das Reichsgericht eine „Anmeldung mit dem gedachten Erfolg der Eintragung". Die Reservierung eines Domain-Namens hingegen könne unterschiedliche Zwecke verfolgen. In der Praxis würden Domains häufig zu dem Zweck reserviert, um einem Dritten mit der vorgemerkten Domain „eine Zusammenarbeit anzubieten". Auch könne ein Handel mit virtuellen Tauschbörsen oder aufgrund des eindimensionalen Domain-Namensraums ein Ausschluss der Verwendung dieser Domain durch Dritte beabsichtigt sein.[169] Es gäbe eine Vielzahl von Providern, die zu diesem Zweck Dutzende Domains für sich haben vormerken lassen, ohne sie für eine Internet-Präsenz nutzen zu wollen. Die Benutzung einer Domain setze vielmehr erst dann ein, nachdem sie für einen Internet-Dienst wie das WWW freigeschaltet worden ist. Dies begründet *Strömer* damit, dass ab

---

Halb und Halb II; *Baumbach/Hefermehl*, RdNr. 260 Einl. UWG; *Hubmann/Götting*, § 47 II 1 (S. 324).

165 RGZ 54, 414, 415 – Acier Diamant; 104, 376, 378 f – Ballet; *v. Gamm*, RdNr. 29 zu § 24; *Teplitzky*, Kap. 10 RdNr. 2.

166 *Nordemann*, NJW 1997, S. 1891, 1893.

167 RGZ 22, 58, 60; 80, 436, 437 (Anmeldung zum Handelsregister). BGH GRUR 1993, 556, 558 – Triangle; OLG Köln GRUR 1993, 688, 689 – Bailey's (Eintragung von Warenzeichen); OLG München, NJWE WettbR 1996, 253 – Sportmarketing (Eintragung einer Marke); KG GRUR 1976, 253, 254 – ich hab mein Hos' in Heidelberg verloren (Eintragung eines Filmtitels im Spio-Titelregister); OLG Köln AfP 1991, 440 – Express (Veröffentlichung einer Titelschutzanzeige).

168 *Poeck*, S. 11, *Strömer*, S. 78 f.

169 *Strömer*, S. 78 f. *Viefhues*, RdNr. 63, zweifelt ebenfalls wegen einer zulässigen Defensivregistrierung an der Vermutung einer Benutzungsabsicht.

dem Zeitpunkt der Freischaltung die Domain weltweit zu erreichen ist und Suchmaschinen diese ohne Einfluss des Domaininhabers aufnehmen.[170]

Poeck wendet ein, dass eine Reservierung der Domain nicht mit den in § 14 III MarkenG beispielhaft aufgeführten Markenrechtsverletzungen zu vergleichen ist, da diese eine visuelle Wahrnehmung des Zeichens voraussetzen.[171] Zudem kann argumentiert werden, dass ein nur registrierter Domain-Name im Gegensatz zur Marke keinen Bezug zu einem bestimmten Produkt herstellt. *Bücking* zeichnet einen differenzierten Weg vor: Bei von privater Seite reservierten Domains kämen ohne Hinzutreten besonderer objektiver oder subjektiver Umstände kennzeichenrechtliche Untersagungsansprüche nicht in Betracht. Für Fälle des Domain-Grabbings durch Gewerbetreibende hingegen solle das Erfordernis einer Benutzung im geschäftlichen Verkehr entsprechend dem Schutzgedanken des Markengesetzes weit ausgelegt und die Reservierung entsprechend der Marken- und Handelsregisteranmeldung eine vorbeugende Unterlassungsklage rechtfertigen.[172]

4. Kritik

Dem von *Poeck* angeführten Argument fehlender Visualisierung hält *Nordemann* entgegen, dass der Rechteinhaber durch irgendeinen Vorgang von der Registrierung der Domain erfahren haben muss. Dies werde in der Regel dadurch geschehen, dass der Rechteinhaber versucht, sein Kennzeichen als Domain zu reservieren. Er könne sich auch die Reservierungsdaten bei DENIC anzeigen lassen. Dies aber sei eine Wahrnehmung.[173] Das Kriterium fehlender Sichtbarmachung eignet sich daher weder zur Begründung noch zur Ablehnung einer vorbeugenden Unterlassungsklage.

Auszugehen ist davon, dass ein vorbeugender Unterlassungsanspruch eine Begehungsgefahr voraussetzt. Die die Begehungsgefahr begründenden Tatsachen müssen die drohende Verletzungshandlung so konkret abzeichnen, dass eine zuverlässige Beurteilung möglich ist.[174] Die Beurteilung der Begehungsgefahr ist Tatfrage und hängt von den jeweiligen tatsächlichen Umständen des Einzelfalles ab.[175] Die Rechtsprechung zur Begehungsgefahr bei Vorbereitungshandlungen wie der Anmeldung einer Firma zum Handelsregister, der Registrierung einer Marke oder eines Titels wird aus der Überlegung hergeleitet, dass solche Vorbereitungshandlungen im Wirtschafts-

---

170 *Strömer*, S. 79 f.
171 *Poeck*, S. 11.
172 *Bücking*, RdNr. 137 f.
173 *Nordemann* NJW 1997, 1891, 1893.
174 BGH GRUR 1954, 174, 177 – Kunststoff-Figuren; BGH GRUR 1970, 305, 306 – Löscafé; GroßKomm/*Köhler*, RdNr. 76 vor § 13.
175 *Teplitzky*, RdNr. 8 zu Kap. 10.

leben kaum grundlos erfolgen.[176] Diese Überlegung trifft, wie *Nordemann*[177] richtig bemerkt, allein wegen der Kosten auch auf die Registrierung eines Domain-Namens zu.

Allerdings unterscheidet sich die Anmeldung oder Eintragung der genannten Kennzeichen von der Registrierung eines Domain-Namens, weil erstere nur bei späterer Verwendung, die Registrierung eines Domain-Namens hingegen auch ohne spätere Verwendung durch den Anwender wirtschaftlich sinnvoll ist. Einem Markeninhaber stehen gem. § 25 I MarkenG Ansprüche nur zu, wenn er in den letzten fünf Jahren vor der Geltendmachung seiner Ansprüche die Marke tatsächlich im geschäftlichen Verkehr benutzt hat. Im Falle der Nichtbenutzung muss er außerdem mit Löschung der Marke wegen Verfalls rechnen, § 49 I MarkenG.[178] Erreichen Nichtkaufleute – etwa mangels Betreibens eines Gewerbes – die Anmeldung oder Eintragung, machen sie von einer ihnen nicht zustehenden Firma Gebrauch. Das Registergericht hat dann die unzulässige Firma gem. § 142 FGG von Amts wegen zu löschen[179] und kann gem. § 37 I HGB durch Festsetzung von Ordnungsgeld einschreiten, wenn weiterer Gebrauch zu befürchten ist. Diese Sanktionsmechanismen lassen erwarten, dass der Inhaber der Kennzeichen diese nur dann anmeldet, wenn er sie benutzen will.

Demgegenüber können Registrierungen von Domain-Namen auch ohne Verwendung für einen Internet-Dienst sinnvoll sein. Eine Blockade des Domain-Namens kommt etwa für jenen Markeninhaber in Betracht, der einer nachträglichen Schwächung der Kennzeichnungskraft durch einen Inhaber eines identischen Kennzeichens vorbeugen möchte. Eine Sperrung kann auch geeignet sein, rufschädigende Websites durch Dritte zu verhindern.[180] Domains werden vielfach registriert, um einem Dritten die mit dessen Kennzeichen identische Domain zu „verkaufen", ohne dass der Anmelder vor dem Verkauf selbst Inhalte auf der unter der Domain aufzurufenden Website bereithalten will (Domain-Grabber). Es bestehen auch keine dem gewerblichen Rechtsschutz entsprechenden Sanktionen für den Fall der Nichtverwendung für einen Internet-Dienst in den Vergaberichtlinien der DENIC eG, die dem Domaininhaber eine Verwendung für einen Internet-Dienst nahe legen. Diese Umstände

[176] OLG Köln GRUR 1993, 688, 689 – Bailey's; so auch *Teplitzky*, RdNr. 13 zu Kap. 10.
[177] *Nordemann*, NJW 1997, S.1891, 1893.
[178] Nach der Rechtsprechung zum Warenzeichenrecht war anerkannt, dass § 1 WZG von einem Benutzungswillen des Anmelders ausgeht. Ergab sich, dass der Anmelder das Zeichen überhaupt nicht zur Kennzeichnung seiner Waren verwenden wollte, war die Eintragung des Warenzeichens zu versagen oder das bereits eingetragene Zeichen gem. § 10 II Nr. 2 WZG zu löschen. Hierzu BGH GRUR 1988, 820, 821 – Oil of Olaz; OLG Köln, GRUR 1993, 688, 689 – Bailey's.
[179] RGZ 169, 147, 150 ff.
[180] *Viefhues*, RdNr. 63.

stehen der Vermutung einer Benutzungsabsicht aufgrund der Registrierung entgegen.

Allerdings muss der Domain-Grabber seine gehorteten Domains zur Gewinnerzielung veräußern. Auch im Falle der Zwischenschaltung mehrerer Domain-Grabber wird es regelmäßig das Ziel des Letzterwerbers sein, unter dem Domain-Namen Inhalte im WWW bereitzustellen. Möglicherweise kann bereits der Domain-Grabber für eine durch den Letzterwerber drohende Begehungsgefahr verantwortlich gemacht werden. Bedenken gegen den Domain-Grabber als richtigen Anspruchsgegner ergeben sich scheinbar deshalb, weil nicht er selbst das Zeichen benutzt, wie es § 14 V MarkenG erfordert. Anspruchsgegner sind jedoch ebenso Mittäter, Anstifter und Gehilfen des Täters.[181] Der Domain-Händler könnte dann als Gehilfe des Letzterwerbers in Anspruch genommen werden.[182]

Darüber hinaus kommt – weil Vorsatz nicht voraussetzend – eine Zurechnung aufgrund drohender mittelbarer Markenverletzung in Betracht. Auch derjenige ist Zeichenverletzer, der ursächlich einen Tatbeitrag zu einer unmittelbaren Zeichenverletzung eines Dritten leistet und die zur Vermeidung der Rechtsverletzung gebotenen und zumutbaren Maßnahmen unterlässt.[183] Das Unterlassen der Übertragung einer Domain kann gebotene und zumutbare Maßnahme sein. Mittelbarer Verletzer und damit möglicher Anspruchsgegner kann demnach auch der Domain-Grabber sein, der die Domain auf einen Zeichenverletzer überträgt.

In der Konstellation der vorbeugenden Unterlassungsklage muss jedoch eine konkret drohende mittelbare Begehungsgefahr durch Zeichenverletzung ausgemacht werden können. Begehungsgefahr als materiell-rechtliches Tatbestandsmerkmal[184] kann nur bei drohender Verwirklichung der Anspruchsvoraussetzungen bestehen. Sie setzt damit eine hypothetische Prüfung der in Frage kommenden Anspruchsgrundlage voraus. Unter dem Domain-Namen können Inhalte ganz unterschiedlicher Art abgelegt werden – auch solche, die keinen Bezug zu den Waren oder Dienstleistungen des Markeninhabers erkennen lassen. Dann fehlt es an der für § 14 II Nr. 1, 2 MarkenG erforderlichen Verwechslungsgefahr, so dass ein vorbeugender Unterlassungsanspruch nicht begründet ist.[185] Dem könnte man nun entgegenhalten wollen, dass die Registrierung einer fremden Marke vornehmlich Konkurrenten zum

---

[181] Althammer/*Klaka*, RdNr. 106 zu § 14; *Fezer*, RdNr. 508 zu § 14; *Ingerl/Rohnke*, RdNr. 10 vor §§ 14 - 19.

[182] So *Kilian*, S. 388 f.

[183] OLG Düsseldorf, WRP 1996, 559, 562 f – mittelbare Rechtsverletzung iSd § 10 PatG; *Bettinger/Freytag*, S. 32; vgl. *Starck*, FS Piper, S. 627 ff.

[184] Hierzu vgl. BGH GRUR 1973, 208, 209 – Neues aus der Medizin; *v. Gamm* UWG, RdNr. 296 zu § 1 UWG; Großkomm/*Köhler*, RdNr. 76 vor § 13 UWG; *Teplitzky*, RdNr. 1 zu Kap. 10.

[185] Dazu bereits oben, 1. Kapitel A III 3 c (S. 36 ff).

Abwerben von Kunden dient, um unter dem mit der Konkurrenzmarke identischen Domain-Namen ähnliche Waren oder Dienstleistungen anzubieten. Anzutreffen sind jedoch auch Fälle, in denen keine eigenen Waren oder Dienstleistungen feilgeboten, sondern Schmähkritiken über den Konkurrenten vorgebracht werden. Auch die bloße Registrierung des Domain-Namen durch einen Wettbewerber ist denkbar, der eine Internet-Präsenz seines Konkurrenten unter Verwendung dessen Marke zu verhindern beabsichtigt.[186] Schließlich fehlt eine drohende Zeichenverletzung bei beabsichtigtem Verkauf an den Zeicheninhaber. Dieser ist nicht Dritter iSd § 14 II 1. Halbsatz MarkenG. Der Domaininhaber ist damit weder Anstifter, Gehilfe, Mittäter noch mittelbarer Markenverletzer. Wegen der zahlreichen möglichen Verwendungszwecke eines Domain-Namens kann allein die Registrierung keine die Begehungsgefahr begründende Tatsache sein, die eine Verletzungshandlung in concreto abzeichnet. Auch der Vorschlag *Bückings*, die Vermutung einer Begehungsgefahr vom Anmelderprofil abhängig zu machen, überzeugt aus diesem Grunde nicht.

Es zeigt sich, dass die Anmeldung und Eintragung zum Markenregister und die Registrierung eines Domain-Namens schlecht verglichen werden können: Jede Markenanmeldung bei dem Patent- und Markenamt erfordert gem. § 32 MarkenG iVm §§ 2 ff MarkenV die Beifügung eines Verzeichnisses der Waren und Dienstleistungen, für die Markenschutz beantragt wird. Schon der Anmeldung der Marke können die zur Bestimmung der Verwechslungsgefahr erforderlichen Tatsachen entnommen und damit die Tatbestandsmäßigkeit und Rechtswidrigkeit des drohenden Handelns genau bestimmt werden. Für Domain-Namen gilt das nicht. Jederzeit kann der jeweilige Inhaber der Domain unter ihr neue Inhalte präsentieren. Das Internet bietet sowenig Gewähr für den Bestand eines bereits zur Verfügung gestellten Inhalts wie es auch keine Gewähr für einen künftig erscheinenden Inhalt im WWW liefert. Den Möglichkeiten des Internets entsprechend müssen auch dem Antrag auf Registrierung eines Domain-Namens keine Angaben über den beabsichtigten Inhalt beigefügt werden.

Diese Sichtweise muss sich insbesondere dem Vorwurf aussetzen, dem rechtspolitisch nicht erwünschten Domain-Grabbing Vorschub zu leisten. Eine Begehungsgefahr kann indessen nicht nur mit Vorbereitungshandlungen wie Anmeldungen zum oder Eintragungen in ein Register begründet werden. Tatsächlich wird sie bei Domain-Namenskonflikten manchmal durch Berühmung bestehen. Berühmung ist die Inanspruchnahme eines Rechts durch

---

[186] Freilich erscheint es möglich, eine Benutzung schon in der Blockade einer Domain zu sehen. *Samson* (S. 87) argumentiert, dass sich der für den blockierten Konkurrenten negativ auswirkende Effekt als ein für den blockierenden Wettbewerber positiver Effekt darstelle. Der eigene Absatz werde nämlich durch eine solche Maßnahme gefördert. Dann kann die mit dem fremden Kennzeichen identische Domain als für eigene Dienstleistungen und Waren benutzt angesehen werden. Allerdings fehlt es dann mangels Verwechslungsgefahr an einer drohenden Verwirklichung eines Verletzungstatbestandes.

den Beklagten, jederzeit und insbesondere gegenüber dem Kläger so handeln zu dürfen.[187] Die beklagte Inhaberin der Domain „freundin.de" kündigte an, für die nahe Zukunft die Internetadresse im Rahmen ihres Gewerbebetriebs zur Partnerschaftsvermittlung zu verwenden.[188] Der Grabber der Domain „epson.de" hatte diese an eine Vertriebshändlerin der Klägerin übertragen wollen.[189] In diesen Fällen kann die für eine vorbeugende Unterlassungsklage notwendige Begehungsgefahr unter Berücksichtigung der Umstände des Einzelfalles aus der Berühmung hergeleitet werden. Soweit sich jedoch aus dem Verhalten des Domaininhabers keine Anhaltspunkte für eine Berühmung herleiten lassen, scheiden auf das Markenrecht gestützte Verbotsanträge aus. Dann muss auf andere, noch zu erörternde Anspruchsgrundlagen zurückgegriffen werden.

V. Geschäftlicher Verkehr

Markenrechtliche Ansprüche setzen außerdem voraus, dass das Zeichen im geschäftlichen Verkehr benutzt wird, §§ 14 II, 1. Halbsatz, 15 II MarkenG. Handeln im geschäftlichen Verkehr ist jede wirtschaftliche Tätigkeit, die der Förderung eines eigenen oder fremden Geschäftszwecks zu dienen bestimmt ist.[190] Erfasst wird jede selbstständige und wirtschaftliche Zwecke verfolgende Tätigkeit, in der eine Teilnahme am Erwerbsleben zum Ausdruck kommt.[191] Der Begriff des geschäftlichen Verkehrs ist weit auszulegen: auch anwaltliche, ärztliche und künstlerische Tätigkeiten werden erfasst.[192] Da Gewinnabsicht nicht erforderlich ist, können auch gemeinnützige Unternehmen im geschäftlichen Verkehr handeln, sofern zum gemeinnützigen Zweck ein Erwerbszweck hinzutritt.[193] Nicht zum geschäftlichen Verkehr hingegen gehören rein private und rein amtliche Betätigungen.[194] Auch die Tätigkeit von Gewerkschaften und

---

[187] Vgl. die Beschreibungen bei BGHZ 3, 270, 276 – Constanze I; BGH GRUR 1955, 411, 413 f – Zahl 55; BGH GRUR 1957, 342, 345 – Underberg.

[188] LG München I CR 1997, 540 f – freundin.de.

[189] Das LG Düsseldorf konnte im Fall epson.de (CR 1998, 165, 167) die Berühmung allein auf die Äußerung des Beklagten stützen, er werde die Domain Dritten gegen Entgelt zur Platzierung im WWW überlassen. Wird die Verwechslungsgefahr entgegen der Auffassung des LG Düsseldorf anhand des Inhalts einer Website bestimmt, wären genauere Ausführungen zum geplanten Inhalt der Website erforderlich gewesen.

[190] *Fezer*, RdNr. 41 zu § 14. Der Begriff des geschäftlichen Verkehrs in den Bestimmungen des Markengesetzes entspricht der Verwendung des Begriffs im UWG wie auch in § 1 RabattG und § 1 ZugabeVO. Hierzu *Fezer*, RdNr. 40 zu § 14.

[191] *Baumbach/Hefermehl*, RdNr. 208 Einl. UWG; *Fezer*, RdNr. 41 zu § 14.

[192] *Baumbach/Hefermehl*, RdNr. 208 Einl. UWG; *Fezer*, RdNr. 41 zu § 14.

[193] BGH GRUR 1953, 446, 447 – Verein der Steuerberater; BGH GRUR 1962, 254, 255 – Fußball-Programmheft.

[194] BGHZ 19, 299, 302 – Bad Ems; BGH GRUR 1953, 293, 294 – Fleischbezug; BGH GRUR 1960, 384, 386 – Mampe Halb und Halb.

Arbeitgeberverbänden ist im sozialpolitischen Bereich nicht dem geschäftlichen Verkehr zuzuordnen.[195]

Die sich im US-amerikanischen Recht durchsetzende Auffassung, jede Web-Präsenz sei ‚use in commerce',[196] kann für das deutsche Recht jedenfalls nicht gelten. Richtigerweise muss bezogen auf Domain-Namen die Frage gestellt werden, woraus erkennbar ist, dass die Tätigkeit der Förderung eines eigenen oder fremden Geschäftszwecks dient. Hierzu kann auf den Inhalt einer Website abgestellt werden. Bezieht sich dieser Inhalt in irgendeiner Weise auf die geschäftliche Tätigkeit des Domaininhabers oder lässt der Inhalt der Website einen werbenden Zweck erkennen, handelt es sich um eine Benutzung der Domain im geschäftlichen Verkehr. Das sei regelmäßig der Fall bei einer Website, die einen geschäftsbezogenen Inhalt aufweist, oder bei der der Inhaber des Domain-Namens eine Person mit Kaufmannseigenschaft ist.[197] Möglich erscheint auch, einen Domain-Namen, der auf Geschäftspapieren und in der Werbung verwendet wird, als im geschäftlichen Verkehr benutzt anzusehen.[198] Die Verwendung des Domain-Namens in dieser Form kann ein Unternehmen besonders fortschrittlich und innovativ erscheinen lassen. Dies kann der Förderung des Geschäftszwecks dienen und somit eine Verwendung im geschäftlichen Verkehr sein. Diese Art des Gebrauchs im geschäftlichen Verkehr wird indes kaum eigenständige Bedeutung gewinnen, da auf Geschäftspapieren verwendete Domains im Regelfall mit einer Website verbunden sind, die geschäftsbezogene Inhalte präsentieren.

Privat und damit nicht dem geschäftlichen Verkehr zugeordnet ist das, was sich im Bereich des einzelnen außerhalb von Erwerb und Berufsausübung abspielt.[199] Dazu gehört die Nutzung einer Domain durch eine natürliche Person, wenn sie etwa die persönliche E-Mail-Korrespondenz unter der Domain betreibt oder sich auf der Homepage mit Familienchronik, Lebenslauf und Foto präsentiert. Zu überlegen ist, ob aus der TLD auf die Art der Nutzung geschlossen werden kann. Die TLD .com wird etwa per se oder zumindest grundsätzlich dem geschäftlichen Verkehr zugeordnet.[200] Dafür spricht, dass die

---

[195] *Baumbach/Hefermehl*, RdNr. 210 Einl. UWG.

[196] Dazu *Vergani*, S. 450; kritisch *Samson*, GRUR Int. 2000, S. 137, 139 f.

[197] *Viefhues*, RdNr. 76. Die Anknüpfung an die Kaufmannseigenschaft des Inhabers der Domain überzeugt indes nicht, da auch ein Kaufmann iSd § 19 I Nr. 1 HGB in der Lage sein muss, außerhalb des geschäftlichen Verkehrs tätig zu werden.

[198] Allgemein dazu Althammer/*Klaka*, RdNr. 90 zu § 14.

[199] Vgl. BGHSt 2, 396, 403 f; *Baumbach/Hefermehl*, RdNr. 208 Einl. UWG; *v. Gamm* Wettbewerbsrecht, Kap. 17 RdNr. 20.

[200] *Sick/Richter*, S. 345, und *Völker/Weidert*, S. 658, wollen regelmäßig von einem Handeln im geschäftlichen Verkehr ausgehen, da durch die Gestaltung des Domain-Namens die kommerzielle Absicht klar zum Ausdruck gebracht werde. Ähnlich *Wegner*, S. 254, und *Wendel*, S. 45, die bei Gebrauch der TLD .com ein Indiz für die Benutzung im geschäftlichen Verkehr annehmen. Auch *Kur*, FS Beier, S. 265, 273, will aus der Verwendung der TLD .com Anhaltspunkte für eine Nutzung im geschäftlichen Verkehr

TLD .com abkürzend für ‚commerce' oder ‚commercial' stehen und den Unternehmen eine Plattform zur Präsentation bieten soll.[201] Ungeachtet dieser Intention hat sich die .com-Domain mit mehr als 30 Millionen registrierter Namen zu der am meisten verbreiteten TLD entwickelt. Neben Websites von Unternehmen findet sich eine Vielzahl privater Homepages sowie solcher gemeinnütziger Vereinigungen, die mit ihrer Internetpräsenz keine Teilnahme am Erwerbsleben intendieren. Selbst die Richtlinien des INTERNIC beschränken die Vergabe der TLD .com nicht auf die wirtschaftliche Zwecke verfolgenden Anmelder. Der stark heterogene Nutzerkreis der TLD .com lässt demzufolge weder per se noch indiziell einen Schluss auf die Benutzung einer Website im geschäftlichen Verkehr zu.[202] Für die nicht generische TLD .de gilt dies ohnehin. Fraglich ist die private Nutzung allenfalls, wenn eine natürliche Person die mit ihrem bürgerlichen Namen identische Domain einem gleichnamigen Markeninhaber zum Kauf anbietet. Durch das Kaufangebot könnte der ursprünglich private zu einem im geschäftlichen Verkehr verwendeten Domain-Namen erstarken. Jedoch ist in diesem Fall schon das Erfordernis der Benutzung eines Zeichens für Waren oder Dienstleistungen nicht erfüllt.[203] Dann scheiden markenrechtliche Anspruchsgrundlagen von vornherein aus, so dass sich Ausführungen zur Benutzungsart erübrigen.

VI. Bekannte Marke als Domain

Über den Schutz vor Verwechslungsgefahr und Doppelidentität hinaus geht § 14 II Nr. 3 MarkenG. Voraussetzung ist erstens, dass es sich bei der Domain um eine im Inland bekannte Marke handelt. Für die „Bekanntheit" kommt es sowohl auf quantitative als auch auf qualitative Elemente an.[204] In quantitativer Hinsicht wird zum Teil ein Durchsetzungsgrad im Verkehr von wenigstens 90% für erforderlich gehalten. Andere wollen den erforderlichen Bekanntheitsgrad

---

erkennen. *Köhler/Arndt*, RdNr. 37, sehen bei der Anmeldung der TLD „.com" für kommerzielle Anbieter ein Handeln im geschäftlichen Verkehr.

201 RFC 1591: „This domain (COM) is intended for commercial entities, that is companies" – abrufbar unter www.denic/de/doc/rfc/1591.en.html.

202 Vgl. *Samson*, S. 36. Die WIPO bemängelt: „At the present time, the gTLDs are largely undifferentiated. Insofar as some differentiation does exist, there is no enforcement mechanism to ensure that those who have registered domain names in open TLDs confine their use of the domain name to the broad purposes of the gTLD. Thus, one can have a domain registered in .com without undertaking any commercial activity [...]" – www.wipo2.wipo.int/process/eng/final/FinalReport_4.htm.

203 S.o. 1. Kapitel A IV 4 (S. 43 ff); vgl. *Ubber*, S. 504.

204 Amtl. Begr. in Blatt für PMZ, Sonderheft 1994, S. 66.

flexibel handhaben[205]. In qualitativer Hinsicht ist die Bekanntheit von dem guten Ruf der Marke abhängig.[206] Der Bekanntheitsschutz der Marke setzt außerdem die Beeinträchtigung der Wertschätzung, die Ausnutzung der Unterscheidungskraft oder Wertschätzung (Rufausbeutung[207]) oder die Beeinträchtigung der Unterscheidungskraft (Verwässerung) voraus.

1. Beeinträchtigung der Wertschätzung

Eine Beeinträchtigung der Wertschätzung kann durch unerwünschte Assoziationen zu Lasten der bekannten Marke verursacht werden (inkompatibler Zweitgebrauch). Ein inkompatibler Zweitgebrauch wurde etwa in der Verwendung der Süßwarenmarke „Mars“ und der Kosmetikmarke „Nivea“ für Kondome gesehen.[208] Dem entsprechend würden Domains wie „mars.de“ oder „nivea.de“ zur Bewerbung oder zum Vertrieb von Präservativen mit den Anmutungsqualitäten der Marken inkompatibel verwendet. Insofern ergeben sich bei der Verwendung von Marken als Domains keine Besonderheiten. Darüber hinaus eine Beeinträchtigung der Wertschätzung in einer möglichen Verärgerung des Internetnutzers zu erblicken, erscheint zu spekulativ: Die Enttäuschung, statt auf eine Homepage des Markeninhabers auf eine solche des Domaininhabers zu gelangen, kann sich auch gegen den Domaininhaber richten.[209]

2. Die Rufausbeutung

Die Rufausbeutung erfordert nach der Rechtsprechung des BGH zu § 1 UWG die Ausnutzung von Güte- und Qualitätsvorstellungen oder die Ausnutzung eines Kontrasteffekts, der auf dem guten Ruf der Marke beruht.[210] Für die Fallgruppe der Ausnutzung von Güte- und Qualitätsvorstellungen wurde nach der „Kräutermeister“-Entscheidung des BGH wiederholt ein „Imagetransfer“

---

205 *Boes/Deutsch*, GRUR 1996, S. 168 f; *Klaka*, RdNr. 8 zu § 14; *Kur*, GRUR 1994, S. 330, 333; *Rößler*, GRUR 1994, S. 559, 562; *Sack*, GRUR 1995, S. 81, 86.

206 Amtl. Begr. in Blatt für PMZ, Sonderheft 1994, S. 66.

207 Die amtliche Begründung sieht in der Ausnutzung oder Beeinträchtigung der Unterscheidungskraft einen Verwässerungstatbestand, in der Ausnutzung oder Beeinträchtigung der Wertschätzung einen Rufausbeutungstatbestand (Amtl. Begr. in Blatt für PMZ, Sonderheft 1994, S. 66). Wie hier *Piper*, S. 434; *Sack*, GRUR 1995, S. 81, 82.

208 BGH GRUR 1994, 808 ff – Markenverunglimpfung I; BGH GRUR 1995, 57 ff – Markenverunglimpfung II.

209 Ähnlich *Viefhues*, MMR 1999, S. 123, 125.

210 BGH GRUR 1981, 142, 144 – Kräutermeister; BGH GRUR 1985, 550, 552 f - Dimple; BGH GRUR 1994, 808, 811 – Markenverunglimpfung I; vgl. *Piper*, S. 434 f; *Sack*, GRUR 1995, S. 81, 83.

für erforderlich gehalten.[211] Hierfür ist ein wirtschaftlich verwertbarer guter Ruf erforderlich, den der Verkehr aufgrund der vermittelten positiven Gütevorstellungen vom mit der bekannten Marke gekennzeichneten Produkt auf das andere Produkt überträgt. Ein Image wird beispielsweise bei der Verwendung des für Sportautomobile eingetragenen Warenzeichens „QUATTRO" auf Skier mit identischem Kennzeichen transferiert, da der Verkehr die mit der Marke Quattro vermittelten Gütevorstellungen wie Schnelligkeit, Sportlichkeit, Sicherheit und technische Funktion auf Skier übertrage[212]. Die Übertragung von Gütevorstellungen wie Qualität und Prestigewert einer für Whisky bekannten Marke auf eine Herrenkosmetikserie hat der BGH für möglich, auf Putzmittel hingegen für unmöglich gehalten.[213]

Soll auf diese Rechtsprechung auch unter der Geltung des Markengesetzes zurückgegriffen werden können,[214] bedarf es auch für diese Fälle von Rufausbeutung einer bekannten Marke mittels eines Domain-Namens der Übertragbarkeit von Gütevorstellungen. Da dieser Imagetransfer maßgeblich von der Art der vertriebenen Waren und Dienstleistungen abhängt, muss festgestellt werden, für welche Waren oder Dienstleistungen der Domain-Name benutzt wird. Wird der Halbsatz in § 14 II Nr. 3 MarkenG („die nicht denen ähnlich sind") als eigenständiges Tatbestandsmerkmal verstanden,[215] gilt dies ohnehin. Die Folge ist, dass selbst dem Inhaber einer bekannten Marke ein auf Rufausbeutung gestützter Unterlassungsanspruch nur in Abhängigkeit der Art der unter dem Domain-Namen beworbenen Waren oder Dienstleistungen zusteht.

Einen anderen Weg geht das OLG München, das die Registrierung des Domain-Namens „freundin.de" für eine geplante Partnervermittlung im WWW als Ausnutzung der Wertschätzung der für Zeitschriften eingetragenen Marken „FREUNDIN" und „freundin" wertete.[216] Zur Begründung stellt das OLG

---

211 BGH GRUR 1985, 550, 552 – Dimple; BGH GRUR 1991, 465, 466 – Salomon; OLG Hamburg WRP 1986, 221, 226 – Quattro; OLG Düsseldorf GRUR 1993, 128, 130 – Drei Musketiere; OLG Hamburg ZUM 1993, 41, 42 – Tagesschau/Tagesbilder (Sympathietransfer); speziell für Domains: *Jaeger-Lenz*, Rechtsgeschäfte im Netz, S. 197; *Kur*, Internet und Kennzeichenrecht, S. 352.

212 OLG Hamburg WRP 1986, 221, 226 – QUATTRO.

213 BGH GRUR 1985, 550, 552 f – Dimple.

214 Amtl. Begr. in Blatt für PMZ, Sonderheft 1994, S. 66; vgl. *Piper*, S. 434 f; *Sack*, GRUR 1995, S. 81, 82 f.

215 Als eigenes Tatbestandsmerkmal deuten diesen Halbsatz Althammer/*Klaka*, RdNr. 22 zu § 14 und *Piper*, S. 436 f. *Krüger*, GRUR 1995, S. 529 und *Sack*, WRP 1998, S. 1127, 1139 sprechen sich für eine analoge Anwendung auf ähnliche Waren und Dienstleistungen aus, während *Fezer*, RdNr. 431 zu § 14 und *Deutsch*, GRUR 1995, S. 319, 320 f die Bestimmung auf ähnliche Waren und Dienstleistungen unmittelbar anwenden wollen. Wie letztere wohl auch *Teplitzky*, GRUR 1996, S. 1, 4, der § 9 I Nr. 3 MarkenG bei Warenähnlichkeit für anwendbar hält.

216 OLG München CR 1998, 556, 557 – freundin.de; zustimmend *Hoeren*, EWiR 1998, S. 711, 712.

darauf ab, dass sich die Beklagte die Erwartung eines Suchenden zunutze mache, dieser könne unter der Domain „freundin.de“ die in der Zeitschrift „freundin“ enthaltenen gewünschten Kontaktadressen auffinden. Einen Imagetransfer thematisiert das OLG München nicht. Das LG Hamburg begnügt sich mit der bloßen Feststellung, dass die Marke „LUCKY STRIKE“ bekannt und das Kollisionszeichen „luckystrike.de“ geeignet sei, die Wertschätzung der bekannten Marke zu beeinträchtigen.[217]

Ähnlich knapp urteilte das OLG Karlsruhe. Es hat festgestellt, dass durch die Verwendung des mit der Marke „Zwilling“ nahezu identischen Domain-Namens „zwilling.de“ die mit der Klägerin und ihren Produkten verbundenen Gütevorstellungen ausgenutzt werden. Dadurch würden Kunden gelockt und veranlasst, sich näher mit dem unter „zwilling.de“ bereitgehaltenen Angebot zu befassen. Der Internetnutzer, der „zwilling.de“ anwähle, erwarte ein Angebot des Markeninhabers und nicht ein solches der Beklagten. Die Beklagte bezwecke, dass über die Domain „zwilling.de“ sowie zahlreiche andere registrierte Domains Internet-Nutzer auf den von ihr geplanten „internetfuehrer.de“ in Verbindung gelangen und über die dort angebotenen Dienstleistungen Informationen erhalten. Damit mache sich die Beklagte die auf Qualitäts- und Gütevorstellungen beruhende Bekanntheit der Klägerin im Verkehr zunutze.[218] Auch das OLG Karlsruhe bejaht die Ausnutzung der Wertschätzung, ohne zur Frage des Imagetransfers Stellung zu nehmen.

Das in erster Instanz mit der Marke „Zwilling“ befasste LG Mannheim hält demgegenüber eine Übertragung der Wertschätzung hinsichtlich der Waren oder Dienstleistungen des Markeninhabers auf die des Verletzers für erforderlich. Der Imagetransfer erfolge, indem der Verletzer die Wertschätzung der Verbraucher in die Marke als Vorspann für sein eigenes Marketing einsetzt. Der Inhaber der Domain „zwilling.de“ wolle auf den Websites Werbeflächen gegen Entgelt zur Verfügung stellen. Unternehmen würden sich jedoch nur für solche Werbeflächen interessieren, die bei den Internetnutzern aufgrund des Domain-Namens Anregung zum Aufrufen der Website geben.[219] Die Benutzung des Domain-Namens „brockhaus.de“ beute nach Ansicht des LG Mannheim auch den Ruf der Marke Brockhaus aus, da die Domain-Adresse erkennbar einen aufmerksamkeitserregenden Charakter habe und mit ihr viele Internetnutzer erreicht werden können.[220]

Damit werden zwar die Marken „Zwilling“ und „Brockhaus“ für das eigene Marketing eingesetzt, ein Imagetransfer im Sinne von Übertragung von

---

[217] LG Hamburg, Beschluss vom 01.03.2000, Az 315 O 219/99 (www.netlaw.de/urteile/lghh_10.htm).

[218] OLG Karlsruhe WRP 1998, 900, 901 – zwilling.de; ähnlich *Wagner*, S. 708, der Rufausbeutung bejaht, weil der Internetnutzer ein Angebot des Markeninhabers erwarte.

[219] LG Mannheim WRP 1998, 920, 922 – zwilling.de.

[220] LG Mannheim K&R 1998, 558 ff – brockhaus.de.

Gütevorstellungen auf die Homepage oder die unter ihr beworbenen Dienstleistungen oder Waren findet dadurch aber nicht statt. Der Vorwurf, der dem Domaininhaber gemacht wird, zielt auf die Erwartungshaltung des Internetnutzers, ein Angebot des Markeninhabers vorzufinden. Ein Image wird nicht transferiert, sondern nur für eigene Zwecke ausgenutzt.

Es stellt sich die Frage, ob eine Übertragung von Gütevorstellungen auf die Güter oder Waren des Verletzers für ein Eingreifen des Rufausbeutungstatbestands des § 14 II Nr. 3 MarkenG erforderlich ist. Daran bestehen in mehrerer Hinsicht Zweifel.[221] Das Erfordernis eines Imagetransfers fußt auf der Überlegung, dass der gute Ruf der bekannten Marke wirtschaftlich verwertbar sein muss.[222] Die wirtschaftliche Verwertbarkeit wird anhand verschiedener Kriterien ermittelt. Nach der Rechtsprechung des BGH kommt es auf den Grad der allgemeinen Bekanntheit der Marke im Verkehr, die Eigenart der Bezeichnung selbst, auf die Art der unter der Kennzeichnung vertriebenen Waren, deren Qualität und Ansehen, auf den damit verbundenen Prestigewert und vor allem auf das Verhältnis dieser Waren zu denjenigen an, für die der Ruf der Kennzeichnung genutzt werden soll.[223] Das Verhältnis der Waren untereinander als das bedeutendste Kriterium wird von der Produktnähe geprägt. Der BGH führt aus, dass eine Rufübertragung für gleichartige Waren besonders nahe liegen kann,[224] wohingegen eine Übertragung von Gütevorstellungen, die der Verkehr mit der für Whisky eingetragenen Marke Dimple verbindet, auf Putzmittel mit Hinweis auf den weiten Warenabstand abgelehnt wird[225]. Eine Rufübertragung hält der BGH demnach für umso eher möglich, je geringer der Produktabstand ist. § 14 II Nr. 3 MarkenG will demgegenüber auch oder gar ausschließlich[226] Marken schützen, die für nicht ähnliche Waren oder Dienstleistungen benutzt werden. Der Widerspruch zwischen alter Rechtsprechung und neuem Markengesetz ist zwar nicht grundsätzlich geeignet, das Erfordernis eines Imagetransfers in Frage zu stellen. Zu seiner Bestimmung kann die Branchennähe aber kein entscheidendes Kriterium sein.

Wenn der Zweck zum Gegenstand der Erörterung gemacht wird, also die wirtschaftliche Verwertbarkeit der Marke für den Verletzer, ergeben sich Zweifel an der Übertragbarkeit dieser Kriterien auf Domain-Namen. Normzweck des § 14 II Nr. 3 MarkenG ist ein intensiver Schutz der kommerziellen Markenverwertbarkeit als einer unternehmerischen Leistung. Die Schutzaus-

---

[221] *Kloos*, CR 1997, S. 543 f, hält eine Übertragung von Gütevorstellungen nicht für erforderlich.

[222] BGH GRUR 1991, 465, 466 – Salomon. Ob eine Verwertung tatsächlich erfolgt, ist indessen unbeachtlich, vgl. *Rößler*, S. 89.

[223] BGH GRUR 1985, 550, 552 – Dimple; BGH GRUR 1991, 465, 466 – Salomon; BGH GRUR 1991, 609, 612 – SL; BGH NJW 1991, 3218, 3219 – Avon.

[224] BGH GRUR 1991, 609, 612 – SL.

[225] BGH GRUR 1985, 550, 553 – Dimple.

[226] S.o. Fußnote 215.

dehnung auf den Bereich nicht ähnlicher Waren und Dienstleistungen ist eine Folge des Marktauftritts der Marke, ihrer gesteigerten Marktgeltung sowie ihres gewachsenen Markenwerts.[227] Im übrigen greift auch der BGH nicht statisch auf die von ihm entwickelten Kriterien zurück. Rufausbeutung ist ebenso die Ausnutzung eines Aufmerksamkeitseffekts ohne eine unmittelbare Übertragung des Rufs.[228] Auf diese kommt es nicht an, wenn der angestrebte Effekt – der Absatzerfolg – sich gerade aus dem Kontrast der Waren ergeben soll. Die Anlehnung an die bekannte Marke erfolgt dann durch die Ausnutzung eines Kontrasteffekts, der sich aus dem besonderen Ruf und seiner Verbindung mit der gänzlich unpassenden Ware ergibt. Eine derartige Ausnutzung des Rufs hat der BGH in der zeichenmäßigen Benutzung der Marke „Mars" für Scherzpäckchen mit einem Kondom, verbunden mit dem verballhornenden Werbespruch des Markeninhabers „Mars macht mobil bei Sex-Sport und Spiel" gesehen. Zutreffend zieht der BGH nicht die seit der Dimple-Entscheidung entwickelten Kriterien heran, sondern besinnt sich auf deren zentralen Zweck, nämlich auf die Klärung der Frage, ob die Benutzung der fremden Marke für den Verletzer wirtschaftlich verwertbar ist.[229]

Wird von der wirtschaftlichen Verwertbarkeit der Marke ausgegangen, müssen die internetspezifischen Besonderheiten Berücksichtigung finden. Entscheidend für den Erfolg einer Präsenz im WWW sind Faktoren wie Art des Angebots und Gestaltung der Website. Voraussetzung für einen erfolgreichen Internetauftritt ist der tatsächliche Zugriff durch die Internetnutzer. Die Auffindbarkeit der Seite im Netz ist eines der wichtigsten Probleme im WWW-Marketing.[230] Die einfachste Option, eine Seite aufzurufen, ist die Eingabe eines Kennzeichens als SLD in die Navigationsleiste des Browsers.[231] Für diesen Fall der Direkteingabe eignen sich insbesondere solche Kennzeichen, die dem Verkehr in weiten Kreisen bereits bekannt sind. Aufgrund seiner Erinnerung an eine bekannte Marke kann der Nutzer einen aus der Marke abgeleiteten Domain-Namen generieren und eine Website aufrufen. Aus nicht bekannten Kennzeichen abgeleitete Domains können demgegenüber erst durch

---

227 *Fezer*, RdNr. 419 zu § 14.

228 BGH GRUR 1994, 808, 811 – Markenverunglimpfung I; *Sack*, GRUR 1995, S. 81, 83; *Wegner*, S. 256; a. A. *Rößner*, S. 127.

229 BGH GRUR 1994, 808, 810 – Markenverunglimpfung I. Eine gewisse Unsicherheit könnte bestehen, ob der BGH auch unter Geltung des Markengesetzes an dieser Ausgangsfrage festhält, da die wirtschaftliche Verwertbarkeit in Zusammenhang mit dem gem. § 1 UWG erforderlichen Wettbewerbsverhältnis erörtert wurde (BGH a.a.O.). Allerdings hat der BGH an anderer Stelle betont, dass die Voraussetzung für die Prüfung des Wettbewerbsverhältnisses mit denen des Sittenverstoßes übereinstimmen (BGH GRUR 1991, 465, 466 – Salomon). Somit wird die wirtschaftliche Verwertbarkeit auch bei der Beurteilung des Rufausbeutungstatbestands erheblich werden.

230 *Werner*, S. 117; vgl. auch *Brunel*, S. 175.

231 Vgl. *Werner*, S. 119.

teure Marketinginstrumente wie Anzeigen und Rundfunk- oder Fernsehspots einen entsprechend hohen Zugriff durch Internetnutzer sichern. Durch die Verwendung einer bekannten Marke als SLD gelangen Internetnutzer, die eine Seite des Markeninhabers aufrufen wollen, auf eine solche des Domaininhabers. Die Umleitung des Verkehrskreises auf die nicht gesuchte Homepage steigert die kommerzielle Verwertbarkeit für den Domaininhaber und mindert gleichzeitig für den Markeninhaber die kommerzielle Verwertbarkeit seines Kennzeichens. Da es nur auf die wirtschaftliche Verwertbarkeit und nicht auf die tatsächlich erfolgte Verwertung ankommt, ist es nicht erheblich, ob die Bewerbung der Dienstleistung oder Waren unter der Domain tatsächlich erfolgreich war.

Bettinger gibt gegen die Annahme einer Rufausbeutung zu bedenken, dass sich im Falle der Verwendung einer bekannten Marke als Domain-Name die Assoziation zum bekannten Kennzeichen eher beiläufig ergäbe – jedenfalls bei Gebrauch des Domain-Namens als Zieladresse und unter Vermeidung schlagwortartiger Herausstellung des Domain-Namens. Instrumentalisiert werde in solchen Fällen nicht der mit dem bekannten Kennzeichen verbundene Aufmerksamkeitseffekt, sondern vielmehr die Erwartung, den Interessentenkreis bekannter Markenprodukte auf die eigene Homepage zu dirigieren. Diese Form der Ausbeutung des bekannten Kennzeichens dürfe eher mit der Kategorie der wettbewerblichen Behinderung als mit der der Rufausbeutung zu fassen sein.[232] Zweifelhaft ist, zumindest für Fälle bekannter Marken, die Differenzierung zwischen der Benutzung eines Domain-Namens als Zieladresse auf der einen und der Verwendung eines Domain-Namens unter schlagwortartiger Herausstellung des Domain-Namens etwa in den Printmedien oder der Werbung auf der anderen Seite. Wie bereits festgestellt können Internetnutzer durch Eingabe einer bekannten Marke iSd § 14 II Nr. 3 MarkenG, die sie auch selbst kennen, auf eine Website gelangen. Sie können dies unabhängig davon, ob die URL überhaupt in anderen Medien benutzt wurde. Eine Assoziation mit der bekannten Marke ergibt sich im Vorstellungsbild des Nutzers im Fall eigener Generation einer URL wie auch im Fall einer bereits über Drittmedien wahrgenommenen Domain. Wenig überzeugend ist schließlich, dass lediglich die Umleitung der Interessentenkreise, nicht jedoch ein Aufmerksamkeitseffekt instrumentalisiert werde. Gerade durch die Umlenkung der Interessenten auf die eigene Homepage erreicht der Domaininhaber eine Aufmerksamkeit, die seiner Homepage ohne die bekannte Marke nicht zuteil geworden wäre.

---

232 *Bettinger*, GRUR Int. 1997, S. 402, 413.

3. Verwässerung

In der Literatur wird der Tatbestand der Beeinträchtigung oder Ausnutzung der Wertschätzung oder Unterscheidungskraft der Marke (Verwässerung) zuweilen sehr eng ausgelegt. *Bettinger* geht unter Zugrundelegung der Camel-Tours-Entscheidung des BGH[233] davon aus, dass eine konkrete Gefährdung der Werbekraft erforderlich ist. Bei der bloßen Benutzung der Domain als Zieladresse sei eine rechtlich beachtliche Gefährdung des Werbewertes der Marke nicht zu erwarten. Selbst wenn die bekannte Marke im URL-Eingabefeld des Web-Browsers oder auf der Kopfzeile einer ausgedruckten Website erscheine, erfolge die Assoziation mit der bekannten Marke eher beiläufig. Deshalb könne eine Gefährdung des Werbewertes darin nicht ohne weiteres liegen.[234] Gegen die Annahme einer Verwässerungsgefahr wird weiter vorgebracht, dass das bekannte – anders als das berühmte und nach § 823 I BGB geschützte Kennzeichen – keine Alleinstellung besitzen muss. Aus dem Aufkommen eines weiteren identischen oder ähnlichen Kennzeichens als solchem, etwa in Form eines Domain-Namens, könne folglich nicht auf eine Verwässerungsgefahr geschlossen werden. Eine Verwässerungsgefahr käme daher nur in Betracht, wenn sich eine Nachahmung durch weitere Konkurrenten aufgrund des Kennzeichens geradezu anbietet und infolgedessen ein Aufkommen mehrerer identischer oder ähnlicher Kennzeichen zu befürchten wäre.[235]

Der Annahme einer beiläufigen Assoziation mit der bekannten Marke wird indes auch widersprochen.[236] Die Verwässerung im Hinblick auf die geringe Sichtbarkeit des Domain-Namens abzulehnen, ginge zu weit, da das Markenrecht einen von den tatsächlichen Gegebenheiten des Einzelfalles stärker abstrahierenden Schutz als das UWG gewähre.[237] Für eine Verwässerung spreche auch der Umstand, dass eine Domain bei jedem Internetausdruck miterscheint, durch zahlreiche Links weltweit verknüpft und in Suchmaschinen millionenfach reproduzierbar ausgeworfen wird.[238] Die Verwässerungsgefahr werde zudem erhöht, wenn der Domain-Name noch auf andere Weise bekannt werde, etwa durch Werbung oder Verwendung auf Briefköpfen.[239] Dem Internetnutzer, der durch Eingabe der Marke in die URL unerwartet nicht auf eine Homepage des Markeninhabers gerate, werde bewusst, dass auch andere Unternehmen die Marke verwenden. Dieses Wissen

---

233 BGH GRUR 1987, 711 ff – Camel Tours.
234 *Bettinger*, GRUR Int. 1997, S. 402, 412.
235 *Viefhues*, RdNr. 148 unter Berufung auf BGH GRUR 1991, 609, 612 – SL.
236 *Samson*, S. 138; *Viefhues*, RdNr. 147.
237 *Kur*, Internet und Kennzeichenrecht, S. 352 f.
238 *Jaeger-Lenz*, Rechtsgeschäfte im Netz, S. 196.
239 *Völker/Weidert*, S. 659; ähnlich *Sick/Richter*, S. 345 f.

werde sich wegen eines „Aha-Effektes" möglicherweise tief ins Gedächtnis graben.[240]

Ein gewichtiges Argument gegen eine Verwässerung durch einen markengleichen Domain-Namen könnte tatsächlich in dem Umstand liegen, dass die Verwässerung keine Alleinstellung der Marke voraussetzt.[241] Das bloße Vorhandensein eines mit der Marke identischen Zeichens vermag daher eine Verwässerung nicht zu begründen. Anderenfalls wären alle bekannten Marken für alle Waren und Dienstleistungen geschützt und die anderen Tatbestände des § 14 II Nr. 3 MarkenG wie Rufausbeutung oder Beeinträchtigung der Wertschätzung würden obsolet.[242] Daraus jedoch mit *Viefhues* zu schließen, Verwässerungsgefahr komme nur in Betracht, sofern sich eine Nachahmung durch weitere Konkurrenten aufgrund des Charakters des Kennzeichens geradezu anbietet, entbehrt der Folgerichtigkeit: Zum einen gelten die zur Nachahmungsgefahr gemachten Ausführungen des BGH, auf die sich *Viefhues* bezieht, nicht der Verwässerung, sondern der Beeinträchtigung des guten Rufs der Marke „SL"[243]. Zum anderen ginge es zu weit, der Urteilsbegründung zum Schutz der Marke „SL" für Sportwagen zu entnehmen, die Nachahmungsgefahr sei Voraussetzung einer Rufbeeinträchtigung bzw. Verwässerung. In der Kennzeichnung „SL" hat der BGH berücksichtigt, dass sich die Marke auch als Abkürzung für Typenbezeichnungen anderer Kraftfahrzeughersteller eignet (beispielsweise „Sport-Limousine", „Sport-Luxus", „Super-Leicht").[244] Bekannte Marken bestehen jedoch meist nicht aus kurzen Buchstabenfolgen, die eine derartige Nachahmung als Typenbezeichnung durch Mitbewerber nahe legen könnten (z. B. Adidas, Cartier, McDonald's). Solche Marken dem Verwässerungsschutz zu entziehen, dürfte weder von der Rechtsprechung gewollt sein noch besteht hierfür ein sachlicher Grund.

Als Voraussetzung für eine Verwässerung wird häufig eine konkrete Beeinträchtigung des Werbewerts oder der Unterscheidungskraft genannt.[245] Hierzu bedürfe es der Berücksichtigung der jeweiligen Umstände im Hinblick auf Art und Ausmaß der Beeinträchtigungsgefahr. Es komme darauf an, dass die Gedankenverbindung zur Marke deren Werbewert in rechtlich beachtlicher Weise zu gefährden geeignet ist. Dabei sei bedeutsam, welchen Inhalt derartige Vorstellungen haben und in welcher Art und bei welchen Gelegenheiten der Verkehr mit der Bezeichnung in Berührung kommt. Eine beiläufige Assoziation werde dem nicht gerecht. Eine Beeinträchtigung der Zigarettenmarke Camel durch ein unter „Camel Tours Turizm ve Seyehat" firmierendes Reiseun-

---

240 *Wegner*, S. 256.
241 Althammer/*Klaka*, RdNr. 50 zu § 14; *Sack*, GRUR 1995, S. 81, 85.
242 Vgl. *Ingerl/Rohnke*, RdNr. 509 zu § 14.
243 *Bonn*, S. 613 f.
244 BGH GRUR 1991, 609, 612 – SL.
245 Grundlegend die Entscheidung BGH GRUR 1987, 711, 713 – Camel Tours; *Ernst-Moll*, S. 12; *Großner*, S. 193 ff.

ternehmen, das über keine Niederlassung in Deutschland verfügt und sich nur an Reiseveranstalter wendet, wurde hiernach abgelehnt.[246]

Bei der Verwendung bekannter Marken in Domain-Namen hingegen stellt sich die Sachlage anders dar. Das Internet ist einem ungleich größeren Publikum zugänglich. Will der Internetnutzer die Homepage des bekannten Markeninhabers abrufen, kennt er aber deren URL nicht, kann entweder ein Erraten der URL oder die Hilfe einer Suchmaschine zum Ziel führen. In beiden Fällen konkretisiert sich die Vorstellung des Nutzers von der hinter dem Domain-Namen stehenden Person auf den Markeninhaber. Die Domain wird demnach nicht nur beiläufig mit der Marke assoziiert, sondern ihre Bildung oder Wahrnehmung ist ganz konkret von der Vorstellung einer Verbindung zum Markeninhaber geprägt. Hiergegen mag zwar eingewendet werden, dass der Nutzer seine Fehlvorstellung über den Inhaber der Domain korrigiert, wenn aus dem Inhalt der Website ersichtlich wird, dass der aufgerufene nicht mit dem gesuchten Betreiber der Website identisch ist. Jedoch ist der hiermit angesprochene Aspekt der Verwechslungsgefahr nicht erheblich. Das geht aus dem Wortlaut des § 14 II Nr. 3 MarkenG hervor.[247] Darüber hinaus war schon zur alten Rechtslage ganz überwiegend anerkannt, dass die Beeinträchtigung des Werbewerts nicht allein wegen der Branchenferne ausgeschlossen werden kann[248]. An den wettbewerbsrechtlich orientierten Schutz des Werbewerts als Rechtsgrund der Verwässerung[249] knüpft auch die Begründung zum Gesetzentwurf an. Im Ergebnis werde „der in der bekannten Marke verkörperte Goodwill geschützt, ohne daß es auf eine Beeinträchtigung der Herkunftsfunktion der Marke ankäme."[250] Die Beeinträchtigung des Werbewerts erfolgt schon dadurch, dass dem Markeninhaber ein erfolgreicher Auftritt im Internet unter markenwahrender Domain aufgrund der Erstregistrierung des Dritten verwehrt ist. Folglich verwässert auch ein Domain-Name eine bekannte Marke, sofern er aus ihr abgeleitet ist.

B. Domain-Namen als Kennzeichen

Bisher wurde die Frage untersucht, ob den Domain-Namen eine kennzeichnende Funktion zu eigen und unter welchen Voraussetzungen der Tatbestand einer Markenverletzung gegeben sein kann. Nun gilt es festzustellen, ob

---

[246] BGH GRUR 1987, 711, 713 – Camel Tours.

[247] „[...] für Waren oder Dienstleistungen zu benutzen, *die nicht denen ähnlich sind*, für die die Marke Schutz genießt [...]"

[248] BGH GRUR 1959, 182, 186 – Quick; BGH GRUR 1990, 711, 713 – Telefonnummer 4711; *Großner*, S. 196; *Sack*, WRP 1985, S. 459, 461; einschränkend *v. Gamm*, Wettbewerbsrecht, RdNr. 75 ff zu Kap. 21.

[249] Vgl. BGH GRUR 1959, 182, 186 – Quick.

[250] Amtl. Begr. in Blatt für PMZ, Sonderheft 1994, S. 66.

Domain-Namen als solche geschützte Kennzeichen sein können. Relevant wird dies im Hinblick auf die zu erörternde Gleichnamigkeitsproblematik, falls der Domain-Name nicht mit einem bereits bestehenden Kennzeichen übereinstimmt oder der Abstand zwischen dem bestehenden Kennzeichen so groß ist, dass dieser nicht mehr vom Schutzbereich des Kennzeichens erfasst wird.

I. § 5 II MarkenG

Man ist sich einig, dass Domain-Namen eigenständigen Schutz erlangen können. Zum Teil wird vertreten, dass Domain-Namen als besondere Bezeichnung eines Geschäftsbetriebs oder eines Unternehmens i.S.d. § 5 II 1, 3. Variante MarkenG benutzt werden.[251] Andere qualifizieren Domain-Namen lediglich als Geschäftsabzeichen oder als sonstiges zur Unterscheidung des Geschäftsbetriebs von anderen Geschäftsbetrieben bestimmtes Zeichen iSd § 5 II 2 MarkenG[252]. Die rechtssystematische Zuordnung der Domain-Namen ist insofern von erheblicher Bedeutung, als über ursprüngliche Unterscheidungskraft verfügende Unternehmenskennzeichen iSd § 5 II 1 MarkenG ab ihrer ersten Benutzung im geschäftlichen Verkehr Schutz genießen. Hingegen sind Geschäftsabzeichen nach § 5 II 2 MarkenG erst mit Erwerb von Verkehrsgeltung geschützt.

1. Domain-Namen als Geschäftsabzeichen

Gegen die Zuordnung von Domain-Namen als Unternehmenskennzeichen wird angeführt, dass sich das Recht an Unternehmenskennzeichen auf die tatsächlich gebrauchten Zeichen bezieht. Ein Recht an einem Unternehmenskennzeichen bestünde daher nur an der gesamten URL, wie etwa „http://www.x.com". Kein Unternehmen aber werde behaupten, dies sei sein Name. Unternehmenskennzeichen sei allenfalls die SLD „x". Als Bestandteil der vollständigen Internetadresse werde „x" jedoch nicht als Name des unter der Adresse präsenten Anbieters verwendet. „X" sei nur Teil einer gesamten Adresse, die in ihrem kennzeichnenden Teil allenfalls auf ein Kennzeichen des Domaininhabers hinweist, nicht aber das Kennzeichen selbst sei.[253]

Zudem wird auf die Rechtsprechung zur Rechtswirkung einer Telegrammadresse hingewiesen.[254] Der BGH urteilte, dass eine Telegrammadresse zwar

---

251 *Wiebe*, S. 163 f; *Völker/Weidert*, S. 663.

252 Vgl. *Bettinger*, GRUR Int. 1997, S. 402, 417 f; *Fezer*, RdNr. 306, 311 zu § 3; *Michalski*, S. 165; *Omsels*, S. 331; *Viefhues*, RdNr. 53.

253 *Omsels*, S. 331.

254 *Bettinger*, GRUR Int. 1997, S. 402, 418.

ein Kennzeichnungsmerkmal nach Art eines Namens oder einer Firma sei und auch gleiche Zwecke wie diese verfolge. Dieser Zweck reiche jedoch nicht aus, einen Namensschutz gegen jedwede Benutzung zu gewähren, wenn und solange die Telegrammadresse den beteiligten Verkehrskreisen unbekannt geblieben ist. Die Gewährung eines Schutzes schon bei ihrer Erstbenutzung würde zu einer unerträglichen Belastung des Verkehrs führen.[255] Diese Grundsätze dürften dann auch für Domain-Namen gelten.[256]

2. Domain-Namen als Unternehmenskennzeichen

Von der Rechtsprechung wird demgegenüber die Möglichkeit eines eigenständigen Kennzeichenschutzes an Domain-Namen auch ohne Verkehrsgeltung bejaht.[257] Das OLG Hamburg argumentiert, die tatsächlichen Verhältnisse, die den BGH veranlassten, Telegrammadressen Kennzeichenschutz ohne Vorliegen von Verkehrsgeltung zu versagen, seien nicht auf Domain-Namen übertragbar. Eine Telegrammadresse sei zur Übermittlung von Nachrichten nicht notwendig, da der Adressat auch unter vollem Namen oder vollständiger Adresse erreicht werden könne. Bei Internetadressen sei dies anders, weil diese die einzige Möglichkeit darstellten, den Teilnehmer anzusteuern. Da keine Alternativen zur Kontaktaufnahme bestünden, liege es „in der Natur der Sache", dass Internetadressen eine kennzeichnende Funktion immanent sei. Zudem begründet das OLG Hamburg den eigenständigen Kennzeichenschutz des Domain-Namens mit dem Zwang, wegen der begrenzten Zeichenlänge auf eine Kurzform des Namens zurückgreifen zu müssen.[258]

Unterschiede zwischen Domain-Namen und Telegrammadressen betont auch *Wiebe*, indem er auf die gegenüber dem Telegrammverkehr erweiterte Medienfunktion hinweist, die sich aus der Multimedialität und ihrer zunehmenden Verbreitung ergibt. Mit der Internetadresse werde zudem nicht nur in Geschäftsbriefen geworben, sondern verstärkt auch in der allgemeinen Werbung. Vor allem bei virtuellen Unternehmen und solchen, die hauptsächlich über das Internet Geschäfte tätigen, sei der Erwerb eines eigenständigen Schutzes für die Domainbezeichnung denkbar. So ließe sich die Domain „my-world.de" als besondere Bezeichnung eines Geschäftsbetriebs der virtuellen Kaufhausfiliale

---

[255] BGH GRUR 1955, 481, 484 – Hamburger Kinderstube.

[256] *Bettinger*, GRUR Int. 1997, S. 402, 418.

[257] OLG Hamburg, CR 1999, 184, 185 f – emergency-de; OLG München, CR 1999, 778 – t-net.de und tnet.de; LG Düsseldorf, Beschluss vom 20.04.1999, Az 4 O 101/99 – infoshop.de (http://urteile.inet.de/infoshop_de.htm); LG Düsseldorf, CR 1998, 688, 689 – jpnw.de; LG Frankfurt/Main, CR 1999, 190 – warez.de; LG München I, CR 1999, 325 f – t-net.de und tnet.de.

[258] OLG Hamburg, CR 1999, 184, 185 f – emergency.de.

von Karstadt verstehen, und zwar unabhängig davon, ob diese Bezeichnung auch auf der Homepage verwendet wird.[259]

3. Kritik

Wenig überzeugend ist die Argumentation *Omsels*, Domain-Namen könnten den Schutz als Unternehmenskennzeichen gem. § 5 II 1 MarkenG nicht genießen, weil kein Unternehmen behaupte, sein Name sei http://www.x.com. Schon an anderer Stelle wurde darauf hingewiesen, dass im Regelfall die Protokollbezeichnung und die TLD nicht als kennzeichnendes Element verstanden werden. Überdies ließ auch der BGH ausdrücklich offen, ob der Fernschreibkennung, die nur in Verbindung mit der Netzkennzahl zur Kontaktaufnahme mit dem anderen Fernsprechteilnehmer geeignet war, Schutz als Name zukommt. Außerdem erfordern einige Browser weder die Eingabe der Protokollbezeichnung noch die der TLD. Die Eingabe der bloßen SLD genügt also oftmals schon zum Aufruf der Homepage.

Bedenken gegen die Argumentation *Omsels* ergeben sich zudem deshalb, weil den Unternehmenskennzeichen immanent ist, dass sie häufig mit nicht unterscheidungskräftigen Zeichen zu verbinden sind. Die Firma eines Einzelkaufmanns muss gem. § 19 I Nr. 1 HGB die Bezeichnung „eingetragener Kaufmann" oder eine allgemein verständliche Abkürzung enthalten. Offene Handelsgesellschaften, Kommanditgesellschaften, Aktiengesellschaften und Gesellschaften mit beschränkter Haftung müssen mit Rechtsformzusätzen gem. § 19 I Nr. 2 und 3 HGB, § 4 AktG und § 4 GmbHG firmieren. Zwar sind die Rechtsformzusätze Teil der jeweiligen Firma,[260] doch wird dadurch nicht ausgeschlossen, dass der kennzeichnende Firmenkern auch ohne den Rechtsformzusatz geschützt ist. Dies ergibt sich bereits daraus, dass Firmen von Rechtsträgern fortgeführt werden können, die nicht mit dem bisherigen Rechtsträger übereinstimmen. Der Firmenkern bleibt erhalten, nur der Rechtsformzusatz ändert sich. Führt etwa eine OHG das Handelsgeschäft eines Einzelkaufmanns fort, bedarf es des Rechtsformzusatzes nach § 19 I Nr. 2 HGB.[261] Gleichwohl spricht das Handelsgesetzbuch in §§ 22 I, 24 I HGB von Fortführung der „bisherigen Firma". Wenn der Firmenkern demnach ohne den nicht kennzeichnenden Rechtsformzusatz Schutz genießt, ist nicht ersichtlich, warum der Domain-Name ohne die nicht kennzeichnenden Protokollbezeichnungen keinen Kennzeichenschutz genießen könnte.

---

[259] *Wiebe*, S. 163 f.

[260] BGHZ 44, 286, 287; vgl. auch BGHZ 68, 12, 13 f; Horn/*Emmerich*; RdNr. 2 zu § 18. Demgegenüber wird man für den Regelfall die Protokollbezeichnung nicht als Unternehmenskennzeichen ansehen können.

[261] Koller/Roth/Morck/*Roth*, RdNr. 17 zu § 22.

Andererseits sind auch die für einen eigenständigen kennzeichen- oder namensrechtlichen Schutz von Domain-Namen vorgebrachten Argumente unverständlich. Notwendig ist die Verwendung eines Domain-Namens zum Aufrufen einer Website genauso wenig wie die Verwendung einer Telegrammadresse, da eine Website durch Eingabe der Nummernfolge des IP aufgerufen werden kann. Selbst wenn nur der Gebrauch von Domain-Namen zum Ziel führen könnte, läge eine kennzeichnende Funktion nicht in der Natur der Sache, da als Domain-Name auch nicht kennzeichnende generische Begriffe benutzt werden. Inwiefern die begrenzte Zeichenlänge von Domains ein eigenständiges Kennzeichenrecht begründet, bleibt ebenfalls unklar. Wahrscheinlich hält das OLG Hamburg Domain-Namen für schutzwürdig im Hinblick darauf, dass Unternehmen im Einzelfall versagt sein mag, aufgrund der Länge ihrer Firma diese als Domain zu verwenden. Ihre Schutzwürdigkeit allein eignet sich indessen kaum zur Begründung eines Kennzeichenrechts.

Auszugehen ist nach § 5 II Nr. 1 MarkenG von der Frage, ob Domain-Namen Zeichen sind, die im geschäftlichen Verkehr als Name, als Firma oder als besondere Bezeichnung eines Geschäftsbetriebs oder Unternehmens benutzt werden. Namen, insbesondere Firmen, sind ab ihrer erstmaligen Benutzung geschützt. Der Name identifiziert seinen Träger und schützt sowohl diesen selbst wie auch den Verkehr vor Verwechslungen. Wenn § 5 II 1 iVm § 15 II MarkenG in gleicher Weise besondere Geschäftsbezeichnungen schützt, ist dies nur unter der Voraussetzung gerechtfertigt, dass die besondere Geschäftsbezeichnung ebenso wie der Name und die Firma eine Namensfunktion ausübt, mit der das Geschäft als ganzes bezeichnet wird.[262] Einer besonderen Geschäfts- oder Unternehmensbezeichnung muss folglich die Eignung zukommen, das Geschäft oder Unternehmen wie ein Name oder eine Firma zu benennen.[263] Ob sich ein Zeichen hierzu eignet, ist nach der Verkehrsauffassung zu bestimmen[264].

Die Primärfunktion eines Domain-Namens liegt darin, dem Internetnutzer den Zugriff auf eine Homepage zu ermöglichen. In dieser Funktion ist der Domain-Name einer Telefon- oder Faxnummer vergleichbar.[265] Er ist nicht dazu bestimmt, das Geschäft oder Unternehmen gleich einem Namen oder einer Firma zu benennen. Aber aus dem Domain-Namen kann oft auf dessen Inhaber geschlossen werden und umgekehrt. Dann erscheint im Verkehr die Verwendung des Domain-Namens als mittelbarer Hinweis auf den Kennzeicheninhaber und nicht als das Kennzeichen selbst.[266] Für die an dieser Stelle relevanten

---

[262] *Fezer*, RdNr. 139 zu § 15.

[263] BGHZ 8, 387, 389 – Fernsprechnummer; BGHZ 11, 214, 217 – KfA; BGHZ 21, 66, 69 – Hausbücherei; vgl. BGH GRUR 1963, 430, 431 – Erdener Treppchen.

[264] *Fezer*, RdNr. 122b zu § 15.

[265] *Omsels*, S. 331.

[266] *Kur,* Internet und Kennzeichenrecht, S. 343.

Fälle, in denen der Domain-Name nicht aus einem bestehenden Kennzeichen abgeleitet ist, gilt in seiner Primärfunktion nichts anderes. Eine Sekundärfunktion als lediglich mittelbarer Hinweis kommt dem Domain-Namen mangels bestehenden Kennzeichens tatsächlich nicht zu. Ob der Domain-Name in seiner Sekundärfunktion unmittelbar wie eine Firma geeignet und dazu bestimmt ist, ein Geschäft oder Unternehmen zu benennen, muss von den Umständen des einzelnen Falles abhängig gemacht werden. So kann durch die schriftbildliche Hervorhebung des Domain-Namens auf der Homepage oder durch dessen besondere Art der Verwendung auf Geschäftspapieren für den Verkehr der Eindruck einer besonderen Bezeichnung für den Geschäftsverkehr entstehen.

Die Rechtsprechung betrachtet ebenfalls den Einzelfall. Das OLG München hielt „tnet.de" für ein Unternehmenskennzeichen und betonte, dass allein die Benutzung des Domain-Namens ein Kennzeichenrecht nicht begründen könne. Das OLG stellte vielmehr darauf ab, dass die Domain für E-Mail-Adressen im Rahmen einer Dienstleistung als Service-Provider benutzt wurde. Innerhalb der mehrgliedrigen E-Mail-Adresse kennzeichne die Domain „tnet.de" das Dienstleistungsunternehmen und begründe so das Recht an der geschäftlichen Bezeichnung „tnet".[267]

Die Begründung überzeugt. Das Zeichen „tnet" eignet sich nach der Verkehrsauffassung zur Benennung des Internet Service Providers. Bekannte Provider wie AOL oder T-Online bieten unter Verwendung ihres Unternehmenskennzeichens als SLD E-Mail-Dienste an. Der SLD wird dabei ein frei wählbarer Name und das Zeichen „@" vorangestellt.[268] Durch die Verwendung für E-Mail-Dienste eines Service-Providers ist die SLD „tnet" nach der Verkehrsauffassung zur Benennung eines Unternehmens geeignet und bestimmt. Das LG Düsseldorf berücksichtigte ebenfalls die Umstände des Einzelfalls. Es stützte sich zur Begründung eines Kennzeichenrechts an dem Domain-Namen „jpnw.de" nicht ausschließlich auf dessen Benutzung als Zieladresse, sondern stellte fest, dass der Domain-Name auch außerhalb des Internets als Hinweis auf den Verein „Junge Presse Nordrhein-Westfalen" benutzt wurde.[269] Damit bleibt im Ergebnis festzuhalten, dass je nach Art der Verwendung Domain-Namen Unternehmenskennzeichen iSd § 5 II 1 MarkenG oder bloße Geschäftsabzeichen iSd § 5 II 2 MarkenG sind.

II. Werktitel

Domain-Namen können auch als Werktitel geschützt sein. Ein mit Druckschriften, Filmwerken, Ton- und Bühnenwerken vergleichbares Werk iSd

---

267 OLG München CR 1999, 778 – tnet.de und t-net.de.

268 Etwa mustermann@t-online.de.

269 LG Düsseldorf CR 1998, 688, 689 – jpnw.de.

§ 5 III MarkenG ist ein immaterielles Arbeitsergebnis, das als geistiges Produkt nach der Verkehrsauffassung bezeichnungsfähig ist.[270] Im Internet werden Inhalte unterschiedlicher Art präsentiert. Enzyklopädien, Zeitschriften, virtuelle Museen, Lernprogramme etwa bieten sich online an. Derartige Inhalte sind immaterielle Ergebnisse geistiger Leistungen. Ebenso wie deren verkörperten Entsprechungen außerhalb des Internets werden diese immateriellen Arbeitsergebnisse üblicherweise im Verkehr mit einer besonderen Bezeichnung versehen und sind somit nach der Verkehrsauffassung bezeichnungsfähig.[271] Zu weit dürfte es allerdings gehen, jede individuell gestaltete Homepage als Werk zu schützen.[272] Ansonsten entstünde eine Unzahl von Werktitelrechten an Domain-Namen. Dies würde zu einer unkontrollierbaren Kollision von Kennzeichenrechten führen, der mit dem Markengesetz nicht mehr beizukommen wäre. In jedem Einzelfall wird zu prüfen sein, ob die Homepage bzw. Website als immaterielles Arbeitsergebnis mit den in § 5 III MarkenG genannten Werken vergleichbar ist.[273]

Zudem setzt Werktitelschutz voraus, dass ein Zeichen titelmäßig verwendet wird, also ein nicht unerheblicher Teil des angesprochenen Verkehrs in ihm die Bezeichnung eines Werkes zur Unterscheidung von anderen Werken sieht.[274] Entsprechend den Ausführungen zu Unternehmenskennzeichen wird relevant, dass gelegentlich Domain-Namen auch für titelschutzfähige Werke eher zur Kontaktaufnahme denn als Bezeichnung für das Werk selbst verwendet werden. Die virtuelle und über keine Printausgabe verfügende Zeitschrift „Hotwired“ präsentiert sich unter dieser Bezeichnung im Internet und wird vielerorts als „Hotwired“ zitiert. Dies legt den Schluss nahe, dass der Verkehr den Titel nicht als „hotwired.com“ oder „www.hotwired.com“ auffasst. Zutreffend führt *Omsels* auch das Beispiel der Domain „spiegel.de“ an, unter deren Homepage sich der Axel-Springer-Verlag mit „spiegel-online“ präsentiert. Ein nicht unerheblicher Teil des Verkehrs wird „spiegel-online“ als die Bezeichnung des Werks begreifen und nicht etwa den Domain-Namen „spiegel.de“. Dies schließt indessen nicht aus, dass der Domain-Name selbst Titel sein kann.[275] Aus besonderen Umständen wie der Nennung der URL (bzw. SLD und TLD) auf der Homepage oder der nicht bloß adressmäßigen Verwendung der URL in anderen Medien kann der Verkehr im Domain-Namen den Titel für die Website erkennen.

---

270 Vgl. BGH GRUR 1998, 155, 156 – Power-Point; *Deutsch/Mittas*, RdNr. 17; *Fezer*, RdNr. 154c, 154e zu § 15.

271 *Bücking*, RdNr. 123 ff; *Omsels*, S. 332.

272 So indessen *Hackbarth*, CR 1999, S. 186, 187.

273 Vgl. *Deutsch/Mittas*, RdNr. 23 und *Biere*, S. 387.

274 Vgl. BGH GRUR 1994, 908, 910 – WIR IM SÜDWESTEN; *Ingerl/Rohnke*, RdNr. 75f zu § 15.

275 *Bücking*, RdNr. 126; *Omsels*, S. 333.

III. Marke

Ein Domain-Name genießt ohne Eintragung in das Markenregister Markenschutz, wenn er als Marke gem. § 4 Nr. 2 MarkenG Verkehrsgeltung durch die Benutzung im geschäftlichen Verkehr erworben hat oder wenn der Domain-Name gem. § 4 Nr. 3 MarkenG notorisch bekannt geworden ist. Die Erlangung von Verkehrsgeltung durch die Verwendung der Domain allein als Zieladresse ist jedenfalls bislang kaum zu erzielen.[276] Verkehrsgeltung wird der Domain-Name umso eher erlangen, je häufiger er auch außerhalb des Internets für Waren oder Dienstleistungen benutzt wird. Der erforderliche Durchsetzungsgrad hängt dann entsprechend den üblichen Kriterien von der Unterscheidungskraft des Domain-Namens und einem möglicherweise bestehenden Freihaltebedürfnis ab.[277]

Darüber hinaus ist ein konkreter Bezug des Domain-Namens auf eine Dienstleistung oder eine Ware erforderlich.[278] Wieder wird seine janusköpfige Funktion relevant: In der Regel wird der Domain-Name einerseits in seiner Adressfunktion und andererseits als lediglich mittelbarer Hinweis auf ein bestehendes Kennzeichen wahrgenommen. Ein ausreichend konkreter Produktbezug wird sich häufig erst durch die Verbindung des Domain-Namens mit der Dienstleistung oder Ware auf der Website selbst herstellen lassen.[279]

Im Ergebnis ist damit festzuhalten, dass die bloße adressartige Verwendung eines Domain-Namens ein Kennzeichenrecht nicht entstehen lässt – ein solches kann jedoch durch die Art der konkreten Benutzung begründet werden.

C. Die Schranken der Rechtsausübung

I. § 23 MarkenG

Besondere Bedeutung bei der Lösung des Konflikts um eine Domain zwischen wortgleichen Kennzeicheninhabern könnte die Bestimmung des § 23 MarkenG gewinnen. Sie normiert die Schranken des Markenschutzes im Interesse einer freien Benutzung bestimmter Bezeichnungen sowie der Benutzung zu bestimmten Zwecken.[280] Als Schrankenbestimmung wird § 23 MarkenG damit

---

276 Vgl. *Bücking*, RdNr. 119.

277 Der BGH urteilte, dass für „quattro“ als Kennzeichen für ein mit permanentem Allradantrieb versehenen PKW ein starkes Freihaltebedürfnis für Mitbewerber besteht und ein Durchsetzungsgrad von 51,2% zur Erlangung der Verkehrsgeltung nicht ausreicht (BGH GRUR 1992, 72, 73).

278 *Fezer*, RdNr. 308 zu § 3.

279 Vgl. oben, 1. Kapitel B I 3 (S. 61 ff).

280 *Fezer*, RdNr. 1 zu § 23.

erst bei Vorliegen der Tatbestandsvoraussetzungen der §§ 14, 15 MarkenG relevant. Folglich wird diese Norm erst zum Zuge kommen, wenn wegen der Ähnlichkeit der geschäftlichen Bezeichnung oder Marke mit dem Domain-Namen sowie der Waren-, Dienstleistungs- oder Branchennähe die Gefahr einer Verwechslung besteht.[281]

Die Anwendung dieser Schrankenbestimmung wirkt sich zugleich auf das das gesamte Kennzeichenrecht beherrschende und durch § 6 I MarkenG normierte Prioritätsprinzip aus. Seine Folge ist, dass bei einem Kennzeichenkonflikt grundsätzlich nur demjenigen die Ansprüche aus §§ 14, 15 MarkenG zustehen, der sich auf ein prioritätsälteres Kennzeichenrecht berufen kann. Wenn nun § 23 MarkenG die Ansprüche des prioritätsälteren Kennzeicheninhabers einschränkt, kann diese Norm als „Einschränkung des Prioritätsprinzips"[282] verstanden werden.

1. Domain-Name als „Name" oder „Anschrift"

Der Inhaber einer Marke oder geschäftlichen Bezeichnung kann dem Inhaber einer Domain deren Benutzung nicht untersagen, wenn die Domain gem. § 23 Nr. 1 MarkenG Name oder Anschrift ist und, bejahendenfalls, die Benutzung der Domain nicht gegen die guten Sitten verstößt. Zum Teil werden Domain-Namen derart qualifiziert.[283] Zum größtmöglichen Anwendungsbereich gelangt *Kur*, indem sie feststellt, § 23 MarkenG nehme „die Benutzung des eigenen Namens und der Adresse – und damit auch der Internet-Adresse – vom Markenschutz aus, soweit dies nicht gegen die guten Sitten verstößt."[284] Dies bedeute,

---

281 S.o. *Kur*, Internet und Kennzeichenrecht, S. 355 f, meint außerdem, für Konflikte mit Domain-Namen sei vor allem auch § 21 MarkenG von Interesse. Die Verwirkung von Ansprüchen trete nach § 21 I MarkenG stets ein, wenn der Inhaber des Rechts nicht innerhalb von fünf Jahren ab Kenntniserlangung gegen die rechtsverletzende Benutzung eingeschritten ist. Domaininhaber könnten sich somit auf Verwirkung berufen, falls sie längere Zeit unangefochten im Netz präsent gewesen sind. Dies trifft indes so nicht zu – § 21 I und II MarkenG setzen außerdem das Bestehen eines prioritätsälteren Kennzeichenrechts voraus, das allein durch die Benutzung als Domain-Name in der Regel nicht begründet wird. § 21 I MarkenG ist demnach nur anwendbar, wenn der Domain-Name als Marke gem. § 4 Nr. 1 eingetragen ist, Verkehrsgeltung nach § 4 Nr. 2 MarkenG oder notorische Bekanntheit gem. § 4 Nr. 3 erworben hat. Zudem muss der prioritätsältere Kennzeicheninhaber die Benutzung der prioriätsjüngeren Marke in positiver Kenntnis dieser Benutzung während eines Zeitraums von fünf aufeinanderfolgenden Jahren geduldet haben (dazu *Ring*, DZWiR 1995, S. 494, 496).

282 Amtl. Begr. in Blatt für PMZ, Sonderheft 1994, S. 62.

283 LG Bonn MMR 1998, 110, 112 – detag.de; *Bettinger*, GRUR Int. 1997, S. 402, 414; *Kur*, CR 1996, S. 325, 328; *dies.*, CR 1996, S. 590, 593; *Look-Wagner*, S. 40 f; *Nägele*, S. 180, für die Verwendung von Namen und Firmen.

284 *Kur*, CR 1996, S. 590, 593.

dass die Benutzung einer in lauterer Weise aus dem eigenen Namen, der eigenen Firma oder Marke abgeleiteten Internet-Adresse nach dem MarkenG grundsätzlich nicht untersagt werden könne, selbst wenn zwischen ihr und einem fremden Kennzeichen bei Anlegung normaler kennzeichenrechtlicher Maßstäbe eine Verwechslungsgefahr angenommen werden müsste.[285] Ähnlich sieht es wohl *Bücking*, der zwar keine Stellung dazu bezieht, ob der Domain-Name Anschrift oder Name ist, jedoch die Zulässigkeit der Verwendung der jeweiligen Domain einzelfallbezogen allein am Kriterium der Lauterkeit messen will.[286] Da es Kriterien zur Feststellung einer lauteren Benutzung erst bedarf, nachdem geklärt ist, dass Domain-Namen durch § 23 Nr. 1 MarkenG privilegiert werden, liegt die Vermutung nahe, dass *Bücking* ebenfalls Domain-Namen als Anschrift bzw. Name qualifiziert.

Bettinger hingegen sieht nur dann in der Verwendung eines Domain-Namens die Benutzung einer Anschrift, wenn er allein als Zieladresse und ohne kennzeichenmäßige Herausstellung benutzt wird. Da der Kennzeichencharakter des Domain-Namens in den Hintergrund trete, demgegenüber die Adressfunktion ganz im Vordergrund stehe, liege die Einordnung als Anschrift nahe.[287] Zudem wird eine Anwendung des § 23 MarkenG befürwortet, weil mit dieser Bestimmung Vorstellungen von Gerechtigkeit besser entsprochen werden könne. Insbesondere die Übertragung des Prioritätsgrundsatzes auf Konflikte mit Domain-Namen sei fraglich. Der Grundsatz der Priorität könne seine Funktion, Konflikte zwischen Kennzeichenrechten zu lösen, nur dort sinnvoll erfüllen, wo das ältere auch als das bessere Recht gelten könne. Es sei aber kaum einzusehen, weshalb sich im Streit um die besten Adressen grundsätzlich derjenige durchsetzen sollte, dem außerhalb dieses Mediums die stärkere Wettbewerbsposition zusteht.[288]

Auch *Bücking* kritisiert das Prioritätsprinzip – allerdings nicht mit gerechtigkeitsorientierten, sondern mit praktischen Erwägungen. Hält man im Bereich des virtuellen Marketings an diesem Prinzip fest, bedeute dies einen undifferenzierten Transfer ursprünglicher Prioritätsverhältnisse auf den gemeinsamen Markt des Cyberspace. Damit einhergehende Kollisionsgefahren seien unabsehbar. Vor dem Auftritt im Internet wären umfangreiche Recherchen nach Gleichnamigen und deren Besitzständen, insbesondere deren Alter anzustellen, und das an einem schwer bestimmbaren Markt.[289]

Nach *Nordemann* soll demgegenüber § 23 Nr. 1 MarkenG nur zur Anwendung kommen, wenn jemand unter seinem Namen eine Internet-Domain

---

285 Richtigerweise sollte es heißen, dass die Domain *trotz* bestehender Verwechslungsgefahr verwendet werden darf, da § 23 MarkenG nur bei Vorliegen einer solchen anwendbar ist.

286 *Bücking*, RdNr. 180.

287 *Bettinger*, GRUR Int. 1997, S. 402, 414.

288 *Bettinger*, GRUR Int. 1997, S. 402, 410.

289 *Bücking*, RdNr. 184.

einrichtet. Im Namensrecht gelte der Grundsatz, dass niemand am redlichen Gebrauch seines Namens im Wirtschaftsverkehr gehindert werden dürfe. Dieser Grundsatz werde nunmehr durch § 23 MarkenG kodifiziert. Sofern ein Unternehmer unter seinem Familiennamen eine Internet-Domain einrichte, käme ihm die Privilegierung des § 23 Nr. 1 MarkenG zugute.[290] Ähnlich einschränkend will offensichtlich *Fezer* § 23 Nr. 1 MarkenG anwenden. Kollisionen seien nicht lösbar, „die im Rahmen einer nach § 23 MarkenG privilegierten, lauteren Nutzung der eigenen gleichlautenden Adresse oder des eigenen Namens entstehen."[291]

2. Keine Privilegierung

Vorstehende Auffassungen werden vielfach kritisiert. Insbesondere wird gegen die Subsumtion des Domain-Namens unter die Begriffe „Anschrift" oder „Namen" seine mangelnde Vergleichbarkeit angeführt. Der bürgerliche Name und die Adresse müssten gezwungenermaßen verwendet werden. Dieser Zwang rechtfertige deren Privilegierung. Domain-Namen jedoch seien jedenfalls dem Grundsatz nach frei wählbar.[292] Zudem wird vorgeschlagen, § 23 Nr. 1 MarkenG aus Gründen der Rechtssicherheit eng im Sinne der lauteren Benutzung seiner eigenen Adresse auszulegen. Die Internetadresse sei jedoch nicht die Adresse des Zeichenbenutzers, sondern die des ans Netz angeschlossenen Computers. Dass der Zeichenbenutzer unter der InternetAdresse mittelbar erreicht werden könne, solle die Anwendung dieser Vorschrift nicht rechtfertigen.[293] Der Domain-Name referiere die Adresse eines Rechnerports und nicht die zustellfähige Anschrift des Namensinhabers.[294]

Jaeger-Lenz charakterisiert die Anwendung des § 23 MarkenG als „Winkelzug". Wenn zuvor im Rahmen der Prüfung des Unterlassungsanspruchs die zeichenmäßige Nutzung des Domain-Namens festgestellt wurde, so könne nicht gerade die als zeichenrechtlich beurteilte Domain-Benutzung im Nachhinein als lautere Anschriftenbenutzung von § 23 Nr. 1 MarkenG beurteilt werden.[295] Auch *Viefhues* mahnt systematische Bedenken gegen eine Gleichsetzung von „Internetadresse" und „Anschrift" an. Angesichts der möglichen Eintragung von Zahlen als Marke hätte auch die Telefonnummer als weitere

---

290 *Nordemann*, NJW 1997, S. 1891, 1895. Ebenso unter Einschluss des Vornamens *Freitag*, S. 353 f.

291 *Fezer*, RdNr. 320 zu § 3.

292 Vgl. OLG Karlsruhe WRP 1998, 900, 901 – zwilling.de; *Jakubik*, Markenrecht und das Internet, S. 175, 183; *Ingerl/Rohnke*, RdNr. 14 zu § 23; *Jaeger-Lenz*, K&R 1998, S. 9, 13; *Poeck*, S. 29; *Ubber*, 506; *Viefhues*, RdNr. 118; *Völker/Weidert*, S. 659.

293 *Stratmann*, S. 692.

294 *Koch*, S. 511.

295 *Jaeger-Lenz*, K&R 1998, S. 9, 13.

Form der „elektronischen Adresse“ privilegiert werden können. Der Umstand, dass § 23 Nr. 1 MarkenG die Telefonnummer nicht erwähnt, spräche für eine enge Auslegung des Begriffs der Anschrift.[296] Auch die Folge der Privilegierung könne nicht überzeugen. Entspräche der Domain-Name dem kennzeichnenden Bestandteil der Firma, aus der er abgeleitet ist, so könnte der Inhaber des prioritätsälteren Kennzeichens gegen eine Benutzung der verwechslungsfähig ähnlichen jüngeren Bezeichnung als Firma vorgehen, da hier die Privilegierung nicht greife. Es sei aber nicht ersichtlich, warum in diesem Fall für den aus der Firma abgeleiteten Domain-Namen etwas anderes gelten solle – am Domain-Namen könnten keine weiterreichenden Rechte bestehen als an der Firma, aus der er abgeleitet ist.[297]

3. Kritik

a. Der Domain-Name als „Anschrift“

Bei der Klärung der Frage, ob ein Domain-Name „Anschrift“ iSd. § 23 Nr. 1 MarkenG ist, soll vom Wortlaut der Vorschrift ausgegangen werden. Nach gängigem Sprachgebrauch werden als Anschriften die den Beförderungsablauf bestimmenden Hinweise über den Empfänger auf Postsendungen verstanden.[298] Ähnlich versteht die Redaktion des Duden die Anschrift als die [postamtliche] Angabe der Wohnung.[299] Der Domain-Name ist demgegenüber weder ein Hinweis auf Postsendungen noch eine postamtliche Angabe der Wohnung. Die Auslegung der Norm ihrem Wortlaut nach löst somit Zweifel aus, ob Domain-Namen als Anschriften zu qualifizieren sind. Außerdem wird das Wort „Anschrift“ in § 23 Nr. 1 MarkenG nur im Singular verwendet, was Hinweis darauf sein könnte, dass nur eine Anschrift, nämlich die postalische, privilegiert werden soll. Auch die Begründung des Markengesetzes lässt nicht erkennen, ob Domain-Namen unter das Wort „Anschrift“ subsumiert werden können. Die Analyse des Wortlauts ist jedoch nicht entscheidend, da das Wort „Anschrift“ über seinen alltäglichen Sprachgebrauch hinaus verstanden werden kann, zumal Wörter im Laufe der Zeit verschiedene Bedeutungen erfahren können. Der systematischen und teleologischen Auslegung wird daher besonderes Gewicht beizumessen sein.

In systematischer Hinsicht überzeugen nicht alle gegen die Qualifizierung von Domain-Namen als Anschriften vorgebrachten Argumente. Wenn es für einen „Winkelzug“ gehalten wird, die bei der Prüfung des Unterlassungs-

---

[296] *Viefhues*, RdNr. 118.
[297] *Viefhues*, RdNr. 120.
[298] Brockhaus Enzyklopädie, 19. Auflage, Band I, S. 616.
[299] Duden, S. 122.

anspruchs bejahte zeichenmäßige Benutzung sodann als lautere Anschriftenbenutzung zu begreifen, so beschreibt der „Winkelzug" doch nichts anderes als die Voraussetzung der Anwendbarkeit des § 23 MarkenG. Denn ohne zeichenmäßige Benutzung stellte sich die Frage der Einschränkung der Verbotstatbestände gar nicht.[300]

Auch die Tatsache, dass die Telefonnummer in § 23 Nr. 1 MarkenG nicht genannt ist, spricht nicht zwingend gegen eine Subsumtion der Domain-Namen unter den Begriff „Anschrift". Schließlich könnte gerade wegen einer fehlenden Erwähnung von Telefonnummern das Wort „Anschrift" weit ausgelegt und sowohl auf Telefonnummern als auch auf Domain-Namen zu erstrecken sein.[301] Ebenfalls kann der Einwand, an dem Domain-Namen könnten keine weiterreichenden Rechte bestehen als an der Firma, aus der er abgeleitet ist, bei genauerer Betrachtung nicht überzeugen: Richtig ist, dass einem Kennzeicheninhaber die Anwendung des § 23 MarkenG unter Umständen gestattet, gegen eine ähnliche Firma, nicht jedoch gegen den aus ihr abgeleiteten Domain-Namen markenrechtlich vorzugehen. Diese überraschend erscheinende Folge ergibt sich schon aus dem Umstand, dass im Rahmen der Verwechslungsgefahr von Domain-Namen und Kennzeichen die Zeichenähnlichkeit strenger als üblich zu beurteilen ist.[302] Während unter Zugrundelegung der herkömmlichen Kriterien Verwechslungsgefahr zwischen prioritätsälterer und -jüngerer Firma angenommen werden kann, mag der prioritätsältere Firmeninhaber wegen des eingeschränkten Gebots zur Wahrung des Zeichenabstands im Einzelfall gegen eine mit der prioritätsjüngeren Firma identischen Domain-Namen mangels Bestehens einer Verwechslungsgefahr mit markenrechtlichen Anspruchsgrundlagen nicht vorgehen können.

Gewichtiger ist folgende Überlegung: Ein an der Systematik des Gesetzes orientiertes Bedürfnis, die Schranken des § 23 Nr. 1 MarkenG weit zu fassen, bestünde nur, wenn auch der Schutzbereich der Tatbestände weit zu fassen wäre. § 23 MarkenG könnte dann für die zahlreichen Kollisionsfälle eine Handhabe bieten, falls mit *Nordemann* davon ausgegangen wird, dass §§ 14 f MarkenG auf Domain-Namenskonflikte ohne Verwechslungsgefahr anwendbar wäre. Da der Anwendungsbereich dieser Normen im bereits erörterten Maße zutreffend eingeschränkt ist, besteht nur ein geringes Bedürfnis nach einer weit ausgelegten Schrankenbestimmung.

Das häufig gegen eine Einbeziehung der Domain als Anschrift vorgebrachte teleologische Argument bezieht sich auf die freie Wählbarkeit des Domain-Namens einerseits und den Zwang zur Verwendung einer Anschrift andererseits. Gegen die mangelnde Vergleichbarkeit wird wiederum eingewendet, ein

---

[300] Dies gilt jedenfalls dann, wenn man mit der wohl noch überwiegenden Meinung eine zeichenmäßige Benutzung für die Verbotstatbestände der §§ 14, 15 MarkenG voraussetzt.

[301] Für die Einbeziehung der Telefonnummer als „Anschrift" bereits *Fezer*, RdNr. 26 zu § 23.

[302] So zutreffend selbst *Viefhues*, RdNr. 81 ff.

Gewerbetreibender könne sich durch Umzug oder Etablierung einer Briefkastenfirma eine attraktive Adresse verschaffen.[303] Dem ist entgegenzuhalten, dass im Regelfall eine Niederlassung nicht nach dem Wohlklang der amtlichen Anschrift, sondern nach Kriterien wie Miet- oder Kaufpreis, Steuerlast, Verkehrsanbindung und Absatzmarkt bestimmt wird. Dann aber stellt sich die Benutzung der amtlichen Adresse nicht mehr als freie Wahl dar – sie ist lediglich mittelbare Folge der Ortswahl für die Niederlassung. Sinn und Zweck der Regelung ist es somit, dem im geschäftlichen Verkehr Tätigen die Verwendung der durch ihn nur sehr beschränkt beeinflussbaren Anschrift zu gestatten. Daher erscheint es zutreffend, als Grund für die Privilegierung von Anschriften deren „Zwangszuteilung" in den Vordergrund zu stellen und als Folge dieses Rechtsgrundes willkürlich gewählte Adresszusätze dem Schutzbereich des § 23 Nr. 1 Alt. 2 MarkenG zu entziehen.[304] DomainNamen können dem Grundsatz nach frei gewählt werden, so dass teleologische Überlegungen gegen ihre Anerkennung als Anschrift sprechen.

Nicht überzeugend ist deshalb auch der Vorschlag *Bettingers*, jedenfalls nicht schlagwortartig herausgestellte Domain-Namen unter den Schutz von § 23 Nr. 1 MarkenG zu stellen, da dann die Adressfunktion in den Vordergrund trete. Sowohl im Fall der kennzeichenmäßig herausgestellten wie auch der nicht herausgestellten Verwendung eines Domain-Namens kann dieser frei gewählt werden. Zudem lässt sich nicht recht nachvollziehen, wie ein und derselbe Domain-Name Anschrift sein kann und doch wieder nicht.

Schließlich stellt sich die Frage, ob die Besonderheiten des Internets aus Gründen der Gerechtigkeit gebieten, § 23 MarkenG mit seiner Lauterkeitsprüfung generell dem ansonsten geltenden Prioritätsprinzip bei der Lösung von Domain-Namenskonflikten vorzuziehen. Bedenken gegen die Anwendung des Prioritätsprinzips – und damit Grund für eine Anwendung des § 23 MarkenG – könnten sich ergeben, weil unklar ist, weshalb sich im Streit um die besten Adressen derjenige durchsetzen soll, der möglicherweise nur über ein außerhalb des Internets erworbenes, älteres Kennzeichenrecht verfügt. Methodisch bestehen jedenfalls keine durchgreifenden Bedenken, Gerechtigkeitsüberlegungen bei der Anwendung der Schutzschranke einfließen zu lassen: schon nach der amtlichen Begründung zum MarkenG ist der Zeitrang nicht maßgeblich in Fällen, „in denen eine Interessenabwägung im Einzelfall eine Abkehr vom Prioritätsgrundsatz erfordert"[305]. Auch in den klassischen Fällen der Gleichnamigkeit wie auch in denen der wettbewerbsrechtlichen Gleichgewichtslage sind die Prioritätsverhältnisse nicht maßgebend.

---

303 *Kur*, Internet und Kennzeichenrecht, S. 357.

304 So schon die allgemeine und nicht auf Domain-Namen bezogene Literatur, etwa Althammer/*Klaka*, RdNr. 10 zu § 23; *Fezer*, RdNr. 26 zu § 23; *Ingerl/Rohnke*, RdNr. 14 zu § 23; ebenso *Jonas/Schmitz*, S. 185, in Bezug auf Vanity-Rufnummern.

305 Amtl. Begr. in Blatt für PMZ, Sonderheft 1994, S. 62.

Andererseits lässt sich den Zweifeln *Bettingers* an der Plausibilität des Vorrangs eines Kennzeichenrechts gegenüber einer Internet-Domain ebenso entgegenhalten, dass nicht unbedingt ersichtlich ist, warum sich ein Domain-Name gegen ein älteres und verwechslungsfähiges Kennzeichenrecht durchsetzen können soll. Ein Diskurs über die Gerechtigkeit des Prioritätsprinzips sieht sich grundsätzlich zwei Thesen gegenüber:

- Das Prioritätsprinzip ist gerecht, da das ältere Recht wegen seines Alters auch das bessere ist;
- Das Prioritätsprinzip ist ungerecht, da besondere Aspekte wie Leistung, Innovation, Bekanntheit unberücksichtigt bleiben.

Ohne zum Gehalt dieser extremen Positionen Stellung zu nehmen, sympathisiert das MarkenG durch die Kodifizierung des Prioritätsprinzips in § 6 MarkenG eher mit der ersten These. Auch in Rechtsprechung und Literatur ist die Priorität als ein das gesamte Kennzeichenrecht beherrschender Grundsatz weitgehend anerkannt.[306] Für die Anwendung des Prioritätsprinzips im Kennzeichenrecht sprechen auch Rechtssicherheit und Voraussehbarkeit. Darüber hinaus wird auch vertreten, Priorität folge aus der „Natur der Sache“[307].

Soweit hingegen behauptet wird, generell als Lösung bei §§ 14, 15 MarkenG die Interessenabwägung dem Prioritätsprinzip vorzuziehen, kann dem nicht beigetreten werden. *Fleckenstein* argumentiert mit § 6 MarkenG, der bestimmt, dass für den Vorrang eines Rechtes der Zeitrang in den durch Gesetz bestimmten Fällen maßgeblich sein soll. Da §§ 14, 15 im Gegensatz zu § 9 I Nr. 1 - 3 MarkenG eine Bestimmung über den Zeitrang nicht enthalten, läge es mit einem Gegenschluss nahe zu vermuten, der Gesetzgeber habe bei den Kollisionsvorschriften der §§ 14, 15 MarkenG die Priorität nicht als Lösungsprinzip vorgesehen.[308]

Einem argumentum e contrario steht jedoch eine systematische Auslegung der §§ 9, 14 MarkenG entgegen. Bei eingetragenen und verwechslungsfähigen Marken steht dem prioritätsälteren Markeninhaber gem. § 9 I iVm § 51 MarkenG das Recht zu, die Löschung der jüngeren Marke zu betreiben. Es bleibt nur die prioritätsältere Marke bestehen. Dann gibt es auch nur einen Markeninhaber, nämlich den prioritätsälteren, der gem. § 14 MarkenG vorgehen kann. Zudem können §§ 14, 15 MarkenG auf den Zeitrang nicht mehr ausdrücklich verweisen, weil die Normen auch Fälle erfassen, in denen der Verwender des Zeichens kein Kennzeichenrecht hat. Es fehlt dann an einem Zeitrang zwischen Rechten, so dass begrifflich schon nicht von Priorität gesprochen werden kann. Auch die amtliche Begründung zum Markengesetz weist ausdrücklich darauf hin, dass Verbietungsansprüche nicht gegen die Inhaber älterer Rechte gegeben sind. Dies ergäbe sich unmittelbar aus dem Priori-

306 Vgl. nur *Baumbach/Hefermehl*, RdNr. 224 f Allg; *Fezer*, RdNr. 1 zu § 6.
307 *Baumbach/Hefermehl*, RdNr. 224 Allg.
308 *Fleckenstein*, S. 86 f.

tätsprinzip, der das gesamte Kennzeichenrecht beherrsche und in § 6 MarkenG als Grundsatznorm enthalten sei.[309]

Bei markenrechtlichen Ansprüchen ist daher von der Priorität als Grundsatz auszugehen. Ausnahmen hiervon sollten daher einer besonderen Rechtfertigung bedürfen. Bei erstregistrierten Domain-Namen müssen ähnlich gewichtige Gründe gegen die Anwendung des Prioritätsgrundsatzes sprechen wie bei den anerkannten Fallgruppen der wettbewerblichen Gleichgewichtslage und der Gleichnamigkeit. Bei einer bestehenden wettbewerblichen Gleichgewichtslage beruht das Kennzeichenführungsrecht auf dem Umstand, dass durch langandauernde und unbeanstandete Verwendung von identisch oder ähnlich gekennzeichneten Unternehmen ein schutzwürdiger Besitzstand entwickelt wurde, der die Konfliktparteien zu Tolerierung und Aufrechterhaltung des bestehenden Zustands verpflichtet.[310] Gleichnamigen ist der redliche Gebrauch ihres Namens im Wirtschaftsverkehr wegen des persönlichkeitsrechtlichen Elements gestattet und zieht deshalb die Abkehr vom Prioritätsprinzip nach sich.[311]

Die Errichtung einer Domain lässt keinen besonderen Besitz, Vertrauenstatbestand oder eine gesteigerte Emanation des Persönlichkeitsrechts erkennen, die eine Ausnahme vom Prioritätsprinzip erfordern könnte. Stellte man die Errichtung einer Domain wegen der mit ihr wohl verbundenen Hoffnung, einen Domain-Namen auch weiterhin für sich benutzen zu können, mit den genannten Fallgruppen gleich, so wäre kaum zu erklären, warum sich nicht auch andere redliche und prioritätsjüngere Kennzeicheninhaber auf eine Ausnahme des Prioritätsprinzips berufen können. Auch sie hoffen schließlich auf eine künftige Nutzung. Anerkannt ist, dass für die Bestimmung des Prioritätszeitpunktes der Rechtserwerb entscheidend ist. Dieser muss nicht mit der Benutzungsaufnahme zusammenfallen.[312] Bei Erwerb einer Marke durch Verkehrsgeltung gem. § 4 Nr. 2 MarkenG kann der Rechtserwerb zum Beispiel jahrelang nach Benutzungsaufnahme liegen. Folglich kann sich der Inhaber einer durch Eintragung gem. § 4 Nr. 1 MarkenG erworbenen Marke mit identischem Zeichen kraft Priorität gegen den anderen Markeninhaber durchsetzen – selbst wenn letzter sein Kennzeichen schon deutlich länger benutzt.[313] Wird zudem berücksichtigt, dass allein die Benutzung der Domain kein Markenrecht begründet,[314] ist nicht zu erkennen, warum der Domaininhaber gegenüber dem Kennzeicheninhaber besser gestellt werden soll, indem der Prioritätsgrundsatz generell zugunsten einer Lauterkeitsabwägung substituiert wird.

---

309 Amtl. Begr. in Blatt für PMZ, Sonderheft 1994, S. 72.

310 Vgl. BGH GRUR 1984, 378 f – Hotel Krone; BGH GRUR 1991, 157 ff – Johanniter-Bier; *Baumbach/Hefermehl*, RdNr. 245 ff Allg; *Fezer*, RdNr. 101 f zu § 15.

311 Dazu sogleich 1. Kapitel C I 3 b (S. 74).

312 *Baumbach/Hefermehl*, RdNr 225 Allg.

313 Vgl. BGH GRUR 1961, 413, 416 – Dolex; BGH GRUR 1984, 210, 211 – Arostar (beide zur alten Rechtslage).

314 S.o., 1. Kapitel B I (S. 59 ff).

Auch *Bückings* Kritik am Prioritätsprinzip wegen unabsehbarer Kollisionsgefahren ist im Bereich der markenrechtlichen Ansprüche nicht gerechtfertigt. Eine mögliche Kollision des Domain-Namens mit einem prioritätsälteren Kennzeichen ist für den Inhaber der Domain nicht schwerer als üblich vorauszusehen, da der Ähnlichkeitsbereich der Zeichen innerhalb des Internets enger zu ziehen ist als außerhalb.[315] Durchzuführende Recherchen können im Bereich der Domain-Namen auf den Kreis sich stark ähnelnder Kennzeichen beschränkt werden. Ebenso lässt sich der virtuelle Markt nicht schwerer als der non-virtuelle bestimmen: Die Waren-, Dienstleistungs- und Branchennähe wird maßgeblich vom Inhalt der Website geprägt. Infolgedessen ist die durchzuführende Kontrolle auf Unternehmen mit ähnlicher Branche oder Marken ähnlicher Dienstleistungen oder Waren beschränkt. Die vorgebrachte Kritik am Prioritätsprinzip geht fehl mit der Folge, dass ein Grund für die Einbeziehung von Domain-Namen unter den Begriff der Anschrift nicht besteht.

b. Der Domain-Name als „Name"

Zu untersuchen bleibt jedoch, ob der Gebrauch eines Namens durch § 23 Nr. 1 Alt. 1 MarkenG privilegiert wird. Wenn dem Namen gemeinsam mit der Anschrift die „Nr. 1" gewidmet ist, legt dies nahe, dass beiden Begriffen eine Gemeinsamkeit innewohnt, die sie von den Tatbeständen der „Nr. 2" und „Nr. 3" unterscheidet. In systematischer Hinsicht wird auch von *Fezer* festgestellt, dass § 23 MarkenG in drei Tatbestände getrennt ist, die auf verschiedenen Gedanken beruhen.[316] Wenn Name und Anschrift aus vergleichbaren Gründen privilegiert werden, könnte die die beiden Begriffe einende Gemeinsamkeit wiederum ein Zwang sein, sowohl Anschrift als auch Name im geschäftlichen Verkehr zu gebrauchen.[317] Die Firma als der Name eines Kaufmanns sowie dessen Anschrift müssen oftmals nach besonderen Vorschriften benutzt werden; so verpflichtet etwa § 35 a I 1 GmbHG zur Angabe des Sitzes der Gesellschaft auf Geschäftsbriefen. Für die in § 23 Nr. 2, 3 MarkenG bestimmten Benutzungsformen besteht ein solcher Zwang nicht.

Nach der Gesetzesbegründung soll die Vorschrift des § 23 Nr. 1 Alt. 1 MarkenG „die Handhabe zur Fortführung der heutigen Rechtsprechung zur Befugnis zur Namensführung"[318] bieten. Damit verweist sie auf die Judikatur zum Recht der Gleichnamigen.[319] Das Reichsgericht erkannte an, dass einem

---

315 S.o. 1. Kapitel A III 2 (S. 27 f).

316 *Fezer*, WRP 1996, S. 973.

317 So sieht *Poeck*, Schwerdtfeger, S. 111 f, den Zwang zur Verwendung des Namens als Rechtsgrund der Privilegierung.

318 Amtl. Begr. in Blatt für PMZ, Sonderheft 1994, S. 74.

319 So auch *Plaß*, S. 41; *v. Schultz*, GRUR 1997, S. 408, 410. Die Gleichnamigkeitsproblematik ist daher entgegen BGH WRP 1997, S. 751, 752 – B.Z./Berliner Zeitung, und

Gewerbetreibenden trotz Verwechslungsgefahr nicht verwehrt werden könne, seinen bürgerlichen Namen im geschäftlichen Verkehr bei der Firmenbildung zu verwenden, sofern der Tatbestand des § 18 HGB a. F. vorlag.[320] § 18 HGB a. F. zwang den Einzelhandelskaufmann gerade zur Verwendung seines Familiennamens im geschäftlichen Verkehr. Stellt man als Grund für die Privilegierung des Namens in § 23 Nr. 1 MarkenG allein auf den rechtlichen Zwang zur Benutzung des Familiennamens als Firma ab, ergibt sich seit Inkrafttreten des Handelsrechtsreformgesetzes die Schwierigkeit, dass eine Pflicht zur Führung des bürgerlichen Namens in der Firma nicht mehr besteht. Folglich ist entweder § 23 Nr. 1 Alt. 1 MarkenG (weitgehend) obsolet geworden – oder der firmenrechtliche Zwang zur Führung des bürgerlichen Namens allein vermag die Privilegierung der Verwendung des Namens durch § 23 Nr. 1 MarkenG nicht zu begründen.

Für letzteres spricht vor allem die Abkehr des BGH von der reichsgerichtlichen Rechtsprechung im „Kupferberg"-Urteil. Der jüngere Namensträger könne nämlich auch dann gegenüber dem prioritätsälteren Kennzeicheninhaber berechtigt sein, sofern er aus anderen Gründen ein schutzwürdiges Interesse habe und im Rahmen des Zumutbaren das Geeignete und Erforderliche tue, einer Verwechslung der Bezeichnungen zu begegnen.[321] Dann können sich unter der Voraussetzung der Firmenbildung aus dem bürgerlichen Namen eines Gesellschafters etwa auch Kapitalgesellschaften auf „Gleichnamigkeit" berufen, obwohl diese Gesellschaften seit jeher nicht dem Zwang des § 18 HGB a. F. unterlagen. Folglich kann der Zwang bei Fortsetzung dieser Rechtsprechung nicht mehr als ein wesentliches Kriterium angesehen werden, das ausreichenden Grund für die Privilegierung des Namens liefert.

Gewichtigerer Grund als der zunächst vermutete und postulierte Zwang wird, wie es schon in der amtlichen Begründung heißt, ein allgemeiner Grundsatz sein, demzufolge niemand an der lauteren Führung seines Namens im geschäft-

---

Scholz, S. 679 ff, nicht in das Tatbestandsmerkmal „unbefugt" des § 15 MarkenG zu inkorporieren. Hiergegen spricht die Systematik, da diese Lösung bei Kollisionen mit einer prioritätsälteren Marke versagt – § 14 MarkenG setzt keinen „unbefugten" Gebrauch voraus. Zudem lassen Wortlaut und Gesetzesbegründung keinen Zweifel daran, dass Konflikte mit einem prioritätsjüngeren und aus einem bürgerlichen Namen abgeleiteten Kennzeichen fortan über § 23 Nr. 1 MarkenG zu lösen sind.

320 RG GRUR 1927, 307, 308 – Paul H. Stollwerk. § 18 HGB lautete in der bis zum HRefG (Handelsrechtsreformgesetz vom 22.06.1998, BGBl. I, 1474), geltenden Fassung:

„**§ 18.** (1) Ein Kaufmann, der sein Geschäft ohne Gesellschafter oder nur mit einem stillen Gesellschafter betreibt, hat seinen Familiennamen mit mindestens einem ausgeschriebenen Vornamen als Firma zu führen.

(2) Der Firma darf kein Zusatz beigefügt werden, der ein Gesellschaftsverhältnis andeutet oder sonst geeignet ist, eine Täuschung über die Art oder den Umfang des Geschäfts oder die Verhältnisse des Geschäftsinhabers herbeizuführen. Zusätze, die zur Unterscheidung der Person oder des Geschäfts dienen, sind gestattet."

321 BGH GRUR 1966, 623, 625 – Kupferberg.

lichen Verkehr gehindert werden soll.[322] Insofern stellt sich § 23 Nr. 1 MarkenG als Emanation des durch Art. 2 I GG geschützten Persönlichkeitsrechts dar, das den Namen als Ausdruck von Identität und Individualität erfasst. Daher ist der „Name“ in § 23 Nr. 1 Alt 1 MarkenG auch nicht im Sinne des § 12 BGB zu verstehen, der über eine extensive Auslegung durch Rechtsprechung und Literatur viele Bezeichnungen mit Namensfunktion einbezieht.[323] Geschützt ist der Vor- und Nachname,[324] zumindest der Familienname (Nachname)[325] einer Person. Ist der Zwang kein entscheidender Grund für die Privilegierung des Namens durch § 23 Nr. 1 Alt. 1 MarkenG, steht die freie Wählbarkeit von Domain-Namen der Anwendung dieser Bestimmung auf einen mit dem Familiennamen identischen Domain-Namen nicht entgegen.[326] Also ist nicht jeder Domain-Name ein „Name“ im Sinne der Vorschrift, sondern nur ein aus dem bürgerlichen Namen abgeleiteter.

Bedenken bestehen aber, weil möglicherweise für die Verwendung eines Namens in einer SLD ein geringeres Bedürfnis besteht als in der firmenmäßigen Verwendung. Der Kaufmann hat ein besonderes Interesse daran, dass sein bürgerlicher Name nicht nur ihm als natürliche Person, sondern ebenso seinem Unternehmen zugeordnet wird. Die parallele Verwendung des bürgerlichen Namens sowohl zur Identifizierung der natürlichen Person als auch zur Identifizierung des Trägers des Unternehmens suggeriert dem Geschäftsverkehr, dass der Unternehmen mit „seinem guten Namen“ für die Geschäfte einsteht. Eine mit dem bürgerlichen Namen identische Firma begründet die Vermutung einer seriöseren Unternehmensführung.[327]

Diese Vorteile mögen nicht in gleichem Maße auf eine namensidentische Domain zu übertragen sein. Unter Umständen ist die Verwendung eines bürgerlichen Namens in der Domain gar nur so wenig schutzwürdig wie die Verwendung des Namens als Warenzeichen. Nach überwiegender Ansicht konnte sich nämlich der Inhaber eines prioritätsjüngeren Warenzeichens, das den Namen eines Mitgesellschafters enthält, bei Verwechslungsgefahr mit einer aus einem natürlichen Namen gebildeten Firma nicht auf das Gleichnamigenrecht berufen.[328] Ein Bedürfnis für die Eintragung eines Namens als Warenzeichen bestehe nämlich in einem geringeren Umfang als die Führung des eigenen Namens in der Firma.[329]

Immerhin ist die Verwendung eines Namens als SLD inzwischen gängige

---

322 Amtl. Begr., S. 74; Althammer/*Klaka*, RdNr. 10 zu § 23; *Berlit*, RdNr. 314.

323 BVerfGE 78, 38, 49.

324 So *Ingerl/Rohnke*, RdNr. 10 zu § 23.

325 So Althammer/*Klaka*, RdNr. 10 zu § 23; *Fezer*, RdNr. 20 zu § 23.

326 So schon *Nordemann*, NJW 1997, S. 1891, 1895.

327 *Plaß*, S. 44.

328 BGHZ 45, 246, 249 f – Merck; BGH GRUR 1986, 402, 403 – Fürstenberg; einschränkend BGH GRUR 1991, 475 – Caren Pfleger; MünchKomm/*Schwerdtner*, RdNr. 123 zu § 12.

329 BGHZ 45, 246, 249 f – Merck; MünchKomm/*Schwerdtner*, RdNr. 123 zu § 12.

Praxis und wurde darüber hinaus früher von der DENIC ausdrücklich empfohlen. Auch Unternehmenskennzeichen werden häufig und soweit wie möglich in identischer Form als Domain-Name registriert. Das hat den Vorteil erleichterter Auffindbarkeit, Merkbarkeit und stärkt zudem die Corporate Identity. Wenn ein Unternehmenskennzeichen außerhalb des Internets privi-legiert wird und die Benutzung trotz gewisser Verwechslungsgefahr gestattet ist, scheint es nicht gerechtfertigt, dem Kennzeicheninhaber dieses Privileg für die Benutzung im Internet zu entziehen. Richtigerweise ist somit eine mit einem bürgerlichen Namen identische SLD gem. § 23 I Nr. 1 MarkenG privilegiert.[330]

4. Lauterkeit

Die Benutzung eines natürlichen Namens als Internet-Adresse bei Bestehen eines verwechslungsfähigen älteren Kennzeichenrechts darf nach § 23 letzter Halbsatz MarkenG nicht gegen die guten Sitten verstoßen. Sie muss also lauter erfolgen.[331] Bevor speziell auf die Lauterkeit der Benutzung von Domain-Namen eingegangen wird, sollen allgemein die Voraussetzungen für eine lautere Benutzung im Gleichnamigenrecht dargestellt werden.

a. Allgemeine Voraussetzungen

„Lauter" ist die Begründung einer aus einem Namen hergeleiteten Firma nicht, wenn mit ihr durch Anlehnung an gleichnamige Firmen Verwechslungen oder andere Irrtümer im Verkehr herbeigeführt werden sollen (Verwechslungsabsicht).[332] Wem es darauf ankommt, Verwechslungen herbeizuführen oder an fremdem Ruf teilzuhaben, der schiebt sein Recht am eigenen Namen nur vor und handelt missbräuchlich. Tatsächlich soll dieser Name nicht der Individualisierung und Identifizierung, sondern der Täuschung dienen. Derar-

---

330 Als unzutreffend erweisen sich jedoch gelegentlich zu der Privilegierung gemachte Ausführungen. Da es sich etwa bei dem Kürzel „detag" nicht um einen Familiennamen der Deutschen Telekom AG handelt, lässt sich die These des LG Bonn nicht bestätigen, der Deutschen Telekom AG käme § 23 Nr. 1 Alt. 1 MarkenG zugute – LG Bonn MMR 1998, 110, 112 – detag.de.

331 Bei dem Vorbehalt einer nicht gegen die guten Sitten verstoßenden Benutzung handelt es sich um eine in Umsetzung der MarkenRL erfolgte Vorgabe des Gemeinschaftsrechts. Während § 6 I MarkenRL voraussetzt, dass die Benutzung den anständigen Gepflogenheiten in Gewerbe und Handel entspricht, stellt § 23 MarkenG entsprechend dem deutschen Sprachgebrauch auf die guten Sitten ab. In richtlinienkonformer Auslegung wird man den Lauterkeitsvorbehalt daher weiter verstehen müssen als die amtliche Begründung in Bl. für PMZ, S. 74, die von einer „in Einklang mit den Grundsätzen des lauteren Wettbewerbs" stehenden Benutzung spricht.

332 *Baumbach/Hefermehl*, RdNr. 236 Allg; *Fezer*, RdNr. 94 zu § 15.

tiges Verhalten ist sittenwidrig, verstößt gegen §§ 1, 3 UWG[333] und kann somit nicht als lauterer Namensgebrauch verstanden werden. Unlauter ist selbst der Gebrauch eines anderen Vornamens, wenn er hinter den kennzeichnungs- und werbekräftigen Familiennamen im Wesentlichen zurücktritt.[334]

Unlauter wird ein Name auch dann gebraucht, wenn er zur Bildung einer verwechslungsfähigen Firma von einem Dritten überlassen wird (Strohmanngründung).[335] Wie in der vorgenannten Fallgruppe liegt die Unlauterkeit im Zweck, Verwechslungen im Verkehr herbeizuführen. Sie unterscheidet sich nur in der Auswahl des Mittels: Hier „verleiht“ ein Dritter den Namen zur Firmenbildung, dort wird der Name des unmittelbar am Unternehmen Beteiligten zur Firmenbildung verwendet.

Liegt keiner dieser Fälle vor, kann der prioritätsältere Firmeninhaber trotz zeitlichen Vorrangs dem prioritätsjüngeren Firmeninhaber den Gebrauch seines Namens nicht untersagen. Ein Anspruch auf Löschung oder Verbot der Namensführung schlechthin besteht nicht. Allerdings muss der Namensträger unter Umständen Einschränkungen in der Art der Namensführung hinnehmen. Es darf niemand am lauteren Gebrauch seines Namens im geschäftlichen Verkehr gehindert werden.[336] Lauter ist der Namensgebrauch nur dann, wenn der Namensträger alles Erforderliche und Zumutbare unternimmt, eine Verwechslungsgefahr so weit wie möglich einzudämmen.[337] Dies zwingt zu einer möglichst weitgehenden Abgrenzung voneinander durch die Verwendung unterscheidungskräftiger Zusätze.[338]

Wer für die Vermeidung einer Verwechslungsgefahr Sorge zu tragen hat, richtet sich nach dem Ergebnis einer Interessenabwägung. Auch wenn die besonderen Umstände des Einzelfalles maßgebend sind, bestehen bestimmte Kriterien zur Vornahme einer Interessenabwägung. Für diese sind die ursprünglichen Prioritätsverhältnisse zu berücksichtigen. Im Regelfall ist es dem jüngeren Firmeninhaber eher als dem älteren zuzumuten, die Verwechslungsgefahr durch Aufnahme von Zusätzen zu verringern.[339] Unter besonderen Umständen und als Ergebnis einer Interessenabwägung kann jedoch auch der

---

333 *Baumbach/Hefermehl*, RdNr. 236 Allg; *Fezer*, RdNr. 94 zu § 15; *Knaak*, S. 30.

334 *Baumbach/Hefermehl*, RdNr. 236 Allg; *Fezer*, RdNr. 94 zu § 15.

335 *Baumbach/Hefermehl*, RdNr. 235 Allg; *Fezer*, RdNr. 93 ff zu § 15; *Ingerl/Rohnke*, RdNr. 23 zu § 23.

336 Amtl. Begr. in Blatt für PMZ, Sonderheft 1994, S. 74.

337 BGH GRUR 1957, 342, 346 – Underberg; BGH GRUR 1960, 33, 36 – Zamek; BGH GRUR 1985, 389, 390 – Familienname; BGH GRUR 1987, 935, 936 – Rothschild; BGH GRUR 1990, 364, 366 – Baelz; BGH GRUR 1991, 393 – Ott International; BGH GRUR 1993, 579, 580 – Römer GmbH; *Fezer*, RdNr. 96 zu § 15; MünchKomm/*Schwerdtner*, RdNr. 122 zu § 12.

338 OLG Köln WRP 1975, 375, 376; *v. Schultz*, GRUR 1997, S. 408, 410.

339 BGH GRUR 1993, 579, 580 – Römer GmbH; *Ingerl/Rohnke*, RdNr. 25 zu § 23; *v. Schultz*, GRUR 1992, S. 487, 488.

Prioritätsältere verpflichtet sein, an der Minderung der Verwechslungsgefahr mitzuwirken.[340] Dies kann bei einem minimalen zeitlichen Vorsprung des Prioritätsälteren der Fall sein. Dem betroffenen Kennzeicheninhaber ist eine Veränderung seines Kennzeichens umso weniger zuzumuten, je größer der Grad der Verkehrsbekanntheit und der Wert des erworbenen Besitzstands einzustufen ist. Bei Wiederaufnahme eines zeitweilig stillgelegten Unternehmens ist die Änderung der früheren Firma nur dann zumutbar, wenn mit dem Unternehmen wirtschaftlich etwas völlig Neues geschaffen wird.[341]

Wie die Verwechslungsgefahr zu vermeiden ist, richtet sich maßgeblich nach den allgemeinen Grundsätzen zur Verwechslungsgefahr: Bei großer Branchennähe und besonderer Kennzeichnungsstärke müssen deutlichere Zusätze gewählt werden als bei entfernter liegenden Branchen und bei Zeichen von Natur aus schwacher Kennzeichnungskraft.[342] Die Hinzufügung lediglich eines anderen Vornamens kann im Einzelfall ausreichend sein.[343] Als besonders wirksame Unterscheidungszusätze kommen Phantasieworte oder sonstige Zusätze wie „nicht zu verwechseln mit" in Betracht. Auch wenn der Namensgleiche alles Erforderliche und Zumutbare zur Vermeidung einer Verwechslungsgefahr unternommen hat, bleibt ein unvermeidlicher Rest von Verwechslungsgefahr manchmal bestehen.

Ob ein Rest von Verwechslungsgefahr hinzunehmen ist, wird wiederum vom Ergebnis einer Interessenabwägung bestimmt. Maßgeblich ist der Grad der Schutzwürdigkeit. Bei der Neugründung einer Firma, die noch keinen schutzwürdigen Besitzstand erlangt hat, wird es grundsätzlich dem prioritätsälteren und namensgleichen Kennzeicheninhaber nicht zuzumuten sein, auf gleichartigem Warengebiet einen jüngeren Wettbewerber nur deshalb zu dulden, weil trotz aller Bemühungen ein Rest von Verwechslungsgefahr nicht zu vermeiden ist.[344]

b. Übertragung auf Gleichnamigkeit bei Domain-Namen

Diese für Gleichnamigkeitskonflikte außerhalb des Internets entwickelten Lösungen könnten auf Domain-Namen zu übertragen sein.[345] ***Wie*** die Ver-

---

[340] BGH GRUR 1990, 364, 366 – Baelz.

[341] RGZ 170, 265, 274 – Hä/Orange.

[342] *Knaak*, S. 44.

[343] BGH GRUR 1987, 182, 183 f – Stoll; OLG Köln GRUR 1983, 787, 789 – Tina Farina; *v. Schultz*, GRUR 1997, S. 408, 410.

[344] *Baumbach/Hefermehl*, RdNr. 241 Allg.

[345] *Jaeger-Lenz*, Rechtsgeschäfte im Netz S. 193. *Poeck* (S. 27 f) gelingt die Übertragung jedenfalls nicht: er will dem Nachrichtensender n-tv den von einem Fernsehproduzenten namens Norbert-Theodor Voss benutzten Domain-Namen „n-tv.de" wegen § 23 Nr. 1 MarkenG keine Unterlassungsansprüche gewähren. Zum einen wird nur der Name geschützt, der mit der Buchstabenfolge „n-tv" nicht übereinstimmt. Selbst wenn aus dem

wechslungsgefahr zu beseitigen ist, könnte sich nach den allgemeinen Grundsätzen richten. Der Prioritätsjüngere wäre dann verpflichtet, einen Zusatz zu wählen[346] und diesen möglicherweise „rechts"[347] von seiner Domain anzubringen. Ebenso wird ein Interessenausgleich vorgeschlagen, der beide Seiten zum Beifügen unterscheidungskräftiger Zusätze verpflichten kann. Natürliche Personen könnten gehalten sein, in der Domain dem Familiennamen einen Vornamen hinzuzufügen.[348] Städte müssten gegebenenfalls ihrem Namen die Bezeichnung „Stadt" voranstellen. Unternehmen sollten mit weiteren Firmenbestandteilen oder Rechtsformhinweisen den Domain-Namen ergänzen. Unter Umständen sei auch ein Ausweichen auf andere TLDs zuzumuten.[349]

Richtigerweise muss die Frage gestellt werden, ob die zur Lauterkeit im Gleichnamigenrecht entwickelten Kriterien auf das Internet übertragen werden können. Sinn und Zweck der Beifügung von Zusätzen ist die Minderung der Verwechslungsgefahr. Die Beifügung von Zusätzen in SLDs müsste ebenso zur Minderung einer Verwechslungsgefahr geeignet sein. Diese wird im Internet sogar durch einen geringeren Zeichenabstand als in den herkömmlichen Medien ausgeschlossen.[350] Erst recht werden an die Aufnahme unterscheidender Zusätze geringere Anforderungen zu knüpfen sein, wenn nur eine Minderung und kein Ausschluss der Verwechslungsgefahr zu erreichen ist. Es darf nicht außer Acht gelassen werden, dass sich die Gefahr des „Vertippens" bei der Direkteingabe der Domain mit zunehmender Zeichenlänge erhöht. Der Abruf einer Website wird erschwert. Eine dem Gleichnamigenrecht entlehnte Interessenabwägung zwischen Kennzeichen und namensgleichem Domaininhaber bietet Raum, das beiderseits schutzwürdige Bedürfnis nach einer möglichst einprägsamen und kurzen Domain zu berücksichtigen. In der Regel wird das Hinzufügen eines Vornamens die Verwechslungsgefahr hinreichend mindern,[351] egal ob rechts oder links innerhalb der SLD. Da eine Verwechslungsgefahr durch Zusätze ausgeschlossen werden kann, ist ein Ausweichen auf andere TLDs nicht zuzumuten. Die Verwechslungsgefahr ist somit durch Zusätze zu mindern, die nicht den im übrigen Kennzeichenrecht geltenden Regeln unterlie-

---

eigenen Vor- und Nachnamen gewählte Abkürzungen „Namen" im Sinne des § 23 Nr. 1 Alt. 1 MarkenG sein sollten, erscheint nach den dargestellten Grundsätzen die Benutzung des Kürzels „n-tv" wegen der bewussten Annäherung an das Kennzeichen des Nachrichtensenders unlauter.

346 *Völker/Weidert*, S. 657.

347 Dieses fordern *Nordemann/Goddar/Tönhardt/Czychowski*, CR 1996, S. 645, 653.

348 *Ernst*, NJW CoR 1997, S. 426, 428.

349 *Ubber*, S. 508.

350 S.o., 1. Kapitel A III 2 (S. 27 f).

351 Auch das OLG Hamm, CR 1998, 241, 243 – krupp.de, geht davon aus, dass „der Beklagte schon durch geringfügige Zusätze, die seinem Namen die ursprüngliche Kennzeichnungskraft durchaus belassen würden, es seinerseits der Klägerin ermöglicht hätte, unter „krupp.de" als Domain-Adresse ins Internet zu kommen.

gen. Gegebenenfalls reicht schon unter Berück-sichtigung der übrigen Kriterien zur Bestimmung des Grades der Verwechs-lungsgefahr eine einzige Zeichenänderung aus.

Wer die SLD um einen Zusatz ergänzen muss, könnte ebenso in Anlehnung an die im übrigen Kennzeichenrecht geltenden Grundsätze zu bestimmen sein. Dann wäre als Ergebnis einer Interessenabwägung regelmäßig der prioritätsjüngere Namens- und Domaininhaber zur Aufnahme von Zusätzen verpflichtet. Nur der prioritätsältere Kennzeicheninhaber könnte sich auf eine lautere Benutzung des eigenen Namens ohne Zusätze in der Domain berufen. Diesem wären solche nur ausnahmsweise zuzumuten, etwa dann, wenn der zeitliche Vorsprung gering ist. Den prioritätsjüngeren Kennzeicheninhaber träfe somit grundsätzlich die Pflicht, den ohne Zusatz registrierten Domain-Namen freizugeben, damit der prioritätsältere Kennzeicheninhaber den frei gewordenen Domain-Namen für sich registrieren lassen kann.

Auch wird erwogen, in Fällen verkürzungsbedingter Kollisionen den Domaininhaber selbst bei prioritätsälterem Kennzeichenrecht zu verpflichten, den Domain-Namen zu ändern. Denn beide Unternehmen müssten dafür Sorge tragen, dass sie sich bei der Einführung neuer Bezeichnungen wie Domain-Namen nicht weiter als bisher dem anderen Kennzeichen nähern. Wer dies durch die Einführung eines neuen Domain-Namen dennoch tue, müsse auch durch Zusätze zur Beseitigung der gesteigerten Verwechslungsgefahr beitragen.[352]

Diese schematische Lösung kann indes nicht überzeugen. Es fragt sich, warum bei verkürzungsbedingten Kollisionen von Gleichnamigen stets auf die Regeln bei bestehenden wettbewerblichen Gleichgewichtslagen zurückgegriffen werden soll. Denn die wettbewerbliche Gleichgewichtslage beruht auf dem Umstand, dass aufgrund jahrelanger Koexistenz ein schutzwürdiger Besitzstand geschaffen wurde, in den der andere Kennzeicheninhaber nicht einbrechen darf.[353] Aufgrund des bestehenden Besitzstands darf kein Unternehmen durch Änderung seines Kennzeichens die Verwechslungsgefahr erhöhen. Konflikte zwischen Domaininhaber und gleichnamigem Kennzeicheninhaber bestehen hingegen schon dann, wenn ein derartiger Besitzstand noch nicht entwickelt wurde.

Die Übertragbarkeit des Interessenausgleichs auf den Online-Bereich ruft Zweifel hervor, soweit es um die Frage geht, wer für die Beseitigung der Verwechslungsgefahr zu sorgen hat. Außerhalb des Internets stellen die vom prioritätsjüngeren Kennzeicheninhaber zu verwendenden Zusätze regelmäßig klar, dass die Kennzeichen verschiedene Unternehmen identifizieren. Auch wenn die Firma durch die Aufnahme eines Zusatzes verändert wird, besteht für

---

352 *Viefhues*, RdNr. 114.

353 Der BGH geht spätestens nach Ablauf von 50 Jahren von einem solchen Besitzstand aus (BGH GRUR 1991, 157, 159 – Johanniter-Bier). Zur wettbewerblichen Gleichgewichtslage sogleich unten 1. Kapitel C II (S. 83 ff).

den Verkehr aufgrund gleichbleibender Adresse und Telefonnummer der Eindruck eines einzigen Unternehmens. Trotz des vom jüngeren Unternehmen zu führenden Zusatzes im Kennzeichen bleibt der auf der Firma beruhende Goodwill weitestgehend erhalten. Aufgrund der januskopfigen Funktion von Domain-Namen als kennzeichnender Hinweis einerseits und Internet-Adresse andererseits trifft das im Internet nicht zu: Registriert der prioritätsältere Kennzeicheninhaber die zuvor von seinem prioritätsjüngeren „Namensvetter" benutzte Domain, besteht für den Verkehr die Gefahr, dass er aufgrund der gleichbleibenden Internet-Adresse auf *ein* Unternehmen schließt. Besonders bei einer bisher gut frequentierten Website und Fällen bestehender Produkt- oder Branchennähe kann bei wiederkehrenden Nutzern leicht der Eindruck entstehen, dass die Betreiber der Website entweder die gleichen geblieben sind oder dass zwischen ihnen eine wirtschaftliche Verbindung besteht (mittelbare Verwechslungsgefahr). Dies könnte zu einer Erhöhung statt zu einer Minderung der Verwechslungsgefahr führen. Zudem könnte der neue und zugleich prioritätsältere Domaininhaber einen durch den prioritätsjüngeren Kennzeicheninhaber akquirierten Kundenstamm für sich gewinnen. Ein Goodwill würde auf den neuen Domaininhaber übertragen.

Andererseits darf nicht vernachlässigt werden, dass dem Kennzeicheninhaber, der auch außerhalb des Internets mit Zusätzen firmiert, eher ein Domain-Name mit Zusatz aufgebürdet werden kann als dem ohne Zusätze firmierenden Unternehmen. Dass der neue und prioritätsältere Domaininhaber möglicherweise an dem im Internet erworbenen Goodwill des prioritätsjüngeren Kennzeicheninhabers partizipiert, kann dadurch kompensiert werden, dass zuvor Nutzer, die ursprünglich eine Website des prioritätsälteren Kennzeicheninhabers aufrufen wollten, irrtümlich auf die des prioritätsjüngeren Namensinhabers gelangt sind. Die durch eine Änderung des Domaininhabers verursachte Verkehrsverwirrung kann durch zusätzliche Hinweise auf der Website gemindert werden. Zudem kann dem Domaininhaber im Einzelfall eine gewisse Aufbrauchfrist gewährt werden. Sie ermöglicht ihm, seine potentiellen Kunden auf einen bevorstehenden Domain-Wechsel hinzuweisen. Außerdem ist eine durch Zeichenänderung entstehende Marktverwirrung kein internetspezifisches Problem. Als Ergebnis einer Interessenabwägung wird daher in aller Regel der prioritätsjüngere Kennzeicheninhaber zur Beifügung von Zusätzen verpflichtet sein.

Setzt die redliche Verwendung des eigenen Namens in Gleichnamigkeitsfällen ebenfalls die Verwendung von Zusätzen voraus, kommt § 23 Nr. 1 MarkenG nur marginale Bedeutung zu. Die Privilegierung bleibt auf jene Fälle beschränkt, in denen dem prioritätsjüngeren Kennzeicheninhaber ausnahmsweise eine Erweiterung seiner Domain um einen Zusatz nicht zugemutet werden kann oder trotz hinreichenden Zusatzes in dem Domain-Namen eine Verwechslungsgefahr bestehen bleibt – was angesichts des eingeschränkten Zeichenabstands[354] sehr unwahrscheinlich ist. Entgegen weit verbreiteter Ansicht führt § 23 Nr. 1 MarkenG daher nur im Ausnahmefall zu einer Privilegierung des Domaininhabers.

II. Gleichgewichtslage

Nachdem geklärt ist, dass § 23 Nr. 1 MarkenG im Interesse der lauteren Verwendung des Namens in einer Domain die Ansprüche des prioritätsälteren Kennzeicheninhabers ausnahmsweise einschränken kann, ist zu erörtern, ob neben dem redlichen Gebrauch des bürgerlichen Namens weitere Gründe für Einschränkungsmöglichkeiten bestehen. Das Markengesetz lässt nicht erkennen, ob die §§ 20 ff MarkenG abschließende Schrankenbestimmungen enthalten. Anders die Gesetzesbegründung: „Nicht unbedingt maßgebend ist der Zeitrang [...] in Fällen, in denen eine Interessenabwägung im Einzelfall eine Abkehr vom Prioritätsgrundsatz erfordert“[355]. Damit wird die Einbeziehung von Fallgruppen möglich, die schon unter Geltung des Warenzeichengesetzes nicht maßgeblich mit dem Prioritätsgrundsatz zu lösen waren und die für den Kennzeicheninhaber eine Einschränkung seiner Rechte bedeuteten.

Zu denken ist insbesondere an die bereits erwähnten und unter dem Schlagwort der „wettbewerblichen Gleichgewichtslage“[356] zusammengefassten Fälle jahrelang unbeanstandet nebeneinander geführter verwechslungsfähiger Firmen. Dann kann - auch unter Geltung des Markengesetzes[357] - der prioritätsältere Firmeninhaber nicht mehr unter Berufung auf seinen zeitlichen Vorrang in den redlich erworbenen Besitzstand der jüngeren Firma einbrechen.[358] Grund für die Abkehr vom Prioritätsprinzip ist in solchen Fällen weniger das Fehlen einer Verwechslungsgefahr, weil sich der Verkehr an die parallele Verwendung mehrerer Firmen trotz gleichen Firmenkerns und an eine damit einhergehende Unterscheidung gewöhnt hätte. Vielmehr beruht das Zurückdrängen der Priorität auf Grundsätzen der Verwirkung.[359] Dieser Rechtsgrund erklärt, dass auch Phantasiebezeichnungen diesen Regeln unterliegen.[360]

---

[354] Dazu 1. Kapitel A III 2 (S. 27 ff).

[355] Amtl. Begr. in Blatt für PMZ, Sonderheft 1994, S. 62.

[356] OLG Hamburg, WRP 1959, 60, 61 – Der Stern: „Wettbewerbsrechtliche Gleichgewichtslage“; *Baumbach/Hefermehl*, RdNr. 245 Allg; GroßKomm/*Teplitzky* RdNr. 413 zu § 16 spricht von einem „Namensführungsrecht kraft Besitzstands“; vgl. auch *Fingerhut/Witzmann*, S. 1383.

[357] *Fezer*, RdNr. 101 zu § 15; *Ingerl/Rohnke*, RdNr. 20 zu § 21.

[358] RG JW 1929, 3075, 3076 – Leykauf; RG JW 1931, 2965, 2966 – Jacoby; RGZ 171, 321, 326 – Chemphar/Chemopharm; BGH GRUR 1953, 252, 254 f – Weyland & Hoever; GRUR 1984, 378 – Hotel Krone.

[359] *Baumbach/Hefermehl*, RdNr. 245 Allg; *Fezer*, RdNr. 101 zu § 15.

[360] Vgl. GroßKomm/*Teplitzky*, RdNr. 413 zu § 16.

Die Gleichgewichtslage verpflichtet beide Kennzeicheninhaber zu einem Verhalten, durch das die vorhandene und in Kauf zu nehmende Verwechslungsgefahr nicht gesteigert wird. Kein Unternehmen darf sich durch die Wahl neuer verwechslungsfähiger Bezeichnungen oder die Benutzung der bisherigen Bezeichnungen für neue Waren dem anderen Unternehmen annähern und es dadurch stören.[361] Führen mehrere Firmen den gleichen Namen mit unterschiedlichen wörtlichen Zusätzen als Firma, so darf kein Unternehmen die infolge der Namensübereinstimmung vorhandene Verwechslungsfähigkeit durch willkürliche Änderung oder Aufgabe bisheriger Zusätze erhöhen. Kein Unternehmen darf versuchen, den gemeinsamen Namen in Alleinstellung zu benutzen oder als Firmenschlagwort herauszustellen.[362] Erhöht ein Unternehmen die Verwechslungsgefahr durch sachliche oder räumliche Ausdehnung des Geschäftsbereichs, so hat in erster Linie dieses Unternehmen für eine Beseitigung der gesteigerten Verwechslungsgefahr zu sorgen.[363]

Werden diese Grundsätze auf das Internet übertragen, müssten die Unternehmen bei bestehender wettbewerblicher Gleichgewichtslage dafür Sorge tragen, dass sie sich bei der Einführung eines neuen Domain-Namens nicht weiter als bisher dem Kennzeichen des anderen Unternehmens annähern. Selbst der prioritätsältere Kennzeicheninhaber müsste bei verkürzungsbedingten Kollisionen den Domain-Namen ändern.[364]

Der Übertragbarkeit dieser Grundsätze steht jedoch entgegen, dass beide Unternehmen ein schützenswertes Bedürfnis an der Verwendung einer möglichst kurzen und einprägsamen Domain haben. Nicht jede Annäherung an das fremde Kennzeichen geschieht daher willkürlich. Auch erweckt die von *Viefhues* ver-

---

361 BGHZ 45, 246, 249 – Merck; *Baumbach/Hefermehl*, RdNr. 246a Allg; *Knaak*, GRUR 1991, S. 891, 896.

362 BGHZ 14, 155, 159 ff – Farina II.

363 BGH GRUR 1953, 252, 254 – Weyland & Hoever; BGH GRUR 1958, 90, 92 – Hähnel; BGH GRUR 1960, 33, 36 – Zamek; BGH WRP 1997, 751, 754 – B.Z./Berliner Zeitung. In dogmatischer Hinsicht ist zu überlegen, wie die Fälle der wettbewerblichen Gleichgewichtslage mit dem System des Markengesetzes in Einklang zu bringen sind. Zu erwägen ist eine teleologische Reduktion der Verbotstatbestände der §§ 14 f MarkenG auf Fälle nur einseitig redlich erworbener Besitzstände oder – jedenfalls bei der hier in Rede stehenden Kollision nebeneinander geführter Firmen – die Anwendung des Tatbestandsmerkmals „unbefugt“ in § 15 II MarkenG. Für letzteres spricht, dass bereits im Rahmen von § 12 BGB das Tatbestandsmerkmal „unbefugt“ das dogmatische Fundament zur Lösung von Kennzeichenkonflikten bei beiderseits schutzwürdigen Besitzständen bot (s. *Knaak*, S. 53). Mangels anderer kodifizierter Schranke liegt dann eine weite Auslegung des Begriffs „unbefugt“ näher als die Einschränkung des Anspruchs umständ-lich auf eine teleologische Reduktion zu stützen. *Ingerl/Rohnke*, RdNrn. 18, 21 zu § 23, sprechen sich indessen für eine enge Auslegung dieses Merkmals im Sinne von „ohne Zustimmung des Inhabers der geschäftlichen Bezeichnung“ aus und verweisen zur Einschränkung der Verbotstatbestände auf das Rechtsmissbrauchverbot.

364 *Viefhues*, RdNr. 114.

tretene Rechtsfolge Zweifel, soweit die Verpflichtung des Domaininhabers zur Verwendung von Zusätzen impliziert, dass die frei gewordene Domain nun vom namensgleichen Kennzeicheninhaber verwendet werden kann. Denn dann würde der neue Domaininhaber die Verwechslungsgefahr erhöhen. Aufgrund des bei URLs geltenden verminderten Abstandsgebots können beide Inhaber ihre Kennzeichen in der Domain soweit verkürzen, wie die Verwechslungsgefahr durch die Domain nicht unzulässig erhöht wird. Wie weit das Kennzeichen zulässig gekürzt und als Domain verwendet werden darf, ist am Einzelfall anhand der Kennzeichnungskraft, der Branchen- oder Produktnähe und dem Grad der Verkehrsdurchsetzung zu bestimmen. Als unzulässig wird regelmäßig die Verwendung des gemeinsamen (Firmen-) Schlagwortes in Alleinstellung als SLD gewertet werden können.

III. Territoriale Begrenzung

Eingangs wurde bereits erwähnt, dass die Deterritorialisierung des Internets Ursache für Kollisionen zwischen Kennzeichen mit territorial beschränktem Schutzbereich ist. Derartige Kennzeichen entstehen durch Benutzung.[365] Da der Markenschutz nach § 4 Nr. 2 MarkenG durch den Erwerb von Verkehrsgeltung entsteht, ist der Markenschutz territorial auf jenen Bereich begrenzt, in welchem die Marke Verkehrsgeltung erlangt hat. Voraussetzung der Anerkennung einer territorial begrenzten Verkehrsgeltung ist ein einheitliches Wirtschaftsgebiet,[366] um eine Aufsplittung des Markenschutzes und eine damit einhergehende Marktverwirrung zu verhindern. Der Schutzbereich des Kennzeichenrechts erweitert sich, wenn infolge der territorialen Ausdehnung der Wirtschaftstätigkeit die territorial begrenzte Verkehrsgeltung ausgedehnt werden kann. Dringt jedoch der Kennzeicheninhaber durch die Ausdehnung in den Schutzbereich eines bestehenden Kennzeichenrechts ein, kann sich in der Regel der in diesem Territorium Prioritätsältere zur Wehr setzen.[367]

Auch geschäftliche Bezeichnungen aus § 5 MarkenG sind räumlich beschränkt geschützt, wenn die vom Unternehmensträger verwendete geschäftliche Bezeichnung nur in einem begrenzten Wirtschaftsraum eingesetzt und sie nur in Verbindung mit einem bestimmten Ort im Verkehr bekannt ist. Dies ist grundsätzlich bei sogenannten „Platzgeschäften" der Fall. Typische Platzgeschäfte sind in der Regel Fahrschulen[368], Gaststätten[369], Hotels[370], Apotheken

---

[365] *Klaka/Krüger*, S. 299; *Körner*, WRP 1975, S. 706. Nicht zu ihnen zählen folglich die durch Eintragung gem. § 4 Nr. 1 MarkenG begründeten Markenrechte. Diese gelten in der gesamten Bundesrepublik Deutschland als dem Geltungsbereich des Markengesetzes.

[366] Vgl. BGH GRUR 1979, 470 – RBB/RBT.

[367] OLG Frankfurt WRP 1970, 150, 152 – Aufina; *Fezer*, RdNr. 132 zu § 4 (für Marken).

[368] BGH GRUR 1957, 281, 282 – karo-as.

und Drogerien[371]. Der Verkehr rechnet aufgrund allgemeiner Übung damit, dass es innerhalb eines örtlichen Bereichs und innerhalb eines Geschäftszweigs nur ein Unternehmen mit einer bestimmten Bezeichnung gibt.[372]

1. Die Ansichten von *Viefhues* und *Kur*

Viefhues schlägt vor, die Registrierung und Benutzung einer nur territorial geschützten Firma als Teil eines Domain-Namens so wie die Ausdehnung der Benutzung der Firma in den geographischen Schutzbereich des Konkurrenten zu beurteilen. Dies lässt sich durch die weltweite Abrufbarkeit der Website begründen. Da dem Konkurrenten in seinem Schutzgebiet die älteren Rechte zustehen, führe die Verwendung der Domain zu einer Verletzung der dort prioritätsälteren Firma. Der Domaininhaber könne unabhängig vom Zeitrang der Firma keine älteren Rechte erlangen mit der Folge, dass er den Domain-Namen zu ändern hat.[373]

Kur bevorzugt einen Ausgleich unter Anwendung des Rechts der Gleichnamigen. Dies könne bei Platzgeschäften derart geschehen, dass Kennzeicheninhaber den Namen des Ortes in die Domain aufzunehmen haben; etwa bei Hotels „parkhotel-muenchen.de" und „parkhotel-stuttgart.de". Ein Interessenausgleich böte sich auch an, wenn ein prioritätsälteres, im örtlichen Bereich geschütztes Kennzeichen mit einem territorial unbegrenzten jüngeren Recht zusammentrifft.[374]

2. Die Ansicht von *Poeck*

Zu einem anderen Ergebnis gelangt *Poeck*. Er bestimmt die Rechtsfolge zum Gegenstand seiner Argumentation: Bestehe für eine Unternehmensbezeichnung eine räumliche Begrenzung, so könne einem Mitbewerber die Benutzung einer verwechslungsfähigen Unternehmensbezeichnung grundsätzlich nur in diesem räumlichen Bereich untersagt werden. Aufgrund dieser Beschränkung habe der Unternehmensschutz zur Abwehr von verwechselbaren Domain-Namen nur eine beschränkte Bedeutung. Er stützt sich damit auf die technische Unmöglichkeit, den Abruf von Websites auf das Schutzgebiet zu beschränken.

---

369 BGH GRUR 1943, 258, 260 – Am Rauchfang; BGH GRUR 1957, 550, 552 – Tabu II; GRUR 1970, 479, 480 – Treppchen.

370 BGH GRUR 1977, 165, 166 – Parkhotel; BGH GRUR 1984, 378 f – Hotel Krone.

371 OLG Nürnberg WRP 1971, 334, 335 – Maximilians-Drogerie; OLG Karlsruhe WRP 1974, 422 – Stadtapotheke.

372 Vgl. BGH GRUR 1977, 226, 227 – Wach- und Schließ.

373 *Viefhues*, RdNr. 116.

374 *Kur*, Internet und Kennzeichenrecht, S. 355.

Ein in Hamburg ansässiges Restaurant mit der besonderen Geschäftsbezeichnung „Goldener Hirsch“ werde daher gegen den Domain-Namen „goldener.hirsch.de“ eines Münchner Restaurants nichts unternehmen können.[375]

3. Kritik

Die Begründungen *Poecks* und *Viefhues'* können das jeweils gefundene Ergebnis nicht hinreichend überzeugend tragen. Leitet man mit *Poeck* aus der Unmöglichkeit, die Abrufbarkeit von Websites auf bestimmte Territorien zu beschränken, das Ergebnis ab, dass ein Unterlassungsanspruch nicht besteht, so fragt sich, wie überhaupt Unterlassungsansprüche gegen Domaininhaber durchgesetzt werden können: Die an einen deutschsprachigen Empfängerkreis gerichtete Website „x.de“ mag zwar deutsche Kennzeichenrechte verletzen, schweizerische oder österreichische verletzt sie damit aber nicht, sofern das Kennzeichen dort nicht geschützt ist. Gleichwohl wird die rechtmäßige Verwendung der Domain „x.de“ in diesen Ländern nicht dazu führen können, trotz der das deutsche Kennzeichenrecht verletzenden Benutzung einen Unterlassungsanspruch zu verneinen. Der generell und außerhalb von Domain-Konflikten geltende Satz, dass Unterlassungsansprüche nur soweit bestehen, wie der örtliche Schutzumfang eines Kennzeichens reicht, kann so nicht auf das Internet übertragen werden.

Die Verwendung einer Domain aufgrund ihrer weltweiten Abrufbarkeit der territorialen Ausdehnung der Wirtschaftstätigkeit gleichzusetzen, ist ebenfalls zu kritisieren. Die Abrufbarkeit der Domain „goldener.hirsch.de“ auch in München selbst beeinträchtigt den Münchner Gaststätteninhaber weniger als die Eröffnung einer Gaststätte mit identischer Bezeichnung auf dem Viktualienmarkt. Vor allen Dingen fehlt es an der Vergleichbarkeit der Fälle bei nicht am E-Commerce beteiligten Platzgeschäften, die das Internet nur zur Werbung nutzen. In der Regel wird bereits eine Verwechslungsgefahr zu verneinen sein, wenn sich aus dem Inhalt der Website ungeachtet der weltweiten Abrufbarkeit ein lokaler Bezug ergibt – im Beispiel der Gaststätte etwa über den Werdegang des Kochs und die einzigartige Lage des Lokals informiert wird. Gleichwohl ist nicht von der Hand zu weisen, dass aufgrund identischer Bezeichnungen und gleichem Betätigungsfeld im Einzelfall die Gefahr bestehen kann, zwischen den Unternehmen eine wirtschaftliche Verbindung anzunehmen (mittelbare Verwechslungsgefahr). Ob die Verwendung einer Domain der territorialen Expansion gleichzusetzen ist, bleibt dennoch zweifelhaft: Folge wäre, dass kein Inhaber eines territorial beschränkten Kennzeichens dieses befugt als Domain regis-

---

[375] *Poeck*, S. 40; ebenso *Strömer*, S. 84.

trieren lassen kann, sofern Dritte dieses Kennzeichen im gleichen Tätigkeitsbereich benutzen.

Einen Lösungsweg zur Behandlung territorial geschützter Kennzeichen in SLDs zeichnet möglicherweise das Erstreckungsgesetz vor. Durch §§ 1 I, 4 I ErstrG[376] wurden alle vor dem 03.10.1990 in der DDR oder der Bundesrepublik Deutschland begründeten und am 01.05.1990 noch bestehenden Schutzrechte unter Wahrung ihres ursprünglichen Zeitrangs auf das übrige Bundesgebiet erstreckt. Die Erstreckung begründete gesamtdeutsche Immaterialgüterrechte mit einem einheitlichen Zeitrang. Die gegenseitige Erstreckung verursachte Kollisionen im Falle ganz oder teilweise übereinstimmender Schutzrechte in den bisher getrennten Schutzgebieten. Kollisionen zwischen Marken und anderen Kennzeichen können unter Heranziehung der §§ 30 f ErstrG[377] gelöst werden: Die Marke wird zwar auf das andere Gebiet erstreckt, nach § 31 iVm § 30 ErstrG darf sie dort aber nur mit Zustimmung des Inhabers eines kollidierenden Kennzeichens benutzt werden. Eine Zustimmung ist jedoch in den Fällen des § 30 II ErstrG nicht erforderlich.

Es fragt sich, ob Sinn und Zweck des § 30 II Nr. 1 ErstrG für Domain-Namen fruchtbar gemacht werden kann. Die Zustimmung zur Benutzung im jeweils anderen Gebiet ist deshalb entbehrlich, weil der Markeninhaber zum einen mit einer für einen größeren Kreis von Personen bestimmten Werbung schützenswerte Interessen verfolgt, falls die Werbung nicht zumutbar auf das bisher geschützte Gebiet beschränkt werden kann. Zum anderen beeinträchtigt Werbung den Besitzstand des kollidierenden Kennzeicheninhabers im Erstreckungsgebiet weniger als etwa der Vertrieb von Waren, die mit der Marke ge-

---

376 Promulgation: Erstreckungsgesetz vom 23. April 1992, BGBl. I S. 938.

377 „**§ 30. Warenzeichen und Marken.** (1) Trifft ein Warenzeichen, das nach § 1 auf das in Artikel 3 des Einigungsvertrages genannte Gebiet erstreckt wird, infolge der Erstreckung mit einer übereinstimmenden Marke zusammen, die nach § 4 auf das übrige Bundesgebiet erstreckt wird, so darf jedes der Zeichen in dem Gebiet, auf das es erstreckt wird, nur mit Zustimmung des Inhabers des anderen Zeichens benutzt werden.

(2) Das Zeichen darf auch ohne Zustimmung des Inhabers des anderen Zeichens in dem Gebiet, auf das es erstreckt wird, benutzt werden

1. zur Werbung in öffentlichen Bekanntmachungen oder in Mitteilungen, die für einen größeren Kreis von Personen bestimmt sind, wenn die Verbreitung dieser öffentlichen Bekanntmachungen oder Mitteilungen nicht in zumutbarer Weise auf das Gebiet beschränkt werden kann, in dem das Zeichen bisher schon galt,

[...].

§ 31. Sonstige Kennzeichenrechte. Treffen Warenzeichen oder Marken, die nach diesem Gesetz auf das in Artikel 3 des Einigungsvertrages genannte Gebiet oder auf das übrige Bundesgebiet erstreckt werden, infolge der Erstreckung mit einem Namen, einer Firma, einer besonderen Bezeichnung eines Unternehmens oder einem sonstigen durch Benutzung erworbenen Kennzeichenrecht zusammen, so ist § 30 entsprechend anzuwenden.“

kennzeichnet sind.[378] Auch mittels Domain-Namens soll ein großer Kreis von Personen erreicht werden, der technisch unmöglich auf das geschützte Gebiet beschränkt werden kann. Ebenso beeinträchtigt die über eine Website geschaltete virtuelle Werbung eines Platzgeschäftes – wie bereits festgestellt – den Inhaber dieses Geschäfts deutlich weniger als die gleichnamige Konkurrenz vor Ort.

Trotz ähnlicher Interessenlage kommt aber eine entsprechende Anwendung des § 30 II Nr. 1 ErstrG auf Domain-Namen, die aus territorial begrenzten Schutzrechten hergeleitet werden, nicht in Betracht. Dies ergibt sich bereits daraus, dass das Erstreckungsgesetz ausdrücklich auf die Kodifizierung von Kollisionsregeln für durch bloße Benutzung erworbene Kennzeichenrechte verzichtet und nur Marken auf das andere Territorium erstreckt.[379] Schließlich sind selbst aus Marken abgeleitete Domain-Namen nicht mit dem Regelungsgegenstand des Erstreckungsgesetzes vergleichbar, da die Ingebrauchnahme eines Domain-Namens den territorialen Schutzbereich des ihm zugrundeliegenden Kennzeichens nicht erweitert bzw. auf ein anderes Gebiet „erstreckt".

Ob aber im Ergebnis der Kennzeicheninhaber gegen einen Domaininhaber eines identischen und territorial geschützten Zeichens einen Unterlassungsanspruch geltend machen kann, soweit eine Verwechslungsgefahr besteht, bleibt weiterhin zweifelhaft. Trifft nämlich ein regional beschränktes Kennzeichen mit früherem Zeitrang auf ein bundesweit geschütztes Kennzeichen mit späterem Zeitrang, so müsste nach dem Prioritätsgrundsatz ein Benutzungsverbot der prioritätsjüngeren Bezeichnung im Kollisionsbereich die Folge sein. Die Bildung einer Exklave, in deren Bereich das bundesweit geschützte Kennzeichen nicht verwendet werden dürfte, kann jedoch für dessen Inhaber eine schwer zumutbare Beeinträchtigung seiner Interessen darstellen. Dies ist etwa der Fall, wenn der Vertrieb anders gekennzeichneter, nicht verwechslungsfähiger Produkte für den Kollisionsbereich nur unter großen Mehraufwendungen zu bewerkstelligen ist. Der BGH knüpft ein regionales Verbot der Benutzung des prioritätsjüngeren Kennzeichens deshalb an eine Interessenabwägung, in deren Rahmen der Grad der Verwechslungsgefahr und die Auswirkungen eines räumlich beschränkten Verbots auf den Geschäftsbetrieb des überregional tätigen Unternehmens als Kriterien Berücksichtigung finden. Trotz bestehender Verwechslungsgefahr kann unter Umständen auch der prioritätsjüngere Kennzeicheninhaber als Ergebnis der Interessenabwägung das Zeichen im Kollisionsbereich benutzen.[380]

Insbesondere lässt sich bei der Interessenabwägung zwischen verschiedenen Benutzungsarten des Kennzeichens differenzieren. Beim Vertrieb von Waren

---

[378] Die Begründung zum Gesetzentwurf bringt diese Wertung zum Ausdruck, indem sie von „bloßer Werbung mit der Marke" spricht, BT Drucks. 12/1399, S. 24.

[379] So auch BGH GRUR 1995, 754, 757 – Altenburger Spielkartenfabrik; Begründung zum Gesetzentwurf, BT Drucks. 12/1399, S. 25.

[380] Vgl. BGH GRUR 1991, 155, 156 – Rialto; kritisch *Köhler*, EWiR 1991, S. 95 f.

im Kollisionsbereich fiel die Interessenabwägung bisher stets zuungunsten des prioritätsjüngeren bundesweit geschützten Kennzeichens aus. Demgegenüber wurde dem prioritiätsjüngeren Kennzeicheninhaber stets die Möglichkeit eingeräumt, das Kennzeichen in überregionaler Werbung zu verwenden.[381]

Diese schon soeben in § 30 II ErstrG vorgefundene Wertung der Interessen könnte auch bei dem Zusammentreffen von zwei territorial geschützten Kennzeichen Ausdruck finden, indem jedem der Rechteinhaber Werbung unter der kennzeichengleichen SLD möglich ist und der zu spät Gekommene auf eine andere Domain auszuweichen hat. Dagegen spricht jedoch, dass das Interesse eines nur regional geschützten Kennzeicheninhabers an überregionaler Werbung geringer einzustufen ist als das eines bundesweit geschützten Rechteinhabers. Außerdem würde durch die Untersagung der Benutzung einer kennzeichengleichen Domain überregionale Werbung im Internet nicht unmöglich gemacht, sondern lediglich durch die Verwendung von Zusätzen erschwert. Außerhalb des Internets hingegen wäre Werbung in Presse, Rundfunk und Fernsehen durch den Kennzeicheninhaber gänzlich unmöglich.

Richtigerweise kann daher der Inhaber eines territorial beschränkten Kennzeichens vom Inhaber einer kennzeichengleichen SLD Unterlassung verlangen, soweit eine Verwechslungsgefahr besteht. Der Domaininhaber kann der Verwechslungsgefahr durch die Verwendung von Zusätzen entgegentreten, indem er etwa den Ort seiner Niederlassung oder andere Zeichen der SLD hinzufügt. Ergibt sich unter Berücksichtigung des Inhalts der Website sowie der Kennzeichnungskraft der SLD weder eine unmittelbare noch eine mittelbare Verwechslungsgefahr, kann die Domain weiterhin benutzt werden. Dem Parkhotel in Bad Reichenhall wird unter Zugrundelegung dieser Kriterien seine Domain folglich nicht entzogen werden können (hierzu die Abbildung der Homepage des Parkhotels auf der folgenden Seite). Der Inhaber eines gleichen territorial geschützten Kennzeichens muss dann auf eine andere Domain ausweichen.

Streiten sich der Inhaber eines prioritätsälteren territorial begrenzten Kennzeichens und der Inhaber eines identischen, bundesweit geschützten prioritätsjüngeren Kennzeichens um eine kennzeichengleiche SLD, fragt sich, ob das eben gefundene Ergebnis auch dieser Fallgruppe gerecht wird. Sind beide Rechteinhaber als Ergebnis einer Interessenabwägung trotz bestehender Verwechslungsgefahr zur Verwendung ihrer Kennzeichen befugt, fällt es schwer, einem der Inhaber das bessere Recht zum Domain-Gebrauch einzuräumen. Dem Inhaber des regional geschützten Kennzeichens steht ein älteres Recht zu, aufgrund dessen von einem schutzwürdigen Besitzstand ausgegangen werden kann. Der Inhaber des bundesweit geschützten Kennzeichens hat demgegenüber einen schutzwürdigen Besitzstand durch eine kollisionsfreie überregionale Tätigkeit geschaffen, der unter Umständen ein regionales Verbot im Territorium

[381] OLG München, MDR 1994, 363 – Rialto II; OLG München, WRP 1994, 326, 330 – Regionalbrauerei; LG Kiel, AfP 1994, 330, 331 f – Tango.

des Kennzeichenkonflikts nicht rechtfertigt. Die Konsequenz ist, dass beide Unternehmen im Kollisionsbereich eine gewisse Verwechslungsgefahr zu dulden haben. Dann sollten es die Unternehmen ähnlich wie in den Fällen einer wettbewerblichen Gleichgewichtslage unterlassen, Veränderungen vorzunehmen, die zu einer spürbaren Erhöhung der Verwechslungsgefahr führen. Wird diese durch die Einführung des kennzeichengleichen Domain-Namens spürbar erhöht, steht dem anderen Kennzeicheninhaber ein Unterlassungsanspruch soweit zu, wie die Steigerung der Verwechslungsgefahr reicht. Ob dies so ist, wird von den Umständen des Einzelfalles abhängen.

Als Ergebnis bleibt festzuhalten, dass markenrechtliche Ansprüche gegen einen Domaininhaber wegen fehlender Produkt-, Dienstleistungs- oder Branchen-

Abbildung: Homepage des Parkhotels Luisenbad unter dem Domain-Namen parkhotel.de

nähe bzw. wegen fehlender Benutzung im Verkehr oftmals ausscheiden. Greifen sie jedoch tatbestandlich ein, so wird ihre Geltendmachung in der Regel nicht durch § 23 Nr. 1 MarkenG eingeschränkt. Bei bestehender wettbewerblicher Gleichgewichtslage kann die Einführung eines neuen Domain-Namens untersagt werden, wenn dadurch die Verwechslungsgefahr unzulässig erhöht wird. Der Gebrauch von Domain-Namen, die aus territorial beschränkten Kennzeichen gebildet wurden, ist soweit unzulässig, wie tatsächlich eine Verwechslungsgefahr besteht.

2. Kapitel: § 12 BGB

Im Folgenden gilt es zu untersuchen, ob und – bejahendenfalls – unter welchen Voraussetzungen Ansprüche gegen einen Domaininhaber auf Unterlassung des Domaingebrauchs aus § 12 BGB hergeleitet werden können. Nach § 12 BGB kann der zum Gebrauch eines Namens Berechtigte von einem anderen, der sein Recht zum Gebrauch des Namens bestreitet oder das Interesse des Berechtigten durch den unbefugten Gebrauch des gleichen Namens verletzt, Unterlassung verlangen. Der Anspruch aus § 12 BGB setzt also den Gebrauch eines Namens oder dessen Bestreiten voraus.

A. Der „Name“

Der Name ist eine sprachliche Kennzeichnung einer Person zur Unterscheidung von anderen.[382] Er dient der Identifikation des Namensträgers.[383] Es werden Zwangs- und Wahlnamen unterschieden. Ersterer haftet dem Namensträger kraft Gesetzes an (der bürgerliche Name; die Firma gem. § 18 HGB). Der Wahlname kann willkürlich gewählt (Unternehmensbezeichnungen, Berufs- und Künstlernamen)[384] und jederzeit abgelegt[385] werden. Trotz der systematischen Stellung im ersten Titel des ersten Abschnitts unter „Natürliche Personen“ ist weithin anerkannt, dass § 12 BGB neben natürlichen auch die juristischen Personen öffentlichen und privaten Rechts erfasst.[386] Namensschutz genießen also auch eingetragene Vereine, Gemeinden und Städte.

Rechtsprechung und Lehre haben den Anwendungsbereich des § 12 BGB weiter ausgedehnt. Es werden alle von der Rechtsordnung anerkannten und unter einem Gesamtnamen auftretenden Personenvereinigungen erfasst.[387] Die Firma eines Kaufmanns (§ 17 HGB) ist auch dann Name iSd § 12 BGB, wenn

---

[382] RGZ 91, 350, 352; 137, 213, 215; BGH NJW 1959, 525 – Gedenktafel; Erman/*Westermann*, RdNr. 1 zu § 12; Palandt/*Heinrichs*, RdNr. 1 zu § 12.

[383] Palandt/*Heinrichs*, RdNr. 1 zu § 12.

[384] BGHZ 30, 7, 9 – Caterina Valente; Palandt/*Heinrichs*, RdNr. 1 zu § 12.

[385] MünchKomm/*Schwerdtner*, RdNr. 3 zu § 12; Palandt/*Heinrichs*, RdNr. 1 zu § 12.

[386] RGZ 74, 114, 115 f – Verein; 101, 169, 171 – Stadt-Theater; 117, 215, 218 – Eskimo Pie; BGHZ 11, 214, 215 – KfA; BGH JZ 1953, 474, 475 – Verein; BGH GRUR 1964, 38, 39 – Dortmund grüßt; *Baumbach/Hefermehl*, RdNr. 174 Allg; Erman/*Westermann*, RdNr. 12 zu § 12; Großkomm/*Teplitzky*, RdNr. 12 zu § 16 UWG; *Leßmann*, AcP 170, S. 266, 287; RGRK/*Krüger-Nieland*, RdNr. 55 zu § 12.

[387] RGZ 78, 101, 102 für nichtrechtsfähige Vereine; RGZ 114, 90, 93 für die OHG; BGHZ 43, 245, 252 für Gewerkschaften; BGH NJW 1981, 914, 915 f für politische Parteien; OLG Hamburg, NJW RR 1986, 1305 f für nichtrechtsfähige Stiftung; Erman/*Westermann*, RdNr. 12 zu § 12; Palandt/*Heinrichs*, RdNr. 9 zu § 12; RGRK/*Krüger-Nieland*, RdNr. 56 zu § 12.

sie vom bürgerlichen Namen des Kaufmanns abweicht.[388] Nach ständiger Rechtsprechung und überwiegender Meinung in der Literatur können ebenfalls alle anderen namensartigen Kennzeichen, die unabhängig vom gesetzlichen Namen geführt werden, unter § 12 BGB subsumiert werden. Geschützt werden Firmenbestandteile[389], sog. Etablissementbezeichnungen[390], Wappen und Embleme[391] sowie Abkürzungen oder (Firmen-) Schlagworte[392]. Schutzfähig sind solche Wortschöpfungen indessen nur, wenn sie originäre Unterscheidungskraft und Namensfunktion besitzen oder diese Eigenschaften durch Anerkennung im Verkehr erworben haben.[393] Unterscheidungskraft fehlt wegen eines Freihaltebedürfnisses grundsätzlich bei Gattungsbezeichnungen, Worten der Umgangssprache und geographischen Bezeichnungen. Namensfunktion kommt einer die Person oder das Unternehmen mit sprachlichen Mitteln unterscheidungskräftig bezeichnende Wortschöpfung zu. Sie muss entweder aussprechbar sein und auf die beteiligten Verkehrskreise wie ein Name wirken[394] oder bei Unaussprechbarkeit Namensfunktion durch Anerkennung im Verkehr erlangt haben[395].

---

[388] Vgl. BGHZ 11, 214, 215 – KfA; 14, 155, 159 – Farina; Soergel/*Heinrich*, RdNr. 31, 114 f zu § 12; MünchKomm/*Schwerdtner*, RdNr. 30 zu § 12; RGRK/*Krüger-Nieland*, RdNr. 57 zu § 12;

[389] BGHZ 14, 155, 159 – Farina; 24, 238, 240 – Tabu I; BGH NJW RR 1988, 553 f - Commerz.

[390] RGZ 171, 30, 33 f – Am Rauchfang; RG JW 1937, 313, 314 f – Rheinische Winzerstuben; BGHZ 24, 238, 243 – Tabu I; BGH GRUR 1977, 165, 166 – Parkhotel.

[391] RGZ 71, 262, 264 – Aachener Stadtwappen; BGHZ 119, 237 f – Universitätsemblem; OLG Karlsruhe NJW 1991, 1487 – Universitätsemblem.

[392] RG JW 1933, 1385, 1386 f – Pax; BGHZ 4, 167, 168 f – Duz; 11, 214, 215 – KfA; 15, 107, 109 – Koma; 74, 1, 2 f – RBB/RBT; OLG Köln, WRP 1975, 373, 374 – Möbel-Franz; Großkomm/*Teplitzky*, RdNr. 15 zu § 16 UWG.

[393] BGHZ 43, 245, 252; Palandt/*Heinrichs*, RdNr. 10 zu § 12; Staudinger/*Weick/Habermann*, RdNrn. 205, 207 zu § 12.

[394] BGHZ 11, 214, 217; für die Einbeziehung von Akronymen hingegen LG Düsseldorf, CR 1988, 688, 670 – jpnw.de; *Krings*, WRP 1999, S. 50, 53 f; *Withöft*, S. 690, 691; kritisch zur h.M. auch *Kögel*, BB 1998, S. 1645, 1646.

[395] BGHZ 43, 245, 252; BGH BB 1997, 2611 – RBB/RBV; RGRK/*Krüger-Nieland*, RdNr. 58 zu § 12.

B. § 12 Satz 1 Alt. 1 BGB: Bestreiten

I. Konkludentes Bestreiten

Gelegentlich wird überlegt, ob in der Registrierung einer Domain ein Bestreiten des Rechts zum Gebrauch eines Namens liegt. Das Bestreiten erfolge konkludent durch die Registrierung bzw. Reservierung des Namens als Domain.[396] Die Registrierung nämlich führe mit der Sperrwirkung zu einem „Ausschlussrecht“ des Domaininhabers gegenüber dem Namensberechtigten. Der Domaininhaber gebe durch die Registrierung zu verstehen, dass er für sich das Recht in Anspruch nimmt, unter diesem Namen im Internet aufzutreten.

II. Kein Bestreiten

Gegen ein konkludentes Bestreiten durch die Registrierung als Domain lässt sich einwenden, dass es eine Vielzahl von TLDs gibt, auf die ein Kennzeicheninhaber ausweichen kann, sofern die „eigene“ nationale TLD versperrt ist.[397] Ebenso wird vorgebracht, dass sich der Domaininhaber durch die Registrierung den Namen selbst zunutze macht. Dies sei aber ein typischer Fall der Namensanmaßung und nicht des Namensbestreitens.[398] Außerdem wird bezweifelt, dass der Domainanmelder tatsächlich konkludent erklärt, der Namensinhaber sei nicht zu einem entsprechenden Gebrauch seines Namens berechtigt. Der redliche Domainanmelder gebe lediglich zu verstehen, dass er die Domain nutzen will und sich hierzu für berechtigt hält. Die Unmöglichkeit der Domainnutzung für den Namensinhaber folge hingegen aus den technischen Gegebenheiten des Internets, auf die der Domainanmelder keinen Einfluss habe.[399]

III. Kritik

Einiges spricht für ein konkludentes Bestreiten. Dies sei jedes Verhalten, das dem Namensrecht seines Trägers widerspricht.[400] Die Sperrwirkung der Do-

---

[396] OLG Düsseldorf, NJW RR 1999, 626, 628 – ufa.de; LG Frankfurt/Main, CR 1997, 287 – das.de; *Ernst*, NJW CoR 1997, S. 426, 427; *Ubber*, S. 507; *Völker/Weidert*, S. 656.

[397] *Kur*, Internet und Kennzeichenrecht, S. 361, Fussnote 142.

[398] *Samson*, S. 127.

[399] *Wegner*, S. 253 f.

[400] Vgl. LG Frankfurt/Main, CR 1997, 287; RGRK/*Krüger-Nieland*, RdNr. 80 zu § 12; ähnlich Staudinger/*Weick/Habermann*, RdNr. 246 zu § 12.

mainregistrierung nimmt dem Namensträger die Möglichkeit, unter dieser Domain im Internet aufzutreten. Dies widerspricht objektiv seinem Namensrecht, ginge man davon aus, dass der Träger eines Namens ein Recht hat, diesen als SLD unter bestimmter TLD zu registrieren.

Allerdings fragt sich angesichts Gleichnamiger, ob tatsächlich vom „Bestreiten eines Rechts“ gesprochen werden kann. Das Namensrecht ist zwar ein absolutes und subjektives Privatrecht.[401] Schon aufgrund der Tatsache, dass das allgemeine Persönlichkeitsrecht und das Recht am eingerichteten und ausgeübten Gewerbebetrieb als „sonstige Rechte“ im Sinne des § 823 I BGB anerkannt sind, können absolute Rechte nicht mehr nur als dem Eigentum verwandte Herrschaftsrechte mit „scharfen Kanten“ und „geschlossenem Tatbestand“[402] begriffen werden. Die Einbeziehung der genannten Rahmenrechte bedingt die Existenz absoluter Rechte, deren Intensität erst durch eine einzelfallabhängige Interessenabwägung bestimmt werden kann. Dies gilt ebenso für die Art und Weise der Verwendung des Namens bei Gleichnamigkeit.

Die erste Alternative des § 12 Satz 1 BGB setzt nun im Gegensatz zur zweiten Alternative weder eine „Interessenverletzung“ noch einen „unbefugten“ Gebrauch voraus. Raum für eine notwendige Interessenabwägung bietet die erste Alternative daher nicht. Folgt man der Prämisse eines aus dem Namensrecht abgeleiteten Rechts auf Nutzung einer namensgleichen SLD unter bestimmter TLD, müsste jedem Gleichnamigen ein solches Recht zustehen. Sollte einer der Namensinhaber dieses Recht verwirklichen wollen, würde gleichzeitig das Recht des anderen „konkludent“ mit der Folge bestritten werden, dass der von der Internet-Adresse Ausgeschlossene die Beseitigung der Beeinträchtigung verlangen kann.

Dieses einer Konfusion ähnelnde Ergebnis kann nicht überzeugen. Es nährt vielmehr die von *Ernst*[403] selbst angemeldeten Zweifel daran, dass § 12 Satz 1 Alt. 1 BGB konkrete Arten der Verwendung schützen soll. Umgekehrt legt es nahe, dass Bestreiten nur dann angenommen werden kann, wenn der Name in seinem Bestand in Abrede gestellt wird.[404] Dies ist beispielsweise der Fall, wenn der Ehefrau ihr Mädchenname oder dem ehelichen Kind der Mädchenname seiner Mutter beigelegt[405] oder jemand dauernd mit falschem Namen benannt wird.[406] Überschreitet etwa der bürgerliche Vor- oder Nachname 28 Buchstaben, kann in der Abkürzung des vollen Namens durch die einen Personalausweis ausstellende Behörde wohl kaum ein Bestreiten des Rechts zum Ge-

---

401 *Klippel*, S. 368; Soergel/*Heinrich*, RdNr. 19 zu § 12.
402 So indessen *Deutsch*, JZ 1963, S. 385, 389.
403 *Ernst*, NJW CoR 1997, S. 426, 427.
404 Vgl. *Klippel*, S. 412 f; Soergel/*Heinrich*, RdNr. 170 zu § 12.
405 RGRK/*Krüger-Nieland*, RdNr. 80 zu § 12; Staudinger/*Weick/Habermann*, RdNr. 246 zu § 12. Bestreiten setzt nun allerdings voraus, dass der Mädchenname der Mutter nicht Ehename geworden ist.
406 Palandt/*Heinrichs*, RdNr. 18 zu § 12.

brauch am vollen Namen gesehen werden. Die Beschränkung der Anzahl an Buchstaben bringt nicht zum Ausdruck, dass es dem Namensinhaber überhaupt an einem Recht ermangelt, kraft dessen er seinen vollen Namen gebrauchen kann. Bestritten wird nämlich nicht der Bestand des Namensrechtes als solches, sondern allenfalls die Berechtigung zur Aufnahme des vollen Namens in den Personalausweis. Dass aus § 12 Satz 1 Alt. 1 BGB ein so konkretes Recht auf Gebrauch des Namens in verschiedenen Lebenslagen nicht herzuleiten ist, kann mit der Fassung des Tatbestands begründet werden, der über den Umfang dieses Rechts nichts aussagt.[407]

Schließlich läuft auch die Annahme eines Bestreitens kraft „schlüssigen Handelns" auf eine Fiktion hinaus, da der Domaininhaber trotz Registrierung das „Recht" des Gleichnamigen auf eine identische Internet-Adresse nicht immer leugnet. Der Domaininhaber wird in der Regel nur davon ausgehen, dass sein Namensvetter aufgrund der technisch bedingten Einmaligkeit der Internet-Adresse beim Wettlauf um den Domain-Namen der Langsamere war und schlicht „Pech" hatte. Insofern erscheint es vorzugswürdig, die Nutzung des Domain-Namens durch dessen Inhaber in den Vordergrund zu stellen und eine Lösung im Tatbestand der Namensanmaßung in § 12 Satz 1 Alt. 2 BGB zu suchen.

C. § 12 Satz 1 Alt. 2 BGB: Gebrauch

I. Der Verkehrskreis und die Zuordnungsverwirrung

Ansprüche aus § 12 Satz 1 Alt. 2 BGB setzen voraus, dass durch die Benutzung einer Domain ein Name „gebraucht" wird. Dieser Begriff kann sehr weit ausgelegt und seine Funktion darin gesehen werden, eine Namensrechtsverletzung iSd § 12 Satz 1, Alt. 2 BGB durch „Nichtgebrauch" auszuschließen.[408] Dann liegt in der Verwendung einer namensgleichen Domain ohne weiteres ein Gebrauch.

Darüber hinaus soll nach verbreiteter Meinung der Gebrauch des Namens eines anderen nur im Falle bestehender Fehlzurechnungen durch die beteiligten Verkehrskreise anzunehmen sein. Es muss die irrige Vorstellung einer Verbindung zum Namensträger erzeugt werden. Dies kann dadurch geschehen, dass der Namensträger durch die Verwendung des Namens in Beziehung zu bestimmten Einrichtungen, Gütern oder Erzeugnissen gebracht wird, mit denen

---

[407] Vgl. *Klippel*, S. 412 f.
[408] *Klippel*, S. 417.

er tatsächlich nichts zu tun hat.[409] Dies ist auch dann der Fall, wenn irrtümlich der Eindruck hervorgerufen wird, der Namensträger habe der Verwendung seines Namens zugestimmt.[410] In diesem Zusammenhang wird vielfach von einer „Zuordnungsverwirrung" gesprochen. Diese Eingrenzung kann auf den Schutzzweck des § 12 BGB zurückgeführt werden. Der Name ist – verkürzt gesprochen – eine sprachliche Kennzeichnung zur Unterscheidung[411] und Individualisierung. Dann soll § 12 BGB auch nur soweit schützen, wie die unterscheidende und individualisierende Funktion des Namens beeinträchtigt ist. Das ist bei falschen Zuordnungen der Fall. Eine bloße Namensnennung, etwa auf einer Gefallenentafel, ist daher kein Gebrauch.

Schwierigkeiten im Zusammenhang mit der Verwendung einer Domain ergeben sich nicht generell aus dem Erfordernis eines zeichenmäßigen Gebrauchs, sofern er überhaupt für notwendig erachtet wird.[412] Insoweit kann auf die obigen Ausführungen zur zeichenmäßigen Benutzung im Markenrecht verwiesen werden. Nicht überzeugen kann die bereits kritisierte Ansicht *Strömers*, Zuordnungsverwirrungen könnten sich nur aus dem Inhalt der Website ergeben.[413] Zwar ist der Inhalt einer Website für die Beurteilung der Verwechslungsgefahr von entscheidender Bedeutung. Zuordnungsverwirrung iSd § 12 BGB und Verwechslungsgefahr sind jedoch nicht gleichzusetzen. Dies ergibt sich bereits daraus, dass nach § 12 BGB auch berühmte Unternehmensbezeichnungen gegen Verwässerung zu schützen waren, also die Gefahr einer Verwechslung gerade nicht bestand.[414] Dass die Zuordnungsverwirrung weit über die Verwechslungsgefahr hinausgeht, wird außerdem durch den Umstand belegt, dass § 12 BGB sogar ideelle oder bloße Affektionsinteressen umfasst.[415]

Problematisch erscheint die Bestimmung des Kreises derjenigen, die irrig der Vorstellung unterliegen, zwischen Namensträger und -verwender bestehe eine

---

409 Vgl. BGHZ 30, 7 ff – Caterina Valente; BGHZ 81, 75, 78 – Carrera; BGH GRUR 1958, 302 f – Lego; BGH NJW 1963, 2267, 2268 – Dortmund grüßt; Erman/*Westermann*, RdNr. 18 zu § 12; RGRK/*Krüger-Nieland*, RdNr. 84.

410 Vgl. BGHZ 119, 237, 245 f; 126, 208, 216; Palandt/*Heinrichs*, RdNr. 22 zu § 12, RGRK-*Krüger-Nieland*, RdNr. 84 zu § 12; *Sack*, WRP 1984, S. 521, 529; a. A. MünchKomm/*Schwerdtner*, RdNr. 106 zu § 12.

411 RGZ 91, 350, 352; BGH NJW 1959, 525 – Gedenktafel.

412 Zeichenmäßigen Gebrauch mit dezidierter Begründung ablehnend *Sack*, WRP 1984, S. 521, 531 f; Großkomm/*Teplitzky*, RdNr. 17 zu § 16 UWG; OLG Köln GRUR 1967, 319, 320 f – Killer.

413 *Strömer*, CR 1997, S. 290; oben Fussnote 50. Unzutreffend auch *Weinknecht*, der eine Zuordnungsverwirrung bei Gleichnamigkeit von vornherein ausschließt, unter A I 2 a) (1).

414 Zutreffend daher *Kur*, CR 1996, S. 590, 593.

415 Die überwiegende Auffassung versteht den Schutzzweck des § 12 BGB für den geschäftlichen Bereich jedoch restriktiv. Ihr zufolge greift auch der namensrechtliche Schutz nicht ein, soweit es an einer Verwechslungsgefahr wegen Branchenferne fehlt. Dazu außerdem unten, 2. Kapitel D I 3 b (S. 107 ff).

Verbindung. Der BGH geht in seiner Entscheidung „Dortmund grüßt..." von einem Namensgebrauch dann aus, wenn ein rechtlich beachtlicher Teil des Verkehrs das Wort „Dortmund" in einem Werbespruch als Hinweis auf die Stadtgemeinde Dortmund auffasst.[416] Damit setzt er strengere als die im Wettbewerbs- und Markenrecht geltenden Maßstäbe. Ein Wettbewerbsverstoß ist nämlich schon dann anzunehmen, wenn die Werbebehauptung geeignet ist, bei einem nicht völlig unbeachtlichen Teil der angesprochenen Verkehrskreise eine Täuschung über bestimmte Umstände hervorzurufen.[417] Auch im Markenrecht wird nur auf das Verständnis eines nicht ganz unerheblichen Teils der Verkehrskreise abgestellt.[418]

Wohl in Anlehnung an das „Dortmund grüßt..."-Urteil des BGH wird in Entscheidungen, die sich dem Gebrauch eines Namens bei Streitigkeiten in Domains widmen, häufig und in geringfügig abweichenden Formulierungen von einem „rechtlich beachtlichen Teil" oder einem „nicht unerheblichen Teil des Verkehrs" bzw. der „Internetbenutzer" gesprochen, die den Domain-Namen irrig dem Namensträger zuordnen.[419] Teilweise wird sogar von „erheblichen Teilen der Bevölkerung"[420] gesprochen. Stellt man auf die weltweiten Internetnutzer ab,[421] lässt sich nicht behaupten, ein rechtlich beachtlicher Teil dieses Nutzerkreises würde etwa die Domain „bad-wildbad.com" irrigerweise mit der in der Bundesrepublik belegenen Gemeinde „Bad Wildbad" in Verbindung bringen. Enger ist der Begriff „Verkehr" gefasst, wenn in Anlehnung an *Bücking*[422] auf das Land abgestellt wird, das den begehrten Schutz gewährt. Aber auch dann, wenn nur deutsche Internetnutzer dem „Verkehr" zugrunde zu legen sind, kann der Teil von ihnen, der beispielsweise den Domain-Namen „concertconcept.de" mit dem bundesweit tätigen Unternehmen, das Veranstaltungen im Bereich der Unterhaltung durchführt, kaum als „beachtlich" bezeichnet werden.

---

416 BGH GRUR 1964, 38, 40 f – Dortmund grüßt ...

417 BGH GRUR 1964, 38, 41 – Dortmund grüßt ... m.w.N. Allerdings wird betont, dass sich angesichts der Vielfalt der denkbaren Tatbestände keine Richtlinien aufstellen ließen, wie groß der Teil der angesprochenen Bevölkerungskreise sein müsse, um „rechtlich beachtlich" zu sein. Dies müsse im Einzelfall von der Intensität des Eingriffs abhängig gemacht werden.

418 S.o., Fussnote 79.

419 Vgl. nur OLG Karlsruhe K&R 1999, 423, 424 – bad-wildbad.com; OLG Köln NJW RR 1999, 622 f – herzogenrath.de; LG Braunschweig NJW 1997, 2687 – herzogenrath.de; LG Lüneburg, CR 1997, 288, 289 – celle.de. Zum Teil wird die Zuordnungsverwirrung allerdings erst im Rahmen der Interessenverletzung geprüft, etwa in LG Mannheim CR 1996, 353 f –heidelberg.de und in KG CR 1997, 685, 686 – concertconcept.de.

420 *Kur,* Internet und Kennzeichenrecht, S. 361, allerdings in Bezug auf die Interessenverletzung.

421 *Wilmer*, S. 564.

422 *Bücking*, RdNr. 67.

Der Begriff „Verkehr" oder „Internetbenutzer" kann auch sehr viel enger gefasst werden. Das LG München I stellt allein auf jenen Verkehr ab, der den Namensträger auch kennt. Da rechtlich beachtliche Teile derjenigen, die die klagende und eine juristische Datenbank betreibende Juris-GmbH kennen, die Domain „juris.de" mit der Klägerin in Verbindung brächten, konnte das LG München I eine Zuordnungsverwirrung bejahen.[423]

Für diese Ansicht sprechen gute Gründe. Gerade im originären Anwendungsbereich des § 12 BGB, also dem Schutz des Familiennamens, werden erhebliche Teile des Rechtsverkehrs einen Namen nicht einem bestimmten Träger zuordnen können, weil er schlicht zu wenig bekannt ist. Der Schutz eines Namens knüpft nicht an seine Bekanntheit an, wie es etwa bei dem Sonderschutz nach §§ 14 II Nr. 3, 15 III MarkenG der Fall ist. Wenn der Namensgebrauch aber nicht vom Grad der Bekanntheit abhängig ist, kann das Erfordernis der „Zuordnungsverwirrung" ebenso wenig von der Bekanntheit des Namensträgers abhängig gemacht werden. Zuordnungsverwirrungen können nur solche Personen unterliegen, die zum einen den Namensträger kennen und zum anderen den gleichen Namen in Zusammenhang mit bestimmten Personen, Einrichtungen, Gütern oder Erzeugnissen wahrnehmen. Das Kriterium des „nicht unerheblichen Teils des Verkehrs" erfüllt daher allein den Zweck, innerhalb dieses Personenkreises festzustellen, ob rechtlich beachtliche Teile eben dieses Kreises Zuordnungsverwirrungen unterliegen oder ob nicht vielmehr von einem Fall bloßer Homonymie ohne fehlerhafte Assoziationen auszugehen ist.

So konnte auch der BGH in der Verwendung des Wortes „Lego" als Bestandteil der Firma einer OHG den Gebrauch des Familiennamens „Lego" eines Berliner Handelsvertreters erkennen. Sicherlich vermuten keine erheblichen Teile des Rechtsverkehrs eine Verbindung zwischen der OHG und dem gleichnamigen Berliner Handelsvertreter, weil diesen weder die OHG noch der Handelsvertreter bekannt sind. Aber auf einen abstrakten, wie auch immer definierten Personenkreis stellt der BGH zutreffend nicht ab. Er formuliert, der Betrachter werde, „sofern er den Namen des Klägers kennt oder ihn kennenlernt, geneigt sein, das Wort „Lego" in der Bezeichnung der Beklagten mit diesem Namen in Verbindung zu bringen."[424]

Die Größe des Personenkreises, der den Namensträger kennt, hat daher bei der Frage des Namensgebrauchs keine unmittelbare Bedeutung. Es gilt nur festzustellen, ob ein beachtlicher Teil der Personen, der von dem Domain-Namen Kenntnis erlangt, diesen in Verbindung mit dem Namensträger bringt. Dabei ist – insofern hypothetisch – davon auszugehen, dass dieser Personenkreis den Namensträger „kennt oder kennenlernt"[425]. SLDs mit „Allerweltsnamen" wie Meier, Mueller und Schulze wird ein beachtlicher Teil dieses Personenkreises

[423] LG München I CR 1997, 479, 481 – juris.de.
[424] BGH GRUR 1958, 302 f – Lego.
[425] BGH a.a.O.

einem Träger des gleichen Namens in der Regel selbst dann nicht zuordnen, wenn er diesen kennt. Er weiß, dass es unzählige Träger gleichen Namens gibt und wird diesen folglich wohl nicht einem einzigen Namensträger zuordnen. Mangels Zuordnungsverwirrung scheidet dann, will man an diesem Erfordernis festhalten, der bürgerlich-rechtliche Namensschutz aus. Anderes gilt wiederum, wenn ein besonders häufig anzutreffender Name bei dem relevanten Personenkreis mit einem bestimmten Träger assoziiert wird, etwa der Name „Gerhard Schröder" mit der Person des Bundeskanzlers. Auch wird man eine Zuordnungsverwirrung selbst bei einer Domain „meier.de" annehmen können, wenn aufgrund besonderer Umstände eine Web-Präsenz eines bestimmten Trägers des Namens „Meier" nahe liegt, etwa das Schlagwort eines Unternehmens der Computerbranche „Meier" lautet. Bei der Verwendung namensrechtlich geschützter Phantasiebezeichnungen wird eine Zuordnungsverwirrung aufgrund ihrer Seltenheit regelmäßig zu bejahen sein.

II. Sonderfall Registrierung

Parallel zum Problem der „Benutzung" im Rahmen der §§ 14, 15 MarkenG stellt sich die Frage des „Gebrauchs" in § 12 BGB bei lediglich registriertem oder mit einer inhaltsleeren Website konnektiertem Domain-Namen. Auch zu § 12 BGB wird argumentiert, dass ein nicht zur Bezeichnung einer Website verwendeter Name noch nicht gebraucht werde. Einen Namen gebrauche nur, wer etwas bezeichne. Hierbei komme es entscheidend darauf an, wie die Bezeichnung bei anderen wirkt. Kann eine der Öffentlichkeit noch gar nicht zugänglich gemachte Bezeichnung in Ermangelung ihrer Wahrnehmbarkeit von vornherein nicht als die des Namensträgers angesehen werden, fehle es an einer Identitätsverwirrung und damit am Gebrauch eines Namens.[426] Auch *Strömer* weist darauf hin, dass durch die interne Sperrung einer Domain eine Zuordnungsverwirrung nicht entstehe. Beim Abruf einer Domain über das Internet werde lediglich offenbart, dass eine Domain reserviert ist, nicht aber für wen.[427]

Dagegen lässt sich aber mit *Mayer-Schönberger* und *Hauer* einwenden, dass bei der bloßen Registrierung des Domain-Namens dieser in DN-Server eingetragen wird und auch über eine Datenbank abgefragt werden kann.[428] Die These, dass der Domain-Name der Öffentlichkeit weder zugänglich noch ersichtlich sei, für wen der Domain-Name verwendet wird, stimmt seit Februar 1997 nicht mehr. Die langfristige Reservierung von Domains ist inzwischen

---

[426] *Bücking*, NJW 1997, S. 1886, 1888; *ders.*, RdNr. 114; Namensgebrauch verneinen auch *Völker/Weidert*, S. 657, da der Eingetragene nicht nach außen in Erscheinung trete.

[427] *Strömer*, S. 77; Schutz bei bloßer Reservierung ablehnend *Ernst*, BB 1997, S. 1057, 1062.

[428] *Mayer-Schönberger/Hauer*, S. 950. Inhaber von Domain-Namen unter der TLD .de können mit einer „Whois"-Abfrage über www.denic.de in Erfahrung gebracht werden.

unmöglich.[429] Der Anmelder einer registrierten Domain kann – selbst wenn diese nicht für einen Internet-Dienst freigeschaltet worden ist – jederzeit online mit einer „Whois"-Abfrage in Erfahrung gebracht werden. Der Anmelder tritt damit nach außen in Erscheinung.

Allerdings ist dies nicht ohne weiteres geeignet, einen „Gebrauch" des Namens bei bloßer Registrierung zu bejahen. Schließlich ist die „Whois"-Abfrage geeignet und dazu bestimmt, mögliche Verwirrungen hinsichtlich der Zuordnung der Domain zu beheben, indem Informationen wie Name und Adresse über den Domaininhaber preisgegeben werden. Die „Whois"-Abfrage stiftet demnach mehr Zuordnungsklarheit als Zuordnungsverwirrung. Dennoch: der BGH knüpft an die erforderliche Zuordnungsverwirrung keine großen Anforderungen. Zum namentlichen Hinweis auf eine andere Person im Zusammenhang mit Werbung führt er aus, dass es sich nicht um Namensgebrauch handele, wenn die Art des Hinweises die Annahme ausschlösse, dass die angepriesenen Leistungen oder Erzeugnisse dem Genannten irgendwie zuzurechnen seien oder unter seinem Namen in Erscheinung treten sollen.[430]

Nicht auszuschließen ist aber auch, dass der Benutzer trotz einer „Whois"-Abfrage einer Fehlvorstellung erlegen bleibt. Der Abfragende kann zum Beispiel die registrierte und die sich für den Domain-Namen verantwortlich zeichnende Person als „Dienstleistenden" verstehen, der treuhänderisch die Registrierung der Domain übernommen und für die Gestaltung der Internetpräsenz der vorgestellten Person bzw. des gesuchten Unternehmens Sorge zu tragen hat. Auf den ersten Blick mag die Vermutung eines Treuhandverhältnisses sehr konstruiert klingen – dies ist aber in der Praxis verbreitet und wird zudem von der DENIC ausdrücklich empfohlen. Bei Namensidentität zwischen Domain-Namen und dem sich im „DNentry" für die Domain verantwortlich Zeichnenden ist insbesondere der Gedanke nicht fernliegend, dass der vermutete Domaininhaber dem tatsächlichen Inhaber der Domain deren Registrierung gestattet hat. Damit ist die Annahme einer irgendwie gearteten Zurechnung nicht ausgeschlossen, so dass von einer Zuordnungsverwirrung gesprochen werden kann.

Gewichtiger mag der vorgebrachte Einwand erscheinen, dass bei der Registrierung in der Regel nur wenige Menschen den Domain-Namen wahrnehmen werden.[431] Als solche kommen insbesondere Provider, Personal der DENIC sowie Internetnutzer bei einer „Whois"-Abfrage in Betracht. Andererseits ist aber, wie bereits oben festgestellt, die Größe des Personenkreises für den Namensgebrauch nicht entscheidend. Somit kann auch bei diesem vermutlich kleinen, aber beachtlichen Teil dieser Personen die irrige Annahme einer Ver-

---

[429] Lediglich aus Kulanzgründen wird dem Anmelder einer Domain etwa ein Monat Zeit gelassen, den Domain-Namen in mindestens zwei Servern eintragen zu lassen.

[430] BGHZ 30, 7, 9 f – Caterina Valente.

[431] *Bücking*, RdNr. 114.

bindung zum Namensträger bestehen. Richtigerweise kann folglich schon in der Registrierung einer Domain ein Namensgebrauch liegen. Ob durch die Registrierung Interessen des Namensträgers verletzt werden, steht damit allerdings noch nicht fest.

D. Unbefugtheit und Interessenverletzung

Schwierig lässt sich bestimmen, wann ein Domain-Name „unbefugt" gebraucht wird. Verschiedene Definitionen werden vorgeschlagen. Unbefugt ist der Namensgebrauch nach *Krüger-Nieland*, wenn kein Recht zu seiner Benutzung vorhanden ist.[432] Dann wäre der Gebrauch des eigenen Namens immer befugt. Das ist jedoch nicht mit der bereits getroffenen Feststellung zu vereinbaren, dass der verwechslungsfähige Gebrauch des eigenen Namens im geschäftlichen Verkehr in Fällen von Gleichnamigkeit unbefugt sein kann. „Unbefugt" ist nach anderer Ansicht widerrechtlich iSd § 823 I BGB.[433] Hiergegen spricht indessen, dass der Wortlaut eine Interessenverletzung *durch* den unbefugten Namensgebrauch verlangt. Der Tatbestand einer rechtswidrigen Namensverletzung kann demnach erst bei unbefugtem und interessenverletzendem Namensgebrauch angenommen werden. Dieser Einwand gilt auch gegenüber der maßgeblich vom Reichsgericht und vom Bundesgerichtshof vertretenen Ansicht. Ein solcher Namensgebrauch sei unbefugt, der gegen andere Rechtsnormen verstößt.[434] Ansonsten ergäbe sich die Unbefugtheit grundsätzlich aus der Interessenverletzung, es sei denn, dem Benutzer steht ein besonderer Rechtfertigungsgrund zu, wie z. B. Gestattung.[435] Trotz der sich aus dem Wortlaut ergebenden Bedenken scheint es sinnvoll, die Unbefugtheit von der Interessenverletzung abhängig zu machen: Wo kein Interesse verletzt ist, ist der Namensgebrauch stets befugt. Umgekehrt können jedoch wohl Interessen auch durch einen befugten Gebrauch beeinträchtigt sein. Da unbefugt demnach nur eine Benutzung ist, die ein schutzwürdiges Interesse des Namensträgers verletzt, soll auf das Erfordernis eines das Interesse des Berechtigten verletzenden Gebrauchs eingegangen werden. Dabei werden Gegenrechte des Benutzenden Berücksichtigung finden. Dieses Ergebnis entspricht der allgemeinen Ansicht, dass bei Konflikten unter Gleichnamigen die Einbeziehung der Interessen aller Beteiligten sowie die Umstände des Einzelfalles über das Merkmal des „unbefugten" Namensgebrauchs erfolgen.[436]

---

[432] RGRK/*Krüger-Nieland*, RdNr. 97 zu § 12.
[433] MünchKomm/*Schwerdtner*, RdNr. 118 zu § 12; Palandt/*Heinrichs*, RdNr. 25 zu § 12; Soergel/*Heinrich*, RdNr. 79 zu § 12.
[434] BGH GRUR 1960, 550, 552 – Promonta.
[435] Vgl. BGH GRUR 1969, 550, 552 – Promonta; *Baumbach/Hefermehl*, RdNr. 224 Allg.
[436] Vgl. *Plaß*, S. 41 m.w.N.

I. Die Reichweite der Interessenverletzung

1. Interessenverletzung durch Registrierung

Hinsichtlich der Verletzung eines schutzwürdigen Interesses hat das LG München I in seiner Entscheidung „juris.de" neue Wege beschritten. Im Anwendungsbereich des § 12 BGB ist weithin anerkannt, dass schutzwürdige Interessen im geschäftlichen Verkehr durch die Begründung von Verwechslungsgefahr und – bei berühmten Namen – durch Verwässerung verletzt werden können. Das LG München I bejahte eine Interessenverletzung damit, dass sich die Juris-GmbH unter ihrem Firmenschlagwort Juris an der Einrichtung einer Internet-Adresse unter der TLD .de aufgrund der Reservierung für einen Dritten gehindert sah. Denn „juris.de" stelle nach den Regeln der DENIC die natürlichste Adresse dar, mit der ein Internet-Benutzer die Kontaktaufnahme zuerst versuchen werde, wenn er die Internet-Adresse der Juris-GmbH nicht kennt. Der Begriff der Interessenverletzung ließe sich nämlich nicht auf den Bereich der Verwechslungsgefahr beschränken.[437]

Mit ähnlicher Begründung, allerdings ohne auf die Vergaberichtlinien der DENIC zu verweisen, bejahte auch das LG Düsseldorf eine Interessenverletzung. In Anbetracht des Umstandes, dass eine bestimmte Internetadresse ungeachtet der Branche immer nur einmal vergeben werden kann, liege eine Beeinträchtigung der rechtlich geschützten Interessen des Namensträgers schon dann vor, wenn sein Name überhaupt von einem anderen verwendet wird. Denn er selbst könne sich seines Namens zur Bezeichnung seiner Internetadresse nicht mehr bedienen. Dies bedeute nicht notwendig, dass sich das prioritätsältere Namensrecht branchenübergreifend gegenüber dem jüngeren durchsetzen würde. Es bedeute jedoch, dass sich das Namensrecht branchenunabhängig gegenüber demjenigen durchsetze, der weder ein besserrangiges noch (bei Branchenverschiedenheit) überhaupt ein Recht an der betreffenden Bezeichnung geltend machen könne.[438]

In der Literatur wird dieser Standpunkt auch von *Ubber* und *Samson* vertreten, die ebenfalls das schutzwürdige Interesse des Namensträgers dem Umstand entnehmen, dass diesem die Anmeldung des eigenen Namens unter der gleichen TLD als Internet-Adresse unmöglich ist.[439] *Nordemann* verweist

[437] LG München I CR 1997, 479, 481 – juris.de unter Hinweis auf RGRK/*Krüger-Nieland*, RdNr. 62, 102 zu § 12.

[438] LG Düsseldorf NJW RR 1999, 623, 624 – nazar.de.

[439] *Ubber*, S. 508; *Samson*, S. 127 f. Ähnlich *Ernst*, BB 1997, S. 1057, 1062; *ders.*, JuS 1997, S. 776, 781, der den Geschäftszweck tangiert sieht, falls eine Firma unter einem bestimmten Namen sinnvollerweise online gehen will.

auf erhebliche wirtschaftliche Interessen. Aufgrund steigender Tendenz der Nutzung des Internets im geschäftlichen Verkehr bestünde etwa für einen großen Verlag ein starkes Interesse daran, unter seiner Firma auch eine Homepage einrichten zu können.[440]

Wegner kritisiert an *Ubbers* Ansatz, dass sich ohne Überprüfung der Interessenlage die Konsequenz ergäbe, jedem Namensinhaber einen Unterlassungsanspruch hinsichtlich des Gebrauchs seines Namens unter allen TLDs zu gewähren. Die Monopolisierung des Namens sei jedoch nicht zu rechtfertigen. Er schlägt einen Kompromiss vor: Ein schutzwürdiges Interesse bestehe daher entweder bei einer hinreichenden Identitäts- oder Zuordnungsverwirrung oder bei einem besonderen Interesse des Zeicheninhabers, unter einer konkreten Adresse im Internet aufzutreten. Letzteres sei der Fall, wenn die von dem Namensinhaber angesprochenen Verkehrskreise in hinreichendem Umfang eine Internetpräsenz unter der konkreten URL vermuten würden. Seien diese Anforderungen erfüllt, so ergäben sich Ansprüche aus § 12 BGB unabhängig vom Vorliegen einer Verwechslungsgefahr.[441]

2. Interessenverletzung nicht durch Registrierung

Diese Auffassungen werden kritisiert. *Bücking* versteht die Verwendung des Namens in einer Internet-Adresse als eine Marktchance. Daher verwische das extensive Verständnis einer Interessenverletzung die Grenzen zwischen dem durch § 823 I BGB geschützten Bestand des Betriebes, der nicht jede Erwerbschance darstelle, und der wettbewerbsrechtlich oder nach § 50 MarkenG zu beurteilenden Blockade eines Marktzutritts.[442] *Strömer* zufolge ist eine Interessenverletzung nur bei Vorliegen von Verwechslungs- oder Verwässerungsgefahr anzunehmen. Wer in Zeitungsanzeigen für Softeis wirbt und als Kontaktadresse die Domain „heidelberg.de“ nennt, verletze damit keine Namensrechte der Stadt Heidelberg.[443] Auch *Bettinger* will sich dem Urteil des LG München I nicht anschließen. Soweit ein Namensgebrauch im geschäftlichen Verkehr in Frage stehe, könne § 12 BGB in Bezug auf den Schutzumfang geschäftlicher Kennzeichnungen regelmäßig nicht weitergehen als die markenrechtlichen Anspruchsgrundlagen der §§ 14, 15 MarkenG. In Fällen, in denen keine Verwechslungsgefahr vorliege, könnten dann im Regelfall auch auf namensrechtlicher Grundlage keine Unterlassungsansprüche begründet werden.[444]

---

[440] *Nordemann*, NJW 1997, S. 1891, 1896.
[441] *Wegner*, S. 252.
[442] *Bücking*, RdNr. 90.
[443] *Strömer*, S. 86.
[444] *Bettinger*, GRUR Int. 1997, S. 402, 416, Fussnote 86a.

Poeck gesteht ein, dass dem extensiven Verständnis der Interessenverletzung ein erheblicher Praxisbezug nicht abzusprechen ist. Sofern nämlich ein Internet-Nutzer die Homepage eines Anbieters nicht unmittelbar durch Eingabe von dessen im Verkehr gebräuchlichen Namen erreicht, werde er das Interesse an der Homepage schnell verlieren, da die Ermittlung des Domain-Namen über Suchmaschinen sehr zeitraubend sein könne. Andererseits gibt *Poeck* aber zu bedenken, dass der Anwendungsbereich des § 12 BGB dadurch eine ungeheure Ausweitung erführe. Wenn nämlich Ansprüche nach §§ 14, 15 MarkenG mangels Verwechslungsgefahr ausgeschlossen sind, sei es über § 12 BGB mit dieser Fallgruppe immer noch möglich, bei Gleichnamigkeit Unterlassungs- und sogar auch Schadensersatzansprüche gegenüber dem Domaininhaber geltend zu machen. „Eine Korrektur wäre dann nur über die Fallgruppe des ‚Rechts der Gleichnamigen' (§ 23 MarkenG) zu erreichen."[445] Auch *Kur* befürchtet durch dieses Verständnis von Interessenverletzung eine Ausuferung des Namensschutzes und eine Beeinträchtigung der Rechtssicherheit. Sie schlägt daher vor, eine Verletzung des Namensrechts bei Abwesenheit von Verwechslungsgefahr oder Rufausbeutung nur dann anzunehmen, „wenn besondere Unlauterkeitsgesichtspunkte o.ä. die Annahme einer Interessenbeeinträchtigung rechtfertigen".[446]

3. Kritik

a. Wortlaut

Einer ersten und flüchtigen Analyse des Wortlauts von § 12 BGB ist nicht zu entnehmen, dass ein interessenverletzender Gebrauch eine Verwechslungsgefahr voraussetzt. Dann könnte eine Verletzung der Interessen des Gleichnamigen bereits in der Wirkung der Blockade liegen, die ein Internetauftritt unter namensgleicher Domain unmöglich macht. Auf den Inhalt der Homepage oder auf andere eine Verwechslungsgefahr begründende Umstände käme es dann nicht an.

Allerdings lässt sich dieser extensiven Interpretation eine präzisere grammatikalische Auslegung entgegenhalten. So wird argumentiert, § 12 BGB schütze seinem Wortlaut nach nicht *ein* Interesse oder irgendwie geartete Interessen, sondern es müsse *das* Interesse verletzt sein. Gemeint sei das Interesse an der „familialen Zuordnungsfunktion."[447] Wenn „Interesse" derart restriktiv auf eine Funktion reduziert werden sollte, ist indessen nicht plausibel, warum der Ge-

445 *Poeck*, S. 50 f.
446 *Kur*, Internet und Kennzeichenrecht, S. 362.
447 *Klippel*, S. 415.

setzgeber nicht von vornherein den abstrakten und in hohem Maße auslegungsbedürftigen Begriff „Interesse“ einer konkreten Wendung wie etwa der „familialen Zuordnungsfunktion“ vorzog. Dem Wortlaut des § 12 BGB lässt sich daher ein nur gegen bloße Verwechslung oder Verwässerung gerichteter Schutz nicht entnehmen.

b. Genese

Auch die Enstehungsgeschichte spricht gegen dieses extrem restriktive Verständnis. Im Familienrecht sollte – ganz im Sinne *Klippels* – folgende Bestimmung aufgenommen werden:

„*Wer zur Führung des Namens einer bestimmten Familie berechtigt ist, kann verlangen, daß derjenige, welcher unbefugter Weise den gleichen Namen führt, sofern die Handlung geeignet ist, den Schein falscher Familienzugehörigkeit zu erregen, zur Unterlassung dieser Namensführung verurtheilt werde.*“[448]

Dieser Antrag wurde mit folgender Begründung verworfen: „*Wenn ...[diese Bestimmung] dem Berechtigten ein Verbietungsrecht nur unter der Voraussetzung gewähre, daß die Handlung geeignet sei, den Schein falscher Familienzugehörigkeit zu erregen, so sei dieser Vorschlag zu eng gegriffen. Die Anmaßung falscher Familienzugehörigkeit bilde einen Hauptfall der Verletzung des Namensrechtes durch den Gebrauch eines nicht zustehenden Namens, zu berücksichtigen seien aber auch die Fälle, in welchen Vermögensinteressen und Interessen des gewerblichen Verkehres dadurch verletzt werden, daß sich ein Dritter unbefugter Weise den Namen beilegt, den ein anderer führt.*[449]

Demnach sollten nicht nur familiale Zuordnungsfunktionen, sondern ebenso Vermögensinteressen und Interessen des gewerblichen Verkehrs geschützt werden. Entsprechend wurde auch schon vor Inkrafttreten des BGB eine Interessenverletzung im weitesten Sinne als ausreichend angesehen. „*Das Interesse ist nicht nothwendig Vermögens- oder Geschäftsinteresse, sondern kann ein rein ethisches oder Affektionsinteresse sein.*“[450] Die Rechtsprechung schloss sich dem schon früh an und formuliert, „Interesse“ iSd § 12 BGB sei „nicht bloß ein familien- oder vermögensrechtliches Interesse; sondern ein jedes überhaupt des Rechtsschutzes würdige Interesse fällt darunter, also auch ein ideales und selbst ein Affektionsinteresse“.[451] Der Entstehungsgeschichte lassen sich daher keine Anhaltspunkte gegen ein auf Verwendung des eigenen Namens in der SLD gerichtetes Interesse entnehmen. Die Genese der Norm spricht eher für die Einbeziehung eines solchen Interesses.

---

[448] *Mugdan*, I. Band, S. 593.
[449] *Mugdan*, a.a.O.
[450] *Rehbein*, S. 25.
[451] RGZ 74, 308, 310 – Zeppelin.

c. Systematik

In systematischer Hinsicht fragt sich mit *Bettinger*[452], ob in Bezug auf geschäftliche Kennzeichen § 12 BGB weiter reichen kann als markenrechtliche Ansprüche. Der Grundsatz „lex specialis derogat legi generali“ könnte dazu führen, dass § 12 BGB wegen § 15 MarkenG unanwendbar ist. Vor Inkrafttreten des Markengesetzes war ganz überwiegend anerkannt, dass § 12 BGB und § 16 UWG nebeneinander anwendbar sind.[453] Zwar wurde § 12 BGB im Hinblick auf § 16 UWG weitgehend kongruent ausgelegt; insbesondere erforderte der Namensschutz bei Handeln im geschäftlichen Verkehr die Gefahr von Verwechslungen. Die Normen liefen allerdings nicht vollständig gleich: beispielsweise wurde auf den bürgerlich-rechtlichen Namensschutz bei Ausländern zurückgegriffen, wenn ein Schutz aus § 16 UWG mangels Reziprozität gem. § 28 UWG a. F. entfiel.[454] Die Rechtsprechung hat darüber hinaus Schutz gem. § 12 BGB gewährt, soweit die Verwässerung einer berühmten namensmäßig gebrauchten Kennzeichnung drohte, also die Gefahr einer kennzeichenrechtlichen Verwechslung gerade nicht bestand.[455] Heute noch wird § 12 BGB für ein Handeln außerhalb des geschäftlichen Verkehrs herangezogen.[456]

Auch nach Inkrafttreten des Markengesetzes wird teilweise von einer vollständigen Anspruchskonkurrenz dergestalt gesprochen, dass die kennzeichenrechtlichen Tatbestände des Markengesetzes, des UWG und BGB parallel anwendbar sind.[457] Demgegenüber interpretiert der BGH jedenfalls § 14 II Nr. 3 und § 15 III MarkenG als spezialgesetzliche Regelungen, die in ihrem Anwendungsbereich für eine gleichzeitige Anwendung des § 1 UWG oder § 823 BGB grundsätzlich keinen Raum lassen.[458] Ob darüber hinaus § 15 III und auch § 15 II MarkenG leges speciales gegenüber § 12 BGB sind, lässt der BGH offen. Hierfür spricht, dass das vom BGH verwendete Argument der mit der gesetzlichen Festlegung verbundenen Begrenzungsfunktion ebenso für § 12 BGB gelten kann.

Ob § 15 III und § 15 II MarkenG im Verhältnis zu § 12 BGB die spezielleren Normen darstellen, oder ob die genannten Normen im Sinne einer vollständigen Anspruchskonkurrenz parallel anwendbar sind, bedarf an dieser

---

452 *Bettinger*, GRUR Int. 1997, S. 402, 416 (Fussnote 86a).

453 Vgl. BGHZ 91, 117, 120 – Mordoro; 120, 103, 106 – Columbus, BGH NJW RR 1991, 752 – Germania; BGH NJW RR 1991, 1260, 1261 – Transatlantische; OLG Köln GRUR 1983, 787, 788 – Tina Farina; OLG Hamburg, GRUR 1986, 475 – Blitz-Blank; RGRK/*Krüger-Nieland*, RdNr. 54 zu § 12; Staudinger/*Weick/Habermann*, RdNr. 235 zu § 12; a. A. MünchKomm/*Schwerdtner*, RdNr. 60 f.

454 RGZ 117, 215, 218 – Eskimo Pie; BGH GRUR 1971, 517, 518 – Swops.

455 BGH GRUR 1987, 711, 713 – Camel Tours.

456 Althammer/*Klaka*, RdNr. 18 zu § 15.

457 *Fezer*, RdNr. 2 zu § 2.

458 BGH GRUR 1999, 161, 162 – MAC Dog; ebenso Althammer/*Klaka*, RdNr. 3 zu § 2.

Stelle keiner abschließenden Klärung. Denn unzweifelhaft kann nach § 2 MarkenG wenigstens dann ergänzender Schutz, hier nach § 12 BGB, herangezogen werden, wenn der Schutz nach dem Markengesetz versagt.[459] § 15 II MarkenG will geschäftliche Bezeichnungen vor Verwechslungen im geschäftlichen Verkehr schützen. § 15 III MarkenG soll Inhabern bekannter geschäftlicher Bezeichnungen ein Instrumentarium gegen Rufausbeutung, Verwässerung und Beeinträchtigung der Wertschätzung gewähren. Gegen die Blockadewirkung der Registrierung einer mit der geschäftlichen Bezeichnung identischen Domain versagt markenrechtlicher Schutz oftmals aufgrund der besonderen Voraussetzungen wie „Handeln im geschäftlichen Verkehr" oder der „Verwechslungsgefahr". Insoweit kann § 12 BGB wegen § 2 MarkenG Anwendung finden.

In systematischer Hinsicht erscheint es schließlich widersprüchlich, mit *Poeck*[460] einen Verstoß gegen die guten Sitten gem. § 1 UWG, § 826 BGB bei Veräußerung von Rechten an einer Domain an den Kennzeicheninhaber einerseits zu bejahen, wenn andererseits ein Interesse des Kennzeicheninhabers durch die Domain-Benutzung eines Dritten nicht beeinträchtigt werde. Zwar mag das Verdikt der Sittenwidrigkeit eher in dem ‚bösen Willen' des Domain-Anmelders als in einer tatsächlichen Beeinträchtigung begründet sein, einen anderen Teilnehmer am Wirtschaftsverkehr zu behindern.[461] Indes muss sich ein solcher Wille auch äußerlich manifestieren und – allein schon des Rechtsschutzbedürfnisses wegen – zu einer tatsächlichen Beeinträchtigung des Rechtskreises des Wettbewerbers führen. Deshalb geht auch *Kur* in ihrer Darstellung zu § 1 UWG richtigerweise davon aus, dass der Inhaber einer Marke oder geschäftlichen Bezeichnung in der Regel ein berechtigtes Interesse daran hat, diese unter der für ihn naheliegendsten TLD zu nutzen.[462] Wenn sich die Erlangung der Sperrposition sogar als sittenwidrig gem. § 826 BGB, § 1 UWG erweisen kann, muss ebenso eine Interessenverletzung im Sinne des § 12 BGB möglich sein.

Bückings Verweis auf den aus § 823 I BGB hergeleiteten Integritätsschutz ist ebenfalls nicht frei von Widerspruch. Richtig ist (was an anderer Stelle noch zu erörtern sein wird), dass die Registrierung eines kennzeichengleichen Domain-Namens aufgrund seiner Wirkung als Blockade einen Eingriff in den eingerichteten und ausgeübten Gewerbebetrieb bedeuten kann. Wird allerdings die Rechtsfigur des eingerichteten und ausgeübten Gewerbebetriebs dazu verwendet, ein schutzwürdiges Interesse des Namensträgers an der Registrierung einer namensgleichen Domain zu verneinen, geschieht das aufgrund der Subsidiarität des Instituts des „Rechts am eingerichteten und ausgeübten

---

[459] BGH, a.a.O.; vgl. *Ingerl/Rohnke*, RdNr. 523 zu § 14 und RdNr. 5 zu § 2.
[460] *Poeck*, S. 53 f.
[461] Vgl. *Völker/Weidert*, S. 659 f.
[462] *Kur*, Internet und Kennzeichenrecht, S. 359.

Gewerbebetrieb“ dogmatisch zweifelhaft. Nur wenn positiv festgestellt ist, dass das Namensrecht keine Lösung für Domain-Namenskonflikte bereithält, bleibt Raum für einen Eingriff in besagtes Recht.

d. Sinn und Zweck

Zu überlegen bleibt, ob es der Telos des § 12 BGB gestattet und gebietet, eine Interessenverletzung trotz fehlender Verwechslungs- oder Verwässerungsgefahr allein aufgrund der Domain-Registrierung eines Dritten anzunehmen. Für natürliche Personen stellt sich diese Frage nicht, da diese vor der Verletzung jeden Interesses geschützt sind.[463] Sie stellt sich aber für juristische Personen und Gesamthandsgemeinschaften. Soweit nämlich betont wird, dass der namensrechtliche über den kennzeichenrechtlichen Schutz hinausgeht,[464] folgt oftmals der Hinweis, dass der den juristischen Personen und Gesamthandsgemeinschaften gewährte Namensschutz nicht in jeder Hinsicht dem Namen einer natürlichen Person gleichgestellt werden kann.[465] Der BGH formuliert, dass sich die Existenz einer juristischen Person des Privatrechts in der erst durch das positive Recht ermöglichten Personifizierung einer Organisation von Personen und/oder Vermögenswerten als selbständiges Rechts-, Pflichten- und Haftungsobjekt erschöpfe. Ihre Existenz sei daher wesensmäßig von dem personenrechtlichen Bereich, soweit er den Menschen in seinen natürlichen Beziehungen oder die Entfaltung der geistig-sittlichen Individualität der Einzelpersönlichkeit zum Gegenstand hat, regelmäßig ausgeschlossen und könne auch Namens- und Firmenschutz nur im Rahmen ihres Funktionsbereichs beanspruchen. Kennzeichnet der Name eine juristische Person nur für einen bestimmten Bereich, so ist das schutzwürdige Interesse auf diesen Bereich beschränkt.[466] Bei Namen, die im geschäftlichen Verkehr verwendet werden, müssen daher geschäftliche Beeinträchtigungen zu befürchten sein.[467]

Auch und gerade im geschäftlichen Bereich besteht ein Interesse daran, unter einer kennzeichenwahrenden Domain im Internet aufzutreten: Der aus einem Firmenschlagwort gebildete Domain-Name gestattet es Nutzern, ohne vorherige Ermittlung der URL via Suchmaschine oder anderer Medien direkt zur Homepage des Unternehmens zu gelangen. Gelingt es dem orientierungslosen Nutzer

---

463 Großkomm/*Teplitzky*, RdNr. 14, 16 zu § 16 UWG m.w.N.

464 BGH GRUR 1955, 42, 43 Farina/rote Blume; BGH GRUR 1960, 550, 551 – Promonta; *Baumbach/Hefermehl*, RdNr. 166 Allg; Großkomm/*Teplitzky*, RdNr. 16 zu § 16 UWG; *Hefermehl*, S. 519, 541; RGRK/*Krüger-Nieland*, S. 342.

465 GroßKomm/*Teplitzky*, RdNr. 14 zu § 16 UWG; MünchKomm/*Schwerdtner*, RdNr. 129 zu § 12.

466 BGH GRUR 1991, 157, 158 – Johanniter-Bier.

467 BGH GRUR 1971, 379, 381 – KSB; *Baumbach/Hefermehl*, RdNr. 211 Allg.

nicht, die gewünschte Homepage per Direkteingabe zu erreichen, besteht die Gefahr, dass er sein Vorhaben aufgibt, weil die Benutzung von Suchmaschinen insbesondere bei wenig zu präzisierenden Suchbegriffen häufig redundante Ergebnisse hervorbringt. Auch die anderweitige Ermittlung der URL, etwa durch Telefonanruf bei dem gesuchten Träger des Unternehmens, erweist sich als zu langwierig. Potentielle Kunden werden von vornherein nicht erreicht und können dementsprechend für ein bestimmtes Angebot nicht gewonnen werden. Eine möglichst erfolgreiche Einflussnahme des Anbietenden auf den Nachfragenden gehört aber zu den essentiellen Interessen im geschäftlichen Verkehr.

Nicht überzeugend ist daher die These *Poecks*, im geschäftlichen Bereich bestünden außer dem Schutz vor Verwechslung und Verwässerung keine geschäftlichen Interessen.[468] Zwar mag es sein, dass außerhalb des Internets in anderen als den genannten Fallgruppen Interessenbeeinträchtigungen im geschäftlichen Verkehr nicht zu befürchten sind. Dort haben aber jede natürliche oder juristische Person oder jeder Personenverbund die Möglichkeit, sich einen bestimmten Namen beizulegen. Der Namensraum ist multidimensional. Dies wird dadurch belegt, dass im Interesse der Wettbewerber identische Kennzeichen für nicht ähnliche Waren, Dienstleistungen oder Branchen gebraucht werden können. Selbst identische Kennzeichen können für identische Objekte verwendet werden, falls die Kennzeichen nur einen räumlich beschränkten Schutz genießen. Der Namensraum ist daher frei. Jedem kennzeichnungsfähigen Rechtsträger steht die Möglichkeit offen, sich einen Namen aus einem nahezu unbegrenzten Fundus an Zeichen zu schaffen und diesen in verschiedenen Bereichen zu verwenden. Diese grundsätzliche Freiheit kommt in der Fassung der Verletzungstatbestände besonders deutlich zur Geltung. § 12 BGB und §§ 14, 15 MarkenG sind als Abwehr- und Unterlassungstatbestände formuliert und zielen nicht auf Gewähr eines bestimmten Namens. Im übrigen fällt es deshalb schwer, aus ihnen selbst ein positives Recht auf Verwendung des Zeichens in bestimmten Bereichen herzuleiten.[469] Es werden keine „Konzessionen" für den Gebrauch bestimmter Zeichen erteilt, sondern es wird die Benutzung unter dem Vorbehalt erlaubt, dass das Interesse des Berechtigten nicht verletzt und vom Berechtigten keine Beseitigung der Beeinträchtigung verlangt wird.

Die Eindimensionalität des Domain-Namensraums hingegen ist ein Phänomen, das weder der Gesetzgeber des BGB noch der des Markengesetzes bedacht hat oder hätte bedenken können. Die Domain-Namenswahl ist nicht frei, weil die Benutzung durch eine einzige Person die Wahl dieses Namens durch Dritte ausschließt. Kann schon der Gebrauch eines Namens interessenverletzend sein, wenn ein anderer die Möglichkeit zur weiteren Verwendung seines Namens hat, ist die Beeinträchtigung der Interessen umso größer, wenn der

---

[468] *Poeck*, S. 49.
[469] S.o. 2. Kapitel B II (S. 95 f).

andere vom Namensgebrauch ausgeschlossen wird. Besonders deutlich ist die Beeinträchtigung der Interessen des Namensinhabers zu erkennen, wenn der Domaininhaber kein eigenes Kennzeichenrecht an dem Domain-Namen erlangt hat. Hinzu kommt, dass die Domain aufgrund ihrer januskköpfigen Funktion nicht nur eine kennzeichnende Aufgabe zu erfüllen hat, sondern als komplette Internet-Adresse den Schlüssel zum Auffinden einer Homepage darstellt.

Auch folgender Befund überrascht: Gebietskörperschaften wie Städten und Gemeinden wurde nahezu durchweg ein schutzwürdiges Interesse an einem Internetauftritt unter ihrem Namen zugesprochen, das unabhängig von der Art des Domain-Gebrauchs als verletzt angesehen wurde.[470] Teilweise wird sogar vertreten, dass schutzwürdige Interessen einer Stadt verletzt sind, falls der Städtename unter der TLD .com registriert ist oder als Subdomain verwendet wird.[471] Dann scheint es nicht nachvollziehbar, ein solches Interesse juristischen Personen des privaten Rechts zu versagen, die geschäftliche Interessen verfolgen. Diesen wie jenen Personen steht der bürgerlich-rechtliche Namensschutz nur innerhalb ihres Funktionsbereichs zu. Es ließe sich vielleicht noch argumentieren, dass die Funktionsbereiche öffentlicher und privater juristischer Personen verschieden sind, nämlich primär geschäftlich auf der einen, mannigfaltig auf der anderen Seite (Hoheitsverwaltung, Daseinsfürsorge etc.). Für diesen Funktionsbereich haben die Gebietskörperschaften zur Förderung einer effektiven Verwaltung Interesse an einer ihrem Namen entsprechenden Domain, um für Dritte im Internet schneller erreichbar zu sein. Doch trotz unterschiedlicher Funktionsbereiche verbindet private wie öffentliche juristische Personen das gemeinsame Ziel, mit der identitätswahrenden Domain den Kommunikationsprozess zwischen Absender und Adressaten zu vereinfachen. Dass dieses Anliegen für juristische Personen des öffentlichen Rechts schützenswerter ist als das juristischer Personen des Privatrechts lässt sich nicht feststellen.

Zweifel an diesem extensiven Verständnis einer Interessenbeeinträchtigung könnten sich allenfalls deshalb ergeben, weil Sinn und Zweck des § 12 BGB insbesondere der Schutz der Identitäts- und Individualisierungsfunktion des Namens ist. Verwechslungen des Namensträgers gilt es zu verhindern. Dem Namensträger soll nicht das Verhalten anderer und, vice versa, anderen nicht das Verhalten des Namensträgers zugerechnet werden.[472] Zwar ist zuzugestehen, dass in den Fällen der Domain-Registrierung die Zuordnungsverwirrung nicht den ausschlaggebenden Grund für eine Beeinträchtigung der Interessen liefert – Grund ist vielmehr die auf der Einmaligkeit von Domain-Namen

---

[470] Zahlreiche Städte haben sich – von den in Fussnote 47 zitierten Entscheidungen des LG Köln abgesehen – mit Erfolg auf einen interessenverletzenden Gebrauch ihres Namens in der SLD berufen können. Beispielhaft hierfür: LG Mannheim, CR 1996, S. 353, 354 f – heidelberg.de.

[471] LG Lüneburg, CR 1997, S. 288, 289 f – celle.com; LG Duisburg, Urteil vom 02.12.1999, Az 8 O 219/99 – kamp-lintfort.cty.de (www.netlaw.de/urteile/lgdu_1.htm)

[472] Vgl. BGHZ 81, 75, 78 – Carrera.

beruhende Ausschlusswirkung für Inhaber identischer Kennzeichen. Dass aber wenigstens en passent auch andere Interessen zu schützen sind, ergibt sich schon aus der Entstehungsgeschichte[473] und ist in der Rechtsprechung des BGH anerkannt[474].

Angebracht hingegen sind die Bedenken *Kurs* und *Wegners*, dass aus Gründen der Rechtssicherheit und einer drohenden Monopolisierung des Namens im Internet nicht jede Zuordnungsverwirrung interessenverletzend sein kann. Dieses Argument kann einer Interessenverletzung aufgrund der Blockadewirkung generell entgegengehalten werden. Allerdings ist zu bedenken, dass § 12 BGB mit seinem weit formulierten Tatbestand Raum bietet, trotz der zum Teil unüberwindbaren Hürden des Markengesetzes[475] und UWG[476] zu einer befriedigenden Lösung zu gelangen. Um Rechtsschutzlücken zu vermeiden liegt es daher näher, in die erforderliche Abwägung der widerstreitenden Interessen[477] die nicht zu vernachlässigenden Gesichtspunkte der Rechtssicherheit und der drohenden Monopolisierung des Namens einfließen zu lassen.

II. Die Interessenabwägung im Einzelnen

1. Lösungsansätze nach materiellen Kriterien

Soweit in der Literatur überhaupt Ausführungen zu der gebotenen Interessenabwägung gemacht werden, geschieht dies äußerst spärlich. *Kur* verweist auf eine Interessenbeeinträchtigung rechtfertigende „besondere Unlauterkeitsgesichtspunkte o.ä.“[478] *Wegner* hält eine Verletzung schutzwürdiger Interessen in Form einer hinreichenden Identitäts- oder Zuordnungsverwirrung oder, alternativ, das besondere Interesse des Zeicheninhabers für erforderlich, um unter der konkreten Adresse im Internet auftreten zu können.[479] Letztgenannter Vorschlag lässt sich indessen nicht mit der überwiegenden Meinung vereinbaren, wonach der Gebrauch eines Namens aufgrund seines Zwecks zur Individualisierung und Identifizierung stets eine Zuordnungsverwirrung auslösen

---

473 S.o. 2. Kapitel D I 3 b (S.107).

474 Beleg dafür ist die Rechtsprechung zur Verwässerung, z.B. BGH GRUR 1959, 25, 29 – Triumph; BGH GRUR 1966, 623, 624 – Kupferberg. Will man nicht schon in der Blockade des Domain-Namens eine Beeinträchtigung der Interessen des Namensträgers nach § 12 BGB sehen, bliebe ein Rückgriff auf § 823 I BGB (Persönlichkeitsrecht) offen.

475 Etwa dem „geschäftlichen Verkehr“ oder der „Verwechslungsgefahr“.

476 Dazu unten 3. Kapitel C (S. 143 f).

477 Zu diesem Erfordernis BGH GRUR 1958, 302, 303 – Lego.

478 *Kur*, Internet und Kennzeichenrecht, S. 362.

479 *Wegner*, S. 252.

muss. Zudem erweist sich die Differenzierung in diese zwei Fallgruppen für die Kollision beidseitig bestehender Kennzeichenrechte nicht als hilfreich. *Poecks*[480] Verweis auf das Recht der Gleichnamigen bzw. § 23 MarkenG versagt bereits, sofern das Kennzeichen nicht einem bürgerlichen Namen entnommen ist. Außerdem gibt *Poecks* Hinweis keinen Aufschluss darüber, ob das ‚Gleichnamigenrecht' auch im privaten, nicht geschäftlichen Rechtsverkehr gelten kann.

Ganz anders sieht der Vorschlag *Kilches* zur Konfliktlösung aus: Bei berechtigter Gleichnamigkeit, etwa bei dem Konflikt zwischen der Stadt Heidelberg und einem Anbieter von Informationen über Heidelberg und Umgebung, habe keiner der Prätendenten den „Hauptanspruch auf eine Namensführung ohne differenzierenden Zusatz." Die Stadt habe nur einen Anspruch auf „stadt.heidelberg.de" oder „heidelberg-stadt.de" ebenso wie dem lokalen Anbieter von Informationen allenfalls ein Anspruch auf „info.heidelberg.de"[481] oder Ähnliches zustehe. Mangels ausreichender technischer Ressourcen seien auch Firmenschlagworte abzulehnen. Es gelte: „Je kürzer das Schlagwort, desto weiter und daher unberechtigt der erhobene Namensanspruch." Bei Gleichnamigen dürfe auch kein Inhaber nur mit seinem Familiennamen eine E-Mail-Adresse bilden.[482] Dieser Vorschlag muss sich allerdings dem Einwand aussetzen, dass der Domain-Namensraum weitgehend neu verteilt werden müsste, wenn jede Homonymie durch die Beifügung von Zusätzen auszuräumen wäre. Selbst die Beifügung von Vornamen könnte Namenskollisionen häufig nicht verhindern. Den Domain-Namen würde ihre Merkfähigkeit genommen; Besitzstandsschutz bliebe völlig unberücksichtigt.

Eine Differenzierung zwischen branchenabhängig und branchenunabhängig sich durchsetzenden Namensrechten befürwortet das LG Düsseldorf.[483] Sollte sich allerdings damit nur ein Namensrecht branchenunabhängig gegenüber demjenigen durchsetzen können, der überhaupt kein Recht an dem Domain-Namen geltend machen kann, bleibt der Anwendungsbereich dieser Fallgruppe des § 12 BGB gering, weil durch den Gebrauch eines Domain-Namens Kennzeichenrechte begründet werden können.[484] Das LG Paderborn hält demgegenüber – allerdings nur in einem obiter dictum – den Gebrauch eines Familiennamens in der SLD schon dann für interessenverletzend, wenn ein

---

480 *Poeck*, S. 50 f.

481 Dabei verkennt *Kilches*, S. 334, dass ‚info.heidelberg.de' und ‚stadt.heidelberg.de' gleiche Domain-Namen sind, weil die durch einen Punkt getrennten Bestandteile „info" und „stadt" lediglich Subdomains der SLD „heidelberg" sein können. Dazu oben Einleitung B, S. 3 ff.

482 *Kilches*, S. 334.

483 S.o., Fussnote 438.

484 S.o., 1. Kapitel B (S. 57 ff).

bundesweit etabliertes, gleichnamiges Unternehmen die registrierte Domain für sich begehrt.[485]

Vorsichtiger formuliert das OLG München. Bei der Beurteilung der widerstreitenden Interessen zwischen dem beklagten Inhaber der Domain „shell.de“, der gleichzeitig auch Träger des Familiennamens „Shell“ ist, und der Deutschen Shell AG falle entscheidend ins Gewicht, dass es sich bei dem Firmennamen „Shell“ um einen berühmten Namen handele. Es sei daher dem Beklagten eher als der klagenden deutschen Tochter des Mineralölkonzerns zuzumuten, sich von dem anderen Namensträger durch Zusätze abzugrenzen. Außerdem bestehe ein Interesse der Allgemeinheit daran, nicht irrtümlich auf die Homepage des Beklagten bzw. seiner Familie zu geraten. Schließlich stützt das OLG München seine zugunsten der Deutschen Shell AG ausfallende Interessenabwägung zusätzlich auf den Umstand, dass dem Beklagten die Domain von einem Grabber übertragen wurde.[486] Das OLG Hamm stützt dagegen in seiner Entscheidung „krupp.de“ die Interessenabwägung im wesentlichen auf zwei Aspekte: erstens – und insoweit mit dem OLG München übereinstimmend – auf die Berühmtheit, hier des Namens Krupp, zweitens auf die Priorität des klagenden Stahlunternehmens.[487] Neben der Berühmtheit als materiellem Gesichtspunkt führt das OLG Hamm mit der Priorität ein formelles Kriterium ein, das im Rahmen der Interessenabwägung Berücksichtigung finden soll.

2. Lösungsansätze nach formalen Kriterien

Das Kriterium der Priorität führt zur Überlegung, ob sich die Interessenabwägung nicht ausschließlich an formalen Gesichtspunkten orientieren sollte. Hier bieten sich das Prioritäts- oder alternativ das Erstanmelderprinzip an.

a. Das Prioritätsprinzip als Lösungsweg

Die Abwägung der entgegenstehenden Interessen könnte sich an den zum Markenrecht gefundenen Ergebnissen orientieren. Danach wäre der prioritätsjüngere Kennzeicheninhaber zur Verwendung von Zusätzen verpflichtet. Die gleiche Pflicht träfe entsprechend § 23 Nr. 1, Fall 1 MarkenG den prioritätsjüngeren Inhaber einer Domain, der sie aus seinem bürgerlichen Namen abgeleitet hat. In der Literatur befürwortet *Wagner* eine solche Lösung. Er argumen-

[485] LG Paderborn, MMR 2000, 49 f.
[486] OLG München, ZUM 1999, 584, 587 f – shell.de.
[487] OLG Hamm, CR 1998, 241, 243 – krupp.de.

tiert, dass das Zeichenrecht nicht für jede Benutzungsform neu verliehen werden müsse oder könne. Dementsprechend erfordere das Aufkommen eines neuen Mediums – wie etwa des Fernsehens – keineswegs eine „Distribution de novo“, weil sich die Kennzeichenrechte ohne weiteres auch auf diese Sphäre erstrecken. Folglich seien die Kennzeichenrechte bereits verteilt gewesen, noch bevor der erste Domain-Name zugewiesen wurde.[488] Für diese klare und starre Lösung könnte man auch Gesichtspunkte wie Voraussehbarkeit und Rechtssicherheit anführen wollen.

Indessen ergeben sich erhebliche Zweifel an der Anwendung des Prioritätsgrundsatzes für die hier zu lösenden Namenskollisionen. Das Prioritätsprinzip kann insbesondere auf den Schutz eines erworbenen Besitzstands gestützt werden.[489] Derjenige, der ein Zeichen schon über längere Zeit benutzt, hat in der Regel einen wertvolleren Besitzstand geschaffen als der jüngere Inhaber eines identischen Zeichens. Das Markengesetz möchte, wie dargelegt, die Zeichenbenutzung für gänzlich andere Waren, Dienstleistungen und Branchen im Interesse anderer Marktteilnehmer grundsätzlich offen halten.[490] Der Kennzeicheninhaber kann die Verwertung seines Zeichens daher nur für einen bestimmten Bereich monopolisieren und andere nur für einen eingeschränkten Bereich von einer Verwertung ausschließen. Entsprechendes gilt für § 12 BGB, der dem Grundsatz nach einen Unterlassungsanspruch bei Branchenverschiedenheit ausschließt.[491] Dem Inhaber eines älteren Zeichens stehen daher für diesen Bereich grundsätzlich keine Abwehransprüche gegen den Inhaber gleicher Kennzeichen zu. Dann aber haben beide Kennzeicheninhaber einen schützenswerten Besitzstand ihres Zeichens für jenen Bereich erlangt, für den Rechtsschutz gewährt wird. Es würde dieser Wertung widersprechen, wenn der Inhaber des ältesten Zeichens dieses gegenüber jedem anderen rechtmäßigen Zeicheninhaber im Internet allein wegen dessen Alters monopolisieren dürfte.

Aus diesem Grund überzeugt es nicht, bei der Kollision zwischen dem Namen einer Stadt und einem identischen Familiennamen auf die Priorität abzustellen, wie es *Ernst* vorschlägt. Da dieses stets die Stadt sein werde, müsse eine gleichnamige Person oder ein gleichnamiges Unternehmen immer eine

---

488 *Wagner*, S. 710. Er bezieht sich zwar lediglich auf markenrechtliche Ansprüche. Seine Überlegungen können aber mit ihren Konsequenzen auf die Kollisionen im Namensrecht übertragen werden, da er den Schutzbereich einer Marke bei deren Verwendung als Domain so extensiv fasst, wie nach der hier vertretenen Auffassung nur der nach § 12 BGB gewährte Schutz zu begreifen ist. Unklar *Schmittmann*, S. 311 f, der gleichzeitig auf Priorität und Erstanmelderprinzip abstellt.

489 *Canaris*, GRUR 1989, S. 711, 717 f.

490 Von der Ausnahme des Bekanntheitsschutzes gem. § 15 III MarkenG soll hier abgesehen werden.

491 Vgl. *Baumbach/Hefermehl*, RdNr. 216 Allg.

SLD mit Zusätzen verwenden.[492] Stellte man tatsächlich auf die Priorität ab, stünde aber einer Person mit dem Familiennamen Chemnitz gegen die gleichnamige Stadt ein Unterlassungsanspruch aus § 12 BGB zu.[493] Dieses Beispiel verdeutlicht, dass wohl nicht der Altersvorrang beim Kennzeichenerwerb das gerechtigkeitsstiftende Moment ist, sondern andere Wertungen der Stadt zu „ihrer" Domain verhelfen sollen. Auch der skurrile Vorschlag *Schmittmanns*[494], der ebenso auf die Priorität abstellt, ist daher abzulehnen.

Auch die Annahme ist nicht berechtigt, eine Lösung nach dem Altersvorrang fördere Rechtssicherheit und Voraussehbarkeit. Werden an die Zuordnungsverwirrung keine hohen Anforderungen gestellt, sind unter Umständen die Interessen einer Vielzahl Namensgleicher beeinträchtigt. Vor einem Internet-Auftritt müsste selbst das Alter natürlicher Personen, kurzum das Alter nahezu aller von der Rechtsordnung geschützten Kennzeichen berücksichtigt werden. Der Altersvorrang einer Vielzahl homonymer Kennzeichen wird sich aber praktisch nicht ermitteln lassen, sodass Streitigkeiten um Domain-Namen völlig unvorhersehbar wären und sich als Rechtsunsicherheiten erzeugende Konflikte erwiesen. Für den bürgerlich-rechtlichen Namensschutz trifft, sofern sich aufgrund des Inhalts der Homepage keine Verwechslungsgefahr ergibt, die im Markenrecht kritisierte Auffassung *Bückings* zu, dass ein Abstellen auf die ursprünglichen Prioritätsverhältnisse unabsehbare Kollisionsgefahren auslöst, weil auch das Alter branchenfremd geschützter und anderer Kennzeichen ermittelt werden müsste.

Es sollte daher von folgender Differenzierung ausgegangen werden: Ergibt sich wegen des Inhalts der Homepage eine Verwechslungsgefahr aufgrund der Ähnlichkeit der Branchen (Gleichnamigkeit im engeren Sinne), kann das Prioritätsprinzip im Rahmen des § 12 BGB wie im Rahmen des § 15 MarkenG Anwendung finden – der prioritätsältere Kennzeicheninhaber kann für diesen Bereich das Kennzeichen unabhängig vom verwendeten Medium monopolisieren und andere von der Benutzung des Zeichens in diesem Bereich ausschließen. Ergibt sich eine solche Verwechslungsgefahr nicht, sondern beruht

---

[492] So *Ernst*, NJW CoR 1997, S. 426, 428. Ebenso Soergel/*Heinrich*, RdNr. 152 a zu § 12, für die Gleichnamigkeit einer Gemeinde mit einer natürlichen Person, weil der Gemeinde infolge der Ableitung des Familien- vom Gemeindenamen die älteren Rechte zustünden.

[493] Dies setzt allerdings voraus, dass erstens die Umbenennung von Karl-Marx-Stadt in Chemnitz nicht als Fortführung des ursprünglichen Namens gedeutet wird und zweitens der Träger des Familiennamens Chemnitz älter ist als die Wiederaufnahme des Stadtnamens „Chemnitz".

[494] *Schmittmann*, S. 512, will abweichend von *Ernst* die Priorität des Namens einer natürlichen Person nicht von deren Geburt abhängig machen, sondern auf den Zeitpunkt des Erwerbs durch die Familie abstellen, deren Namen die natürliche Person trägt. Die Folge wäre, dass demjenigen die Domain zugesprochen werden müsste, der sich auf einen älteren Stammbaum berufen kann. Das von *Ernst* propagierte und nur noch vereinzelt anzutreffende Anciennitätsprinzip würde in ein dem Rechtsleben unserer Tage völlig unbekanntes „Genealogieprinzip" münden.

die Interessenverletzung in der Blockadewirkung (Gleichnamigkeit im weiteren Sinne), kann sich aus dargelegten Gründen keine der Parteien auf einen Altersvorzug berufen. Unausgesprochen scheinen von dieser Differenzierung auch einige Gerichte auszugehen. Das LG Paderborn etwa ließ die Priorität des Namenserwerbs bei der Kollision eines Familiennamens mit einem Unternehmenskennzeichen unerwähnt.[495] Dagegen stützte sich das OLG München bei dem Streit zwischen einer Sozietät und einer Partnerschaft iSd § 1 PartGG, die beide auf dem Gebiet der Rechtsberatung tätig sind, ausdrücklich auf den Zeitrang.[496]

Auch rechtsdogmatisch bestehen keine durchgreifenden Bedenken, hinsichtlich der Geltung des Prioritätsprinzips zwischen Gleichnamigkeit im engeren Sinne einerseits und Gleichnamigkeit im weiteren Sinne andererseits zu unterscheiden. Im bürgerlichen Namensrecht ist – anders als im Markenrecht gem. § 6 MarkenG – der Prioritätsgrundsatz nicht gesetzlich verankert. Ob das Prioritätsprinzip in § 12 BGB Anwendung findet, richtet sich stets nach der Art des Namenskonflikts. Für Zwangsnamen natürlicher Personen gilt das Prioritätsprinzip nicht, weil der Gesetzgeber das Nebeneinander vieler Namensrechte aufgrund des Erwerbs kraft Abstammung, Adoption und Ehe voraussetzt.[497] Bei Wahlnamen wird hingegen der Konflikt grundsätzlich nach der Priorität gelöst.[498] Eine Ausnahme findet sich etwa in der Behandlung wettbewerbsrechtlicher Gleichgewichtslagen aufgrund des Besitzstandsschutzes.[499] Dann liegt es nahe, die hier erörterungsbedürftigen Fälle rechtlich geschützter Koexistenz ebenso wenig nach dem Zeitrang zu behandeln wie die Fälle einer aufgrund des Zeitablaufs faktisch entstandener Koexistenz. Dem Inhaber des älteren Kennzeichens ist damit die Berufung auf einen Altersvorzug zu versagen.

b. Das Erstanmelder-Prinzip als Lösungsweg

Für Fälle, die nicht nach der Priorität zu lösen sind, könnte es bei dem Grundsatz "first come, first served" verbleiben – der Erstanmelder würde sich

---

495 LG Paderborn, MMR 2000, 49 f.

496 OLG München, K&R 1999, 570, 572 – vossius.de. Die Besonderheit des Falles liegt freilich darin, dass die klagenden und in einer Partnerschaft zusammengeschlossenen Patentanwälte ihre Priorität trotz Rechtsformwechsels in analoger Anwendung des § 24 II HGB auf eine Gestattungsvereinbarung eines der beklagten Sozien stützen konnten. Dem OLG München zustimmend *Ring*, EWiR 1999, S. 1153 f.

497 *Pehle*, S. 199. Nicht überzeugend hingegen *Haupt*, S. 70, der das Prioritätsprinzip für Kollisionen bei § 12 BGB prinzipiell nicht anwenden will.

498 MünchKomm/*Schwerdtner*, RdNr. 117 zu § 12 m.w.N.

499 Hierzu oben 1. Kapitel C II (S. 82 f).

also gegenüber dem Gleichnamigen durchsetzen können.[500] *Omsels* führt hierzu an, dass diese „Strafe für den Zuspätgekommenen“ der Billigkeit entspräche. Kennzeichenrechtler seien es gewohnt, dass mit Ausschließlichkeitsrechten ausgestattet werde, wer zuerst kommt. Die prioritätsältere Kennzeichnung ginge der prioritätsjüngeren voraus. Dieser Grundsatz finde im Wettlauf um die Internetadresse seine Bestätigung.[501] Auch nach *Bettinger* gebührt bei Unternehmen unterschiedlicher Branchen demjenigen der Vorzug, der sich sein Kennzeichen als Domain-Namen zuerst hat eintragen lassen.[502] Bei der Registrierung eines bekannten Kennzeichens solle dieser Grundsatz wohl eingeschränkt und geprüft werden, ob und inwieweit dem Benutzer des Domain-Namens zugemutet werden könne, auf einen anderen Domain-Namen auszuweichen.[503]

Der Vergleich von Prioritätsgrundsatz und Erstanmelderprinzip evoziert Bedenken. Richtig ist, dass das Prioritätsprinzip das Kennzeichenrecht beherrscht und die Lösung nach dem Zeitrang mit der Folge eines Ausschlusses Dritter ein gängiges, weil in der Regel interessengerechtes Kriterium darstellt. Ein älterer Kennzeicheninhaber hat gegenüber einem jüngeren Kennzeicheninhaber in der Regel aufgrund längeren Gebrauchs einen schutzwürdigen Besitzstand entwickelt. Außerdem ist es der jüngere Kennzeicheninhaber, der den Zeichenkonflikt durch den Gebrauch seines Zeichens veranlasst.[504]

Die Gesichtspunkte des Besitzstandsschutzes und des Veranlasserprinzips lassen sich aber nicht ohne weiteres auf Domain-Namen übertragen, die mit bestehenden Kennzeichen identisch sind. Hinsichtlich des Besitzstandsschutzes lässt sich zwar richtigerweise sagen, dass der domainbezogene Besitzstand des Domaininhabers unendlich größer ist als der des ausgeschlossenen Kennzeicheninhabers, weil dieser wegen der Einmaligkeit des Domain-Namens einen solchen gar nicht hätte aufbauen können. Der Domain-Name lässt sich aber auch zu dem Besitzstand in Beziehung setzen, den das Kennzeichen außerhalb des Internets verwirklicht hat. Tatsächlich ist der kennzeichengleiche Domain-Name mit dem Erhalt und der Erweiterung des bereits geschaffenen Besitzstands aufs engste verknüpft, und zwar durch die erleichterte Abrufbarkeit der Website und durch die Übung im Verkehr, Verbindungen zwischen Domain-Namen und bestehendem Kennzeichen herzustellen. Es konkurrieren somit mehrere Besitzstände, bei denen nicht von vornherein ersichtlich ist, welchem der größere Schutz gebührt.

Auch auf das Veranlasserprinzip lässt sich die Geltung des Grundsatzes "first come, first served“ bei Domain-Namen nicht problemlos stützen. Als Veran-

---

500 *Gilliéron*, sic! 2000, S. 71, 82; dafür im Grundsatz auch *Höhne*, Medien und Recht 1999, S. 239.

501 *Omsels*, S. 335.

502 *Bettinger*, GRUR Int. 1997, S. 402, 411.

503 *Bettinger*, GRUR Int. 1997, S. 402, 413, dort allerdings zu § 1 UWG.

504 Vgl. *Canaris*, GRUR 1989, S. 711, 717 f.

lasser des Konflikts lässt sich zweifelsohne der Zuspätkommende begreifen. Es lässt sich aber ebenso behaupten, dass der Erstanmelder mit der Registrierung der kennzeichengleichen Domain den Konflikt um die URL nahezu herausgefordert hat und deshalb als der wahre Veranlasser zu sehen ist. Die dem Prioritätsprinzip zugrundeliegenden Wertungen des Kennzeichenrechts lassen sich also nicht recht mit dem Erstanmelderprinzip in Einklang bringen.

Geben die im Kennzeichenrecht geltenden Wertungen keinen klaren Aufschluss darüber, ob das Erstanmelderprinzip Anwendung finden kann, erweist sich eventuell ein Blick auf Prioritätsregelungen in anderen Gebieten des Rechts als hilfreich. Aus dem Bereich des gewerblichen Rechtsschutzes lässt sich auf die Bestimmung des § 6 Satz 3 PatG zurückgreifen. Sie normiert, dass bei Doppelerfindungen – also Erfindungen, die von Erfindern unabhängig voneinander gemacht worden sind – demjenigen das Recht zusteht, der die Erfindung zuerst bei dem Patentamt angemeldet hat. Es kommt demnach nicht darauf an, wer zuerst die Erfindung gemacht, sondern wer diese zuerst angemeldet hat. Übertragen auf Domain-Namen könnte dies bedeuten, dass nicht der Zeitpunkt des Erwerbs des Kennzeichenschutzes, sondern die Registrierung der kennzeichengleichen Domain entscheidend ist.

Allerdings treffen die Überlegungen, die dem erstanmeldenden Erfinder das Recht zustehen lassen, nicht in gleicher Weise auf den erstanmeldenden Domaininhaber zu. Zum einen soll § 6 Satz 3 PatG durch Rechtsnachteile Anreize schaffen, die Erfindung frühzeitig anzumelden und dadurch der Allgemeinheit zu offenbaren.[505] Nun ließe sich noch behaupten, dass Kennzeichen im Interesse der Allgemeinheit auch als Domain-Namen registriert werden sollten. Die Bestimmung soll aber auch Doppelpatentierungen verhindern.[506] Doppelbelegungen ein und desselben Domain-Namens sind von vornherein ausgeschlossen und gerade missliche Ursache der hier zu erörternden Konflikte, so dass auch die dem § 6 Satz 3 PatG zugrunde liegenden Erwägungen nicht auf das Erstanmelder-Prinzip übertragen werden können.[507]

Erwägungen, die anderen Prioritätsregelungen aus dem Zivilrecht zugrunde liegen, lassen sich ebenfalls nicht ohne weiteres auf das Erstanmelderprinzip übertragen. Im Sachenrecht ist der Vorrang des älteren Rechts gleichsam logische Konsequenz des im Römischen Recht ausnahmslos geltenden und im bürgerlichen Recht weitgehend erhaltenen Grundsatzes „nemo plus iuris transferre potest quam ipse habet“.[508] Hier beruht das Erstanmelderprinzip

---

505 Benkard/*Bruchhausen*, RdNr. 21 zu § 6.

506 BGHZ 41, 378, 380 – Erntemaschine.

507 Entsprechendes gilt für die Priorität im Sortenschutzrecht, vgl. *Wuesthoff/Leßmann/Wendt*, RdNr. 4 zu § 10.

508 Vgl. *Mugdan*, Band I, S. 505. Der auf germanisches Recht zurückgehende gutgläubige Eigentumserwerb stellt eine echte Ausnahme dar, weil der Veräußerer nicht ein eigenes, sondern ein fremdes Recht überträgt. Nicht überzeugend in diesem Punkt daher *Wacke*, S. 96.

indessen allein auf der praktischen Erwägung, dass eine Prüfung der materiellen Berechtigung die Vergabestelle DENIC organisatorisch und finanziell völlig überfordern würde.

Auch die Prioritätsregelung des § 804 III ZPO lässt sich für das Erstanmelderprinzip nicht hinreichend fruchtbar machen. Als Grund der Privilegierung des früher pfändenden Gläubigers gegenüber dem oder den später Pfändenden nach § 804 III ZPO wird zwar im CPO-Entwurf angeführt, dem um die Realisierung seiner Forderung bemühten und wachsamen Gläubiger gebühre der Vorrang als eine Art Erfolgsprämie,[509] so dass auch die Erstregistrierung ‚prämiert' werden könnte. Von einer auf Leistung beruhenden Prämie mag auch gesprochen werden können, wenn sich der Erste durch einen besonderen zeitlichen Vorsprung auszeichnet. Ist dieser Vorsprung jedoch gering, erscheint die Prämie eher als ein Geschenk des Zufalls. Grund für die Beibehaltung des Prioritätsgrundsatzes in § 804 III ZPO dürfte daher die Trennung des Vollstreckungsrechts in Einzelvollstreckung mit Vorrang des einzelnen Gläubigerrechts und Gesamtvollstreckung mit möglichst gleichmäßiger Berücksichtigung aller Gläubiger sein.[510]

Lässt sich nicht auf Prioritätsregelungen des geltenden Rechts zurückgreifen, mag ein Blick auf den Sachsenspiegel gestattet sein, dem wir das Rechtssprichwort „wer zuerst kommt, mahlt zuerst"[511] verdanken. *Wacke* bezeichnet den Vorzug des Zuerstkommenden als „ein evident gerechtes Ordnungsprinzip, das jedem Kind einleuchtet."[512] Insofern hat auch die These *Omsels*, die Strafe für den Zuspätgekommenen entspräche der Billigkeit, ihre Berechtigung. Doch bedarf die These einer Einschränkung: Der Grundsatz "first come, first served" kann im außerrechtlichen wie im rechtlichen Bereich nur soweit gelten, wie Rechtsgüter aufgrund annähernd gleicher Wertigkeit annähernd gleich schutzwürdig sind.

Zur Bestärkung dieser Gegenthese kann an das altdeutsche und ebenfalls schon im Sachsenspiegel niedergelegte Rechtssprichwort „Welcher Wagen zuerst zur Brücke kommt, der fährt zuerst hinüber"[513] angeknüpft und in die heutige Zeit transformiert werden: Ist auf mehreren Straßen mit mehreren Fahrstreifen für eine Richtung das durchgehende Befahren eines Fahrstreifens nicht möglich, ist gem. § 7 IV StVO den am Weiterfahren gehinderten Fahr-

---

[509] Vgl. *Hahn*, S. 449. Dagegen ist schon einzuwenden, dass sich der Zuspätkommende als der wachsamere und um die Realisierung seiner Forderung besonders bemühte Gläubiger erweist, wenn er zwar den Vollstreckungstitel später erhalten, Klage aber schon vor dem Erstpfändenden erhoben hat.

[510] MünchKommZPO/*Schilken*, RdNr. 28 zu § 804.

[511] „Der ouch êrst zû der mül kümt, der sal êrst malen", Der Sachsenspiegel, Zweites Buch, Art. 59 § 4.

[512] *Wacke*, JA 1981, S. 94.

[513] "Swilch wagen êrst ûf de brucke kümt, her sal êrst uber gân...", Der Sachsenspiegel, Zweites Buch, Art. 59 § 3 Satz 4.

zeugen der Übergang auf den benachbarten Fahrstreifen in der Weise zu ermöglichen, dass sich diese Fahrzeuge jeweils im Wechsel nach einem auf dem durchgehenden Fahrstreifen fahrenden Fahrzeug einordnen können – demjenigen ist Gelegenheit zum Spurwechsel zu geben, der als erster einen bestimmten Streckenabschnitt erreicht.

Ist jedoch die Polizei zur Abwendung einer Gefahr für die öffentliche Sicherheit oder Ordnung im Einsatz, muss deren Fahrzeugen ohne weiteres und sofort gem. § 38 I 2 StVO freie Bahn verschafft werden – auf das Erreichen eines bestimmten Streckenabschnitts kommt es nicht an.[514] Um auf § 6 Satz 3 PatG und § 804 III ZPO zurückzukommen: Der Vorrang wird dem Erstanmelder eines Patents auch deshalb gewährt, weil beide Prätendenten Erfinder und damit beide materiell gleichberechtigt sind. Den egalitären und liberalen Vorstellungen, die ZPO und BGB zugrunde liegen, ist eine Differenzierung zwischen besonders und weniger schützenswerten Gläubigern fremd. Anders im Kennzeichenrecht: Dort gibt es sowohl Zeichen, die aufgrund ihrer Kennzeichnungsstärke und hoher Verkehrsdurchsetzung in besonderem Umfang geschützt werden (vgl. nur § 15 III MarkenG) als auch solche, deren Schutz starken Begrenzungen unterliegt. Im Kennzeichenrecht lässt sich daher schon von besonders und weniger schützeswerten Zeichen sprechen.

Die Anwendung des Erstanmeldergrundsatzes bedarf daher wenigstens weiterer Legitimierung in dem Maße, wie die Interessen des Ausgeschlossenen das des Domaininhabers überwiegen. Außerdem ist zu berücksichtigen, dass es sich beim Erstanmelderprinzip, entgegen den angeführten Rechtssprichwörtern, nicht um eine bloße Verfahrensordnung handelt. Das Korn des Bauern wird auch gemahlen, wenn er an zweiter Stelle die Mühle erreicht; der letzte wie der erste Wagen darf die Brücke passieren. Die Domain hingegen ist der Anlage nach auf Dauer besetzt; andere kommen nicht mehr zum Zuge.

Einen Lösungsansatz könnte die Rechtsprechung bieten. Das BVerwG stellte zur Vergabe von Taxikonzessionen fest, dass das Prioritätsprinzip bei einem Bewerberüberhang dem Gerechtigkeitsgedanken besser genügen könne als denkbare andere rechtsstaatliche Lösungen. Allerdings weist das Gericht auch einschränkend darauf hin, dass das Personenbeförderungsgesetz (PBefG) Raum für Differenzierungen und damit Abweichungen vom Prioritätsgrundsatz zulässt.[515] Hier kommt ebenfalls der Gedanke zum Tragen, dass der Grundsatz

---

514 Im übrigen galt der Vorrang des Ersten auch im Sachsenspiegel nicht ohne Ausnahme. Bei der Verfolgung eines Fußgängers oder Reiters musste jeder Wagen auf der Brücke stehen bleiben: „Der rîtene wîche deme wagene, und der gênde deme rîtene; sîn sie aber in eime engen wege oder ûf einer brucken, und jaget man einen rîtenen oder zu vûze, sô sal der wagen stille stên, biz sie mugen vorkomen“, Der Sachsenspiegel, Zweites Buch, Art. 59 § 3 Satz 3.

515 BVerwG NJW 1990, 1376, 1377 – Taxigenehmigung. Ansprüche *sollen* nach der zeitlichen Reihenfolge berücksichtigt werden und nachrangig *wird* behandelt, der die Voraussetzungen des § 13 V S. 3 Nr. 1 - 3 PBefG erfüllt.

der Priorität Ausnahmen zulässt, wenn ungleich schutzwürdige Prätendenten um eine Position ringen. Richtigerweise kann daher auch der Domain-Namenskonflikt nicht ohne Berücksichtigung der Wertigkeit der sich gegenüberstehenden Interessen entschieden werden.

Das Erstanmelderprinzip kann letztendlich darauf gestützt werden, dass andere Vergabemodi nicht zu einem befriedigerenden Ergebnis führen und die grundsätzliche Geltung der Erstanmeldung Rechtssicherheit und Rechtsfrieden fördert. Das BVerfG bezeichnete Rechtssicherheit und Rechtsfrieden in einer frühen Entscheidung sogar als von so zentraler Bedeutung für Rechtsstaatlichkeit, dass um deretwillen eine im Einzelfall vielleicht unrichtige Entscheidung in Kauf genommen werden müsse.[516] Den Gedanken von Rechtssicherheit und Rechtsfrieden kann Rechnung getragen werden, indem hohe Anforderungen an einen interessenverletzenden Gebrauch eines Domain-Namens gestellt werden. Im Ergebnis kann daher – vorbehaltlich noch zu erörternder Bedenken[517] – von einem Grundsatz der Erstanmeldung gesprochen werden, der im Einzelfall unter Berücksichtigung der Wertigkeit der sich gegenüberstehenden Interessen zu korrigieren ist.

3. Eigener Lösungsvorschlag

Der Klarheit wegen ist es geboten, die Interessenkreise des Domaininhabers, des namensgleichen Ausgeschlossenen und die der Allgemeinheit voneinander getrennt zu beleuchten. Gleichzeitig sollen Abstufungen in der Gewichtung der Einzelinteressen offengelegt werden (a). In einem zweiten Schritt werden die Interessenkreise untereinander gewichtet (b), um schließlich die in der Regel maßgeblichen Kriterien der Interessenabwägung zusammenzufassen und in gebotener Kürze anhand von einigen Fällen aus der Rechtsprechung beispielhaft abzuwägen (c). Klargestellt werden muss vorweg, dass es sich um typisierte Interessen handelt. Im konkreten Fall können besondere Umstände berücksichtigt werden, die in der nachfolgenden Darstellung unerwähnt bleiben. Dies ist Folge des unbestimmten Rechtsbegriffs der Interessenverletzung, der es sowohl gestattet als auch erfordert, die Besonderheiten des einzelnen Falles besonders zu berücksichtigen.

---

516 BverfGE 2, 380, 403.

517 Dazu unten 2. Kapitel D II 3. b (3) (S. 133).

a. Die einzelnen Interessenkreise

(1). Die Interessen des Domaininhabers

Immanent ist den Namenskonflikten vorliegender Art, dass der Domaininhaber die registrierte Domain weiterhin für sich nutzen will. Sein Interesse an dieser Domain ist umso stärker, je intensiver er die Domain im privaten und/oder geschäftlichen Bereich nutzt oder Vorkehrungen für eine künftige Nutzung geschaffen hat. Werden der gesamte Geschäftsbetrieb oder große Teile davon über den Domain-Namen abgewickelt oder sind hohe Aufwendungen, z. B. für Werbung, in Zusammenhang mit der Domain getätigt worden, besteht ein deutlich größeres Interesse an der Beibehaltung der Domain als im Falle ihrer bloßen Registrierung.

Ähnliche Überlegungen fanden schon im „Kupferberg"-Urteil Eingang. Der BGH berücksichtigte, dass eine Änderung der Firmenbezeichnung unter dem Gesichtspunkt der Erhaltung des Goodwill umso eher zuzumuten ist, desto weniger die Firmenbezeichnung bekannt ist. Denn einem bekannten, überschaubaren Verkehrskreis könne ohne Einbuße geschäftlichen Ansehens dargelegt werden, auf welchen Umständen eine Firmenänderung beruht.[518] Kommt der Bekanntheit für die Zumutbarkeit einer Firmenänderung Bedeutung zu, kann dies auch für die Änderung eines Domain-Namens gelten, der inzwischen für den namenstragenden Domaininhaber bekannt geworden ist. Hat der Domaininhaber indessen eine Vielzahl von Domain-Namen mit einer IP-Adresse konnektiert, ist sein Interesse am Erhalt der Domain insbesondere dann gering, wenn mit der kennzeichengleichen Domain nur vereinzelt die Website aufgerufen wird und sich eine andere als die streitgegenständliche Domain im Internet etabliert hat.

Das jeweilige Interesse an dem Bestand der Domain ist bei der Abwägung der widerstreitenden Positionen zu beachten, weil der Besitzstandsschutz ein von der Rechtsordnung geschütztes Interesse ist. Der Schutz des „verkörperten" Besitzes ist Gegenstand des § 858 I BGB, der selbst den unrechtmäßigen Besitzer vor Entzug oder Störung des Besitzes durch nicht gestattete Eingriffe schützt. Den Schutz des „vergeistigten" Besitzes lässt der Gesetzgeber etwa in § 21 MarkenG erkennen. Er verwehrt dem Kennzeicheninhaber nach Ablauf von fünf Jahren und weiteren Voraussetzungen die Geltendmachung von Untersagungsansprüchen. Schließlich erkennt die Rechtsprechung den „vergeistigten" Besitzstandsschutz schon seit langem durch die besondere Behandlung der Fälle einer wettbewerblichen Gleichgewichtslage an[519].

---

518 BGH NJW 1966, 343, 346 – Kupferberg.
519 S.o., 1. Kapitel C II (S. 82).

Allerdings fragt sich, ob Besitzstandsschutz schon ab dem Zeitpunkt der Registrierung in Betracht kommt. Bei einer wettbewerblichen Gleichgewichtslage wird der Besitzstand häufig erst nach Ablauf vieler Jahre geschützt.[520] Der prioritätsjüngere kann dem prioritätsälteren Kennzeicheninhaber seinen Besitzstand in der Regel erst nach Ablauf von fünf Jahren entgegenhalten, § 21 MarkenG. Doch darf folgendes nicht ignoriert werden: Außerhalb des Internets hat der Zeicheninhaber durch die Beschränkung der Kollisionsprüfung auf Territorien, Branchen, Produkte oder Dienstleistungen Kriterien in der Hand, Rechtskonflikte vorherzusehen und sie durch eine entsprechende Kennzeichengestaltung zu vermeiden. Angesichts der Deterritorialisierung und Dematerialisierung der Kennzeichen im Internet kann, im Gegensatz dazu, eine der Domain-Registrierung vorausgehende Prüfung möglicher kollidierender Interessen vom Kennzeicheninhaber kaum verlangt werden.[521] Daher kann der Besitzstand schon ab dem Zeitpunkt der Registrierung geschützt werden.

Die Wertigkeit des Besitzstands lässt sich dabei nicht nur mit objektiven Kriterien wie den Aufwendungen für die Bewerbung der Domain, der Dauer des aktiven Domain-Gebrauchs oder dem tatsächlich verwirklichten Kundenkreis bestimmen. Auch subjektive Elemente haben Einfluss auf den Besitzstandsschutz. Wer mit Absicht eine Kollision zwischen Kennzeichen herbeiführt, hat nicht annähernd so viel Schutz verdient wie der redlich Handelnde.[522] Das Gesetz verleiht dieser Wertung Ausdruck, indem der Anspruch gegen einen bösgläubigen Markeninhaber nicht gem. § 21 I letzter Halbsatz MarkenG verwirkt. Weiter lässt sich nach dem Grad des Verschuldens staffeln – von Absicht zum Vorsatz, über die mittlere bis schließlich zur leichten Fahrlässigkeit. Die Veranlassung als schwächste Form einer noch zurechenbaren Verursachung bedarf hier keiner besonderen Berücksichtigung, da sie jedem Domain-Namenskonflikt in gleicher Weise innewohnt.

(2). Die Interessen des Ausgeschlossenen

Dem von der Domain ausgeschlossenen Namensinhaber kann – ohne besondere Interessen wie Schutz vor Rufausbeutung, Verwässerung und Verwechslung einzubeziehen – aus unterschiedlichen Gründen daran gelegen sein, den Gebrauch der Domain zu untersagen oder die Domain für sich zu nutzen. Zu nennen ist bei natürlichen Personen das Interesse, dass ihr Name nicht anderen

---

[520] Vgl. BGH GRUR 1991, 157, 159.

[521] S.o., 2. Kapitel D II 2 a (S. 115 ff). Bei der Registrierung eines berühmten Kennzeichens kann man dieses Argument allerdings nicht einschränkungslos gelten lassen, weil zumindest bei Gewerbetreibenden die Kenntnis berühmter Kennzeichen vorausgesetzt werden muss; BGH GRUR 1966, 623, 626 – Kupferberg.

[522] Dazu schon oben, 1. Kapitel C I 4 (S. 76).

Personen, Gütern, Einrichtungen oder Aussagen zugeordnet wird. So könnte der Bundeskanzler ein Interesse daran haben, dass unter der Domain „gerhard-schroeder.de“ keine politischen Meinungen kundgetan werden oder überhaupt die Domain von einem anderen verwendet wird. Möglicherweise möchte er selbst die Domain für seine Politik werbend nutzen.[523] Zumeist werden geschäftliche Interessen im Vordergrund stehen: Der Namensinhaber begehrt die identitätswahrende Domain, um den Kommunikationsprozess mit den Marktteilnehmern im Medium Internet zu erleichtern. Nicht zuletzt soll durch die begehrte Domain ein sich geschäftlich niederschlagender Imageverlust vermieden werden, der durch die Verwendung von Zusätzen entstehen könnte.

Je bekannter der Name für eine konkrete Person oder ein konkretes Unternehmen im Verkehr ist, desto größer wird das Interesse des Namensträgers an der namensgleichen Domain zu veranschlagen sein. Denn mit zunehmender Bekanntheit des Namens steigt die Wahrscheinlichkeit, dass Internet-Nutzer den Namensträger unter dieser Domain vermuten. Umgekehrt verhält es sich, wenn der Name nur einem relativ kleinen Kreis von Personen bekannt ist. Für seinen Träger besteht dann kein so dringendes Bedürfnis, unter einer namensgleichen Domain im Internet präsent zu sein. Die Domain könnte nämlich nur von diesem kleinen Kreis von Personen in der Vorstellung gebildet werden, eine Homepage des Namensträgers aufzurufen. Auch bei der Wahrnehmung der Domain als Ergebnis der Benutzung einer Suchmaschine wäre die irrige Vorstellung einer Verbindung zum Namensträger auf einen kleinen Personenkreis beschränkt. Dann ist es dem Namensträger umso eher zuzumuten, den überschaubaren Verkehrskreis über die Errichtung einer neuen Domain zu informieren, um auf diese Weise die Beeinträchtigung seines geschäftlichen oder persönlichen Interesses zu minimieren.

Aber nicht nur der Grad an Bekanntheit eines Namens ist zu berücksichtigen. Auch der Erwartungshorizont des Verkehrs verdient Beachtung. Aufgrund verbreiteter Praxis wird bei der Verwendung eines Städtenamens in der SLD regelmäßig die Stadt als Domaininhaberin vermutet. Das Interesse eines nicht weniger bekannten Schauspielers an einem bereits vergebenen Domain-Namen wird hingegen geringer zu veranschlagen sein, wenn es für Schauspieler unüblich ist, sich in einer bestimmten Form zu präsentieren (beispielsweise in alleiniger Verwendung des Nachnamens in der SLD). Das Maß der Zuordnungsverwirrung wird dann geringer sein, mithin auch das schutzwürdige Interesse am Gebrauch des bereits vergebenen Domain-Namens.

Das Interesse eines Zeicheninhabers an einem identitätswahrenden Domain-Namen ist von der Rechtsordnung zu schützen, weil er dem Namensträger zugeordnet bzw. aufgrund der Besonderheiten des Internets mit einem Besitz-

---

523 Unter dem Domain-Namen „gerhard-schroeder.de“ ist momentan eine Website der „Jungen Union Oberpfalz“ abrufbar. Dort wird Unzufriedenheit über die „Öko-Steuer“ zum Ausdruck gebracht.

stand verbunden werden kann. Desgleichen wirkt sich hier das Verhalten des ausgeschlossenen Namensinhabers auf die Gewichtung seiner Interessen aus. Wer sich rasch gegen die Registrierung des Domain-Namens zur Wehr setzt, dessen Vorbringen findet auch vor dem Gesetz mehr Gehör. Wer lange Zeit zögert, dessen Interesse wird unter Umständen überhaupt nicht berücksichtigt, wie zahlreiche Verjährungsvorschriften belegen (z. B. § 20 I MarkenG, § 477 I BGB). Dementsprechend wird sich auch ein langes Zuwarten des Kennzeicheninhabers vor dem Einschreiten gegen den Domaininhaber negativ auf die Berücksichtigung der Interessen des Ausgeschlossenen auswirken.

(3). Die Interessen der Allgemeinheit

Ob überhaupt Interessen der Allgemeinheit bei der Feststellung eines schutzwürdigen Interesses zu berücksichtigen sind, scheint zweifelhaft. § 12 BGB spricht schließlich von einem Interesse des „Berechtigten“, das verletzt sein muss. Der Namensträger macht ein eigenes und kein fremdes Recht in eigenem Namen geltend. Dennoch wird bei der Beurteilung eines schutzwürdigen Interesses auch darauf abgestellt, ob das „Publikum“ oder die „Allgemeinheit“ irregeführt wird.[524] Dies ist kein Widerspruch, sondern – wenigstens teilweise – Voraussetzung: Schutzwürdig ist das Interesse des Berechtigten, sofern die Allgemeinheit durch die bisherige Domain-Benutzung irregeführt wird. Sein Interesse ist beeinträchtigt, wenn das Publikum den Namen nicht seinem vorgestellten Träger zuordnet. Das Interesse des Verkehrs kann daher weitgehend als inverser Rechtsreflex des Interesses des jeweiligen Namensträgers verstanden werden.

Das OLG München erkennt ein Interesse der Allgemeinheit darin, bei Eingabe der Domain „shell.de“ nicht irrtümlich auf die Homepage einer Familie des Namens „Shell“ zu gelangen. Große Teile des Verkehrs möchten nämlich bei Eingabe dieser Domain auf kürzestem Wege zur Homepage des Mineralölkonzerns gelangen. Insofern korrespondiert das Interesse des Verkehrs mit dem der Deutschen Shell AG. Ferner ist das Interesse desjenigen Verkehrs zu berücksichtigen, der einen bestimmten Domain-Namen seinem bisherigen Inhaber zuordnet, etwa weil er dessen Website bereits abgerufen hat. Die Übertragung des Domain-Namens auf den identischen Namensinhaber führt innerhalb dieses Verkehrskreises zu Zuordnungsverwirrungen, die ohne Domain-Übertragung entfielen. Insofern korrespondiert das Interesse dieses Verkehrskreises mit dem des erstangemeldeten Domaininhabers.

---

[524] OLG München, ZUM 1999, 584, 587 – shell.de; vgl. außerdem *Baumbach/Hefermehl*, RdNr. 238 Allg; *Fezer*, RdNr. 51 und 96 zu § 15; *Knaak*, S. 12 f; *Patt*, S. 110 f; *Plaß*, S. 42.

b. Besonderheiten bei der Gewichtung der sich gegenüberstehenden Interessenkreise

Nachdem die einzelnen Interessenkreise skizziert wurden, sollen die Interessenkreise untereinander gewichtet werden. Es wird der Frage nachgegangen, ob das Interesse einer natürlichen Person an einer namensgleichen SLD alle anderen Interessen verdrängt (1). Sodann wird überlegt, ob das Verfassungsrecht auf die Gewichtung der Interessen zwischen Domaininhaber und ausgeschlossenem Kennzeicheninhaber Einfluss nimmt (2). Anschließend wird in gebotener Kürze erwogen, ob grundgesetzliche Wertungen dem Grundsatz der Geltung des Erstanmelderprinzips entgegenstehen (3).

(1). Das Interesse der natürlichen Person

Im Rahmen der Gewichtung der widerstreitenden Interessen ist zu klären, wie stark das Interesse einer natürlichen Person eingestuft werden kann, die unter ihrem bürgerlichen Namen eine SLD zu nicht geschäftlichen Zwecken einrichtet. So ließe sich die These vertreten, dass dessen Interesse an der namensgleichen Domain alle anderen widerstreitenden Belange überlagert und damit niemals interessenverletzend ist, weil der Gebrauch des gesetzlich vorgeschriebenen Namens der natürlichen Person außerhalb des Geschäftsverkehrs stets befugtermaßen erfolgt.

Diese Behauptung findet sich in der nicht auf Domain-Namen bezogenen Literatur wieder.[525] *Klippel* argumentiert mit der „Unvollkommenheit des Familiennamens“: Da der Familienname wegen der großen Verbreitung zahlreicher Familiennamen seinen Träger nur unzureichend identifiziere, könne das Gesetz nur eine solche Interessenverletzung untersagen, die nicht durch ein eigenes Namensrecht des anderen gedeckt ist.[526] Ein „Heinrich Böll“ dürfe trotz Verwechslungsgefahr mit dem gleichnamigen Dichter seine Werke unter diesem Namen veröffentlichen, ohne zur Führung eines Pseudonyms gezwungen zu sein.[527] Auch *Pawlowski* will aufgrund des persönlichkeits-rechtlichen Charakters „Günter Grass“ keinen Anspruch auf Unterlassung gegen einen Gleichnamigen gewähren, der unter seinem Namen Romane und Theaterstücke veröffentlicht.[528] Entsprechendes könnte für Domain-Namen gelten.

[525] Etwa bei MünchKomm/*Schwerdtner*, RdNr. 114 zu § 12; RGRK/*Krüger-Nieland*, RdNr. 98 zu § 12.

[526] *Klippel*, S. 419 f.

[527] *Klippel*, S. 405; weniger weitgehend das KG, das unter Berufung auf das allgemeine Persönlichkeitsrecht dem Sohn des berühmten Kriminalautors Edgar Wallace das Recht zusprach, seinen Namen „Bryan Edgar Wallace“ in Kriminalfilmen zu verwenden, KG Ufita 44 (1965), 197, 199 ff; kritisch dazu *Fromm*, Ufita 44 (1965), S. 59 ff.

[528] *Pawlowski*, RdNr. 263.

Diese Argumente können nicht überzeugen. Zum einen lässt sich nicht nachvollziehen, warum die große Verbreitung zahlreicher Familiennamen und die daraus resultierende unzureichende Identifizierung auf schlechthin alle Familiennamen durchgreifen soll. Zum anderen wird übersehen, dass Familiennamen, insbesondere in einem bestimmten Kontext, durchaus genügend identifizieren können. Meines Erachtens lässt sich behaupten, dass der Name „Heinrich Böll" in Zusammenhang mit Belletristik zureichend identifiziert, so dass selbst bei eigenem Recht an diesem Namen ein Gebrauch interessenverletzend ist, sofern keine klärenden Zusätze erfolgen. Die Verwendung des eigenen Namens stets als befugt anzusehen würde Missbrauch Tür und Tor öffnen. Entgegen der Ansicht *Krüger-Nielands* hat auch der BGH nicht festgestellt, dass der Gebrauch des Zwangsnamens einer natürlichen Person niemals unbefugt sei.[529] Vielmehr stellt der BGH klar, dass der Namensträger bei auffallender Namensgleichheit auch außerhalb des Geschäftsverkehrs zur Zurückhaltung bei dem Gebrauch seines vollen Namens verpflichtet ist. Durch den Gebrauch des Namens dürfe nicht der Anschein einer nicht bestehenden Familienzugehörigkeit geweckt werden.[530] Und bei der Wahrnehmung der Namen „Heinrich Böll" und „Günter Grass" in Zusammenhang mit Romanen (etwa auf einem Buchumschlag) wird man nicht nur eine Verwandtschaft der Autoren vermuten, sondern dem Irrtum erlegen sein, dass es sich um Werke der berühmten und weltbekannten Nobelpreisträger handelt.

Auch *Weinknechts* Hinweis auf § 111 OWiG[531] geht fehl, weil nur derjenige ordnungswidrig handelt, der einer zuständigen Behörde, einem zuständigen Amtsträger oder Soldaten eine „unrichtige Angabe" über seinen Namen macht. Eine solche Handlung nimmt vor, wer gegenüber dem zuständigen Amtsträger eine inhaltlich falsche Angabe über seine Personaldaten macht.[532] In der Verwendung einer Domain kommt jedoch nicht zum Ausdruck, dass die Zeichenfolge mit dem bürgerlichen Namen des Registrierenden übereinstimmt. Die Zeichenfolge ist also keine Angabe der Personaldaten des Registrierenden. Die Verwendung von mit dem bürgerlichen Namen nicht übereinstimmenden Zeichen in der SLD ist damit keine „unrichtige Angabe". Schutzzweck der Norm ist zudem das staatliche Interesse an der Identitätsfeststellung einer Person.[533] Die Identitätsfeststellung wird aber durch die Verwendung eines anderen als des bürgerlichen Namens nicht erschwert. Also bleibt auch der Schutzzweck der Norm unberührt. Folglich kann aus § 111 OWiG kein Argument für ein alle anderen Belange überlagerndes Interesse an der Verwendung des Familiennamens als Domain gewonnen werden.

---

[529] RGRK/*Krüger-Nieland*, RdNr. 98 zu § 12 unter Hinweis auf BGHZ 29, 256, 264.
[530] BGHZ 29, 256, 264; zustimmend Soergel/*Heinrich*, RdNr. 185 zu § 12.
[531] So aber *Weinknecht*, Teil III (letzte Seite).
[532] KK-*Rogall*, RdNr. 48 zu § 111.
[533] *Göhler*, RdNr. 2 zu § 111; *Rebmann/Roth/Herrmann*, RdNr. 2 zu § 111.

Argumente hierfür könnten allenfalls persönlichkeitsrechtliche Erwägungen sein. Der Name als Hinweis auf eine natürliche Person ist Persönlichkeitsrecht,[534] sein Gebrauch gem. Art. 2 I GG geschützt. Doch darf der Name nicht schrankenlos verwendet werden. Eine Schranke findet sich bei § 12 BGB in dem Erfordernis einer Interessenverletzung. In die Auslegung dieses Tatbestandsmerkmals ist die Ausstrahlungswirkung des Persönlichkeitsrechts einzubeziehen.[535] Außerhalb des Internets kann dem Bedürfnis des Einzelnen, sich als Individuum der Umwelt erkennbar zu machen, dadurch entsprochen werden, dass an den interessenverletzenden Gebrauch des eigenen bürgerlichen Namens besonders strenge Anforderungen zu stellen sind. Bei verbreiteten Namen ist die Gefahr einer Zuordnungsverwirrung gering, so dass die Anforderungen an einen unbefugten, interessenverletzenden Gebrauch des eigenen Namens besonders hoch anzusetzen sind. Je weniger Träger des gleichen Namens, desto stärker ist seine identifizierende Wirkung, desto stärker muss ein Namensträger auf die Belange eines Gleichnamigen Rücksicht nehmen; die Anforderungen eines interessenverletzenden Gebrauchs sind mithin geringer.[536] Diese Wertung liegt dem bereits zitierten Urteil des BGH zugrunde, der die Zurückhaltung bei Gebrauch des bürgerlichen Namens außerhalb des Geschäftsverkehrs insbesondere mit der „so auffallenden Namensgleichheit" zwischen den Trägern der Vor- bzw. Nachnamen „ten Doornkaat Koolman" begründete.[537]

Die außerhalb des Internets anzutreffenden Fälle der Homonymie gibt es bei Domain-Namen jedoch nicht. Wenn schon der Gebrauch des bürgerlichen Namens dadurch eingeschränkt ist, dass er aufgrund seiner Seltenheit nur wenigen Trägern zugeordnet werden kann, muss dies erst recht gelten, wenn ein Domain-Name nur einen einzigen Träger identifizieren kann. Hiergegen lässt sich richtigerweise einwenden, dass trotz der Eindimensionalität des Internet-Namensraums mehrere Träger des gleichen Namens bestehen. Allerdings wird die Interessenverletzung nicht nur maßgeblich auf den unmittelbar erfolgenden Gebrauch, sondern ebenso auf die mittelbare und die dem Gebrauch folgende Ausschlusswirkung gestützt. Hier ist der Gleichnamige besonders beeinträchtigt, weil die Domain-Registrierung die Gefahr einer Zuordnungsverwirrung schafft und dem Gleichnamigen darüber hinaus die Möglichkeit genommen wird, dass sein Name im Internet tatsächlich ihm zuzuordnen ist. Unter diesen Umständen können die Interessen ausgeschlossener Dritter, die sich ebenso auf

---

534 *Hubmann*, S. 276 f m.w.N.

535 Zur Ausstrahlungswirkung vgl. BVerfGE 84, 192, 194 f; vgl. auch BGHZ 98, 32, 33 ff.

536 Hierbei sollen Namen wie „Gerhard Schröder" oder „Heinrich Böll" vernachlässigt werden, die trotz einer gewissen Häufigkeit aufgrund konkreter Vorstellungen im Verkehr im wesentlichen auf einen bestimmten Träger bezogen werden.

537 BGHZ 29, 256, 264 – ten Doornkaat Koolman. Dies wird im obiter dictum des OLG Dresden, 14 U 2486/00 –kurt biedenkopf.de, Teil III 3 b (www.netlaw.de/urteile/olgd_3.htm) nicht berücksichtigt.

Art. 2 I GG, möglicherweise auch auf Art. 14 I GG (ggf. in Verbindung mit Art. 19 III GG) stützen, nicht übergangen werden. Die Inanspruchnahme von Freiheiten darf nämlich Rechte Dritter nicht über Gebühr beeinträchtigen. Und den Dritten müsste in gleicher Weise ein auf den Schutz der Persönlichkeit gestütztes Recht zur Verwendung des eigenen Namens in der SLD zur Seite stehen. Die Gewährung eines solchen Rechts ist aber technisch unmöglich. Meines Erachtens können dann nicht persönlichkeitsrechtliche Aspekte im Vordergrund stehen, sondern solche des Bestandsschutzes.

Fraglich kann daher nur noch sein, ob im Rahmen der Interessenabwägung die Verwendung des bürgerlichen Namens in der SLD als bestenfalls rudimentärer Ausfluss des gem. Art. 2 I GG verbürgten allgemeinen Persönlichkeitsrechts stärker zu gewichten ist als der nach Art. 14 I GG gewährte Eigentumsschutz an einer Firma[538], an geschäftlichen Bezeichnungen oder Marken mit Namensfunktion. *Weinknecht* zufolge ergäbe sich bereits aus dem Wortlaut der Schranken der Artt. 2 und 14 GG, dass „ein eindeutiger Vorrang des Schutzes des Familiennamens vor dem des Unternehmensnamens" besteht.[539] Wie dem Wortlaut eine deutliche Wertung „zugunsten des Persönlichkeits- und zu Lasten des Eigentumsrechts" entnommen werden kann, bleibt indessen unklar. Wird die „verfassungsmäßige Ordnung" in Art. 2 I GG als die gesamte der Verfassung gemäße Rechtsordnung und damit denkbar weit verstanden[540] (werden also alle gültigen Rechtsnormen einbezogen), lässt sich den Schranken eine solche Wertung nicht ableiten.

Näher könnte es liegen, diese Wertung den Funktionen der Grundrechte zu entnehmen. Grundrechte sind individuelle Rechte, die den Schutz gefährdeter Bereiche menschlicher Freiheit zum Gegenstand haben.[541] Sie dienen demgemäss vorrangig dem Schutz der Freiheitssphäre des einzelnen Menschen als natürlicher Person gegen Eingriffe der staatlichen Gewalt. Juristische Personen in den grundrechtlichen Schutz einzubeziehen ist nur dann gerechtfertigt, „wenn deren Bildung und Betätigung Ausdruck der freien Entfaltung der privaten natürlichen Personen ist, insbesondere wenn der ‚Durchgriff' auf die hinter ihnen stehenden Menschen es als sinnvoll und erforderlich erscheinen lässt."[542] Unabhängig von der Natur des Namensrechts einer juristischen Person als Persönlichkeitsrecht einerseits oder als Immaterialgüterrecht andererseits besteht für eine juristische Person als Zusammenschluss mehrerer zur Verfolgung eines gemeinsamen Zwecks das Erfordernis, sich ebenso wie ihre dahinter stehenden natürlichen Personen ihrer Umwelt mittels Namens zu erkennen zu

---

538 Zum Eigentumsschutz einer Firma BGHZ 17, 209, 214; *Ingerl/Rohnke*, § 15 RdNr. 6; *Plaß*, S. 42; *Scholz*, S. 686.

539 *Weinknecht*, Teil III (letzte Seite).

540 Ständige Rechtsprechung seit BverfGE 6, 32, 38 f – Elfes.

541 BVerfGE 50, 290, 337; BVerfGE 61, 82, 100 f.

542 BVerfG NJW 1990, 1783.

geben. Demnach stehen auch juristischen Personen zum Schutz ihres Namens Grundrechte zu. Wenn sie aber einbezogen werden, spricht nichts dafür, den Schutz der einzelnen Person bei der Verwendung ihres Namens in der SLD stärker zu werten als den Namensschutz eines Zusammenschlusses mehrerer Personen. Das Interesse einer natürlichen Person an einer namensgleichen Domain stellt sich vielmehr als ein den Belangen Dritter gleichrangiges Interesse dar.

(2). Verfassungsrecht und Abwägung zwischen den Prätendenten

Nachdem festgestellt wurde, dass die „Ausstrahlung" des Verfassungsrechts nicht auf die Gewichtung des Interesses hinsichtlich der Person des domaininhabenden Rechtssubjekts Einfluss nimmt, stellt sich im Anschluss die Frage, ob Wertungen des Grundgesetzes bei der Gewichtung sich gegenüberstehender Interessen des Domaininhabers und des Ausgeschlossenen unabhängig von der Person, sei sie juristisch oder natürlich, zu berücksichtigen sind. Soweit sich das Verlangen des Inhabers nach Beibehaltung des Domain-Namens und das Verlangen des Ausgeschlossenen nach künftiger Nutzung gegenüber stehen, sind dies auch dem Grundgesetz nicht fremde Positionen. Art. 14 GG schützt nicht nur das Eigentum im Sinne des BGB, sondern jedes vom Gesetzgeber gewährte vermögenswerte Recht[543] vor Eingriffen in dessen Bestand. Die Wertung des Art. 14 GG korrespondiert folglich mit dem Bedürfnis des Domaininhabers nach Bestandsschutz. Wird das Verlangen des ausgeschlossenen Kennzeicheninhabers nach Verwendung einer kennzeichengleichen Domain aufgrund der engen Verknüpfung zum Besitzstand nicht als bloße Erwerbschance begriffen, kann die Wertung des Art. 14 GG auch für den ausgeschlossenen Kennzeicheninhaber angeführt werden. Jedenfalls setzt die von der DENIC eG veranlasste Erstregistrierung der auch dem Ausgeschlossenen gem. Art. 2 I GG gewährten allgemeinen Handlungsfreiheit Grenzen. Dann könnte die Gewichtung der gegenläufigen Interessen im Geiste der Grundrechte auszulegen sein.

Eine weitere Vertiefung der Ausstrahlungswirkung ist hier jedoch nicht angezeigt. Die Grundrechte sind – wie im übrigen schon die vorangehenden Ausführungen belegen – zu wenig konkret gefasst, als dass sich mit ihrer Hilfe die widerstreitenden Interessen zwischen Domaininhaber und ausgeschlossenem Kennzeicheninhaber gewichten ließen. Eine verfassungsdeterminierte Interessenabwägung läuft stets Gefahr, sich von verfassungskonformen Entscheidungen des Gesetzgebers zu lösen. Die genannten Bestimmungen des bürgerlichen Rechts und des Markengesetzes[544] bieten hinreichend Anhaltspunkte für die

---

[543] Vgl. BVerfGE 58, 300, 336.
[544] S.o. 2. Kapitel D II 3 a (S. 124 ff).

Gewichtung der Interessen der Parteien untereinander. In Anlehnung an die *Schumann*'sche Formel genügt die bloße Feststellung, dass die Interessenabwägung zwischen Domaininhaber und Ausgeschlossenem nicht verfassungswidrig ist, weil sie keine Grundrechte verletzte, auch wenn die Interessenabwägung Gesetzesnorm wäre.[545]

Auf dieser Linie bewegt sich die verfassungsrechtliche Rechtsprechung. Das BVerfG[546] hebt hervor, dass sich die primär aus den Grundrechten folgenden subjektiven Abwehrrechte gegen staatliche Eingriffe einerseits und die sich aus der objektiven Bedeutung der Grundrechte ergebende Schutzpflicht andererseits insofern grundlegend voneinander unterschieden, als das Abwehrrecht in Zielsetzung und Inhalt ein bestimmtes Verhalten fordere, während die Schutzpflicht grundsätzlich unbestimmt sei. „Wie die staatlichen Organe ihre Schutzpflicht erfüllen, ist von ihnen in eigener Verantwortung zu entscheiden." Die Aufstellung und normative Umsetzung des Schutzkonzepts sei Sache des einfachen Gesetzgebers. Gleiches gelte, „wenn die Zivilgerichte mangels einer Entscheidung des Gesetzgebers im Wege der Rechtsfortbildung oder der Auslegung unbestimmter Rechtsbegriffe die Schutzpflicht wahrnehmen." Nur ausnahmsweise ließen sich aus den Grundrechten konkrete Regelungspflichten ableiten.[547]

(3). Verfassungsrecht und Erstanmelderprinzip

Verfassungsrechtliche Bedenken bestehen aber möglicherweise insoweit, als auf die Interessenabwägung die Tatsache der Erstanmeldung Einfluss nehmen soll. Das Kriterium der Erstanmeldung könnte nämlich wegen Verstoßes gegen den Gleichheitssatz des Art. 3 I GG[548] sachwidrig und damit einer Berücksichtigung im Rahmen der Interessenabwägung entzogen sein. Der Gleichheitssatz verbietet es, wesentlich Gleiches willkürlich ungleich zu behandeln.[549] Verständigt man sich auf die Gruppe der gleichnamigen Kennzeicheninhaber als tertium comparationis, werden die Kennzeicheninhaber ungleich behandelt, weil nur einer Person die Domain zugesprochen wird. Möglich erscheint freilich auch, den Bezugspunkt der Personengruppen in Abhängigkeit von der Zeit zu

545 Nach dieser Formel ist die Entscheidung eines Gerichts dann verfassungswidrig, wenn die sie tragende Rechtsansicht – als Gesetz gedacht – ein Grundrecht verletzen würde; vgl. *Schumann*, S. 207, 334.

546 BVerfGE 96, 56, 64.

547 BVerfGE 96, 56, 64. Weil die Wertungen des einfachen Rechts nicht hinreichend bedacht werden, sind auch die Ausführungen von *Plaß* zum Recht der Gleichnamigen zu kritisieren (S. 40 ff).

548 Besonders in der Literatur wird gelegentlich das Prioritätsprinzip mit dem Gleichheitssatz zu bekämpfen versucht, z. B. von *Schlosser*, S. 121 ff.

549 BVerfGE 1, 14, 52; 23, 98, 106 f; 49, 148, 165.

bestimmen – dann ist die Gruppe der „schnellen" mit der Gruppe der „langsamen" Kennzeicheninhaber zu vergleichen. Die beiden letztgenannten Gruppen als Bezugspunkt werden bei strikter Anwendung des Erstanmelderprinzips jedoch gleich behandelt. Selbst wenn man das tertium comparationis nicht in Abhängigkeit von der Zeit bestimmen möchte und in der Bevorzugung des Erstanmelders eine Ungleichbehandlung entdeckt, ist diese jedenfalls nicht willkürlich, da sich das Erstanmelderprinzip auf den sachlichen Grund der Praktikabilität und Rechtssicherheit stützen kann.

Die verfassungsrechtliche Rechtfertigung bedarf im übrigen keines größeren Begründungsaufwands, wenn auf die – inzwischen recht betagte – „neue Formel" des Ersten Senats zurückgegriffen und ein Verstoß gegen Art. 3 I GG bei einer Ungleichbehandlung angenommen wird, obwohl zwischen beiden Vergleichsgruppen keine Unterschiede solcher Art und solchem Gewicht bestehen, dass sie die ungleiche Behandlung rechtfertigen können.[550] Folgt man der Prämisse einer Ungleichbehandlung durch die Berücksichtigung des Erstanmelderprinzips, ist diese jedenfalls dann verfassungsrechtlich nicht zu beanstanden, wenn der rechtfertigende Grund in einem angemessenen Verhältnis zur Ungleichbehandlung steht. Rechtfertigende Gründe sind die Praktikabilität und die Rechtssicherheit. Letztere wird vom BVerfG als von zentraler Bedeutung für Rechtsstaatlichkeit verstanden.[551] Berücksichtigt man demgegenüber, dass auf der anderen Seite nur die Registrierung einer ganz bestimmten SLD unter der TLD .de auf dem Spiel steht, ist durchaus von einem angemessenen Verhältnis zwischen Ungleichbehandlung und rechtfertigendem Grund auszugehen. Selbst die strikte Anwendung des Erstanmelderprinzips ließe keinen Verfassungsverstoß erkennen, so dass zweifellos die Berücksichtigung der Erstanmeldung als eines von mehreren Kriterien im Rahmen der Interessenabwägung verfassungsgemäß ist.

c. Zusammenfassung und beispielhafte Abwägung

Als wesentliche Kriterien für die Interessenabwägung erweisen sich unter Zugrundelegung der Funktionen des DNS die Bekanntheit des von der SLD ausgeschlossenen Gleichnamigen einerseits und der Bestandsschutz des Domaininhabers andererseits. Der Bestandsschutz des Domaininhabers als das vorrangig zu schützende Interesse erlaubt es schließlich viel mehr als das auf Art. 2 I GG gestützte Persönlichkeitsrecht, jene Fälle angemessen zu berücksichtigen, in denen nicht eine mit dem bürgerlichen Namen identische SLD Gegenstand der Auseinandersetzung ist. Dies wird in Zukunft häufig der Fall

[550] BVerfGE 55, 72, 88; 85, 238, 244.
[551] BVerfGE 2, 380, 404.

sein, weil Domaininhaber aufgrund der Erstregistrierung eines Dritten oftmals gezwungen sind, sich auf eine Domain mit Zusätzen einzulassen, die ihrerseits mit einem anderen Kennzeichen übereinstimmt.

Welche Anforderungen an den Grad der Bekanntheit zu stellen sind, um den Bestandsschutz des Domaininhabers zu überwinden, kann im Ergebnis nur nach Abwägung aller Umstände des Einzelfalles festgestellt werden. Gleichwohl lassen sich dem Gesetz Wertungen entnehmen, die für den erforderlichen Bekanntheitsgrad fruchtbar gemacht werden können. Im geschäftlichen Bereich erfolgt die Verwendung bekannter Marken und geschäftlicher Bezeichnungen in SLDs selbst bei Branchen-, Dienstleistungs- und Produktferne rufausbeutend und verwässernd.[552] Der Gesetzgeber weist damit Inhabern geschäftlicher Bezeichnungen diese auch außerhalb einer kennzeichenrechtlichen Verwechslungsgefahr zu, sofern die Kennzeichen eine gewisse Bekanntheit erreicht haben. Dann sollte zur Gewährleistung eines möglichst weitgehenden Gleichlaufs von Kennzeichen- und Namensrechten auch die Verwendung ebenso bekannter Namen als Domain-Namen interessenverletzend sein können, selbst wenn der Domaininhaber ein eigenes Kennzeichenrecht hat. Eine „Berühmtheit", wie sie dem Krupp- und dem Shell-Urteil zugrunde lag, ist dann nicht erforderlich, um dem Inhaber einer Domain diese zu entziehen. Anderes wird aber gelten können, wenn der Domaininhaber durch erhebliche geschäftliche Benutzung einen besonderen Besitzstand begründet hat, der einen Domain-Wechsel als unzumutbar erscheinen lässt. Umgekehrt wird ein geringerer Bekanntheitsgrad im Einzelfall genügen, wenn der Grad der Lauterkeit seitens des Domaininhabers als gering einzustufen oder der Besitzstandsschutz zu vernachlässigen ist.

Wendet man vorstehende Grundsätze auf konkrete Fälle an, so ergeben sich sowohl Abweichungen als auch Übereinstimmungen zu in der Rechtsprechung gefundenen Ergebnissen. Der Entscheidung „paule.de" des LG Memmingen etwa kann nicht zugestimmt werden. Das LG verpflichtete den Beklagten und Inhaber der SLD „Paule" zu dessen Freigabe. Der Beklagte führte den domaingleichen Namen zwar nicht als bürgerlichen Namen, allein unter diesem ist er aber in seinem gesamten Freundes- und Bekanntenkreis bekannt. Der Kläger ist demgegenüber Träger des Familiennamens Paule und selbstständig beratender Ingenieur in der Softwareentwicklung und -beratung sowie Inhaber eines Ingenieurbüros. Richtigerweise anerkennt das LG Memmingen ein Interesse des Ingenieurs Paule an der Inhaberschaft einer gleichen SLD.

Allerdings führt das Gericht aus, der Domaininhaber hätte keine schutzwürdigen Interessen an der Verwendung des Namens Paule: „Ein bloßes Affektionsinteresse an der Führung des Namens „Paule" wird von der Rechtsordnung grundsätzlich nicht geschützt. Der Verfügungsbeklagte behauptet im einzelnen selbst nicht, dass er unter der Bezeichnung „Paule" in erheblichem

---

552 S.o. 1. Kapitel B (S. 57 ff).

Umfang am Wirtschaftsleben teilnimmt und er unter dieser Bezeichnung weitgehende Verkehrsgeltung erlangt habe. Etwaige sonstige schützenswürdige Interessen an der Verwendung des Namens „Paule" hat der Verfügungsbeklagte nicht hinreichend dargetan."[553] Damit erkennt das LG Memmingen entweder nicht, dass der Besitzstand auch außerhalb des Wirtschaftslebens geschützt ist, oder es hält einen solchen für nicht hinreichend dargetan. Erste Folgerung träfe nicht zu, da Besitzstandsschutz auch außerhalb des geschäftlichen Verkehrs gewährt wird. Dem zweiten Schluss ist entgegenzuhalten, dass sich das Interesse am Bestand der Domain allein schon aus dem Widerspruch des beklagten Domaininhabers gegen die einstweilige Verfügung ergibt. Eine weitere Darlegung wäre zur Bestimmung des Umfangs des Besitzstandsinteresses sicher wünschenswert, zur Bestimmung des „*ob*" eines Besitzstandsschutzes des Domaininhabers jedoch nicht erforderlich gewesen.

Gewichtiger noch als diese Einwände ist der Umstand zu werten, dass ein besonderes Interesse an dem Gebrauch einer namensgleichen SLD ohne Zusätze seitens des Ingenieurs jedenfalls nicht durch dessen Vorbringen zu erkennen ist. Denn das Ingenieurbüro dürfte nur einem relativ kleinen Kreis von Personen bekannt sein. Dann aber besteht für den Ingenieur kein so dringendes Bedürfnis, unter einer namensgleichen Domain im Internet präsent zu sein, weil lediglich ein kleiner Personenkreis den Namensträger unter der SLD vermutet. Dem Unternehmensträger ist deshalb umso eher zuzumuten, den überschaubaren Verkehrskreis über die Errichtung einer bestimmten Domain zu informieren, um die Beeinträchtigung seiner geschäftlichen Interessen zu minimieren.

Zustimmung verdient hingegen das Urteil des LG Köln vom 23. Februar 2000 im Ergebnis.[554] Bei einer mit vorigem Fall vergleichbaren Interessenlage wies das Gericht die Klage ab. Kläger ist ein Rechtsanwalt, der Unterlassung des Domain-Gebrauchs vom Inhaber der mit seinem bürgerlichen Namen identischen SLD verlangt. Die Zeichenfolge der SLD entspricht auch hier nicht dem bürgerlichen Namen des Beklagten, sondern ist ein teilweise aus den Namen der Vorfahren zusammengesetztes Pseudonym. Wie auch im Fall „paule.de" wird man bei einer vorwiegend regional tätigen Kanzlei aus denselben Gründen kein dringendes Bedürfnis annehmen können, unter namensgleicher SLD im Internet präsent zu sein. Zutreffend verneint das LG auch eine vom Kläger vorgebrachte Interessenverletzung dadurch, dass der Beklagte an den klagenden Rechtsanwalt gerichtete E-Mails erhalten könnte: Auf das Geratewohl hin werden zwar Homepages abgerufen. Wer aber E-Mails an einen bestimmten Em-

553 LG Memmingen, Urteil vom 27.10.1999, Az 3 O 1024/99, S. 5 (bisher unveröffentlicht).

554 LG Köln, Urteil vom 23. 02.2000, Az 14 O 322/99 (www.netlaw.de/urteile/lgk_16.htm). Allerdings verneinte es fälschlicherweise den Unterlassungsanspruch damit, dass eine Zuordnungsverwirrung mit dem Abruf der Homepage ausscheide, dazu 1. Kapitel A II 4 (S. 19 ff) und 2. Kapitel D (S. 103 ff).

pfänger abschicken möchte, wird sich vorher durch Aufruf der Homepage über die Identität des Adressaten vergewissern.

Gelungen ist schließlich die Abwägung der Interessen im Fall „shell.de“ durch das OLG München. Angesichts der Bekanntheit des Schlagworts „Shell“ als Kennzeichen der Deutschen Shell AG einerseits und des Besitzstands auf Seiten des Beklagten musste die Interessenabwägung zugunsten der Klägerin ausfallen: Der auf dem Domain-Namen durch deren Inhaber begründete Besitzstand war zum einen nicht besonders erheblich. Zum anderen ist er, wie das OLG München zutreffend ausführte,[555] vermindert schutzwürdig deshalb, weil dem Beklagten die Pflicht oblag, sich bei der Klägerin über deren Interesse an dem Domain-Namen zu informieren. Angesichts des Umstands, dass sich der Beklagte die Domain nicht selbst hat registrieren lassen, sondern ihm diese von einem Domain-Grabber angetragen wurde, hätte eine Erkundigung bei der Klägerin besonders nahegelegen.

Zusammenfassend bleibt festzustellen, dass über § 12 BGB ein Ausgleich zu finden ist, mit dem die Interessen beider Seiten berücksichtigt werden können. Selbst dort, wo das Markenrecht versagt (bloße Registrierung, Branchenferne, Handeln im privaten Verkehr), können am Einzelfall orientierte und befriedigende Lösungen gefunden werden. Trotz dieses erfreulichen Befundes ist nicht zu übersehen, dass bisher noch keine Lösung für jene Fälle gefunden ist, in denen ein Kennzeichen ohne Namensfunktion von seinem Inhaber aufgrund der Erstanmeldung eines Dritten nicht mehr als SLD registriert werden kann. Die Anwendung des § 12 BGB ist dann ausgeschlossen. Im Folgenden soll daher der Frage nachgegangen werden, ob sich der Kennzeicheninhaber noch andere Anspruchsgrundlagen als die im ersten und zweiten Kapitel genannten zu eigen machen kann.

---

555 OLG München CR 1999, 382, 383 – shell.de.

3. Kapitel: Ergänzender Rechtsschutz

A. § 812 I, Satz 1, 2. Fall BGB

Im Folgenden soll überlegt werden, ob einem ausgeschlossenen Kennzeicheninhaber gegen einen Domaininhaber Ansprüche zustehen, falls weder marken- noch namensrechtlicher Schutz einschlägig ist. Zu denken ist an einen auf Herausgabe der Domain gerichteten Anspruch des Markeninhabers gegen den Domaininhaber aus § 812 I 1, 2. Fall BGB (Eingriffskondiktion). Der Domaininhaber hat jedenfalls die Nutzung der markengleichen SLD im Sinne des § 812 I BGB „erlangt“[556]. Nicht so leicht zu bejahen ist demgegenüber die Voraussetzung, dass der Domaininhaber diese Position auf Kosten des Markeninhabers ohne rechtlichen Grund erlangt hat. Ob die Registrierung einer markengleichen SLD die Eingriffskondiktion auszulösen geeignet, also eine beeinträchtigungsfähige Position des kondizierenden Markeninhabers ist, kann entweder anhand des Tatbestandmerkmals „ohne rechtlichen Grund“[557] oder des Tatbestandmerkmals „auf dessen Kosten“[558] geklärt werden. Welchem Merkmal die Frage nach dem kondiktionsauslösenden Umstand zuzuordnen ist, soll hier wegen des Umfangs der Arbeit unberücksichtigt bleiben. Nicht ganz zu vernachlässigen ist indessen das Kriterium, das über „Ja“ oder „Nein“ einer kondiktionsgeschützten Rechtsposition bestimmt. Zur Klärung lassen sich schemenartig die „Rechtswidrigkeitstheorie“ und die „Zuweisungstheorie“ anführen.

Die Rechtswidrigkeitstheorie sieht das Bereicherungsansprüche auslösende Kriterium in der Widerrechtlichkeit des bereichernden Eingriffs.[559] Mit ihr kann dem Markeninhaber aber nicht geholfen werden, geht es doch darum, mangels Verstoßes gegen markenrechtliche Bestimmungen eine Anspruchsgrundlage zu finden, die gerade keine rechtswidrige Verletzung eines Markenrechts oder eines anderen Rechts voraussetzt. Zu einem anderen Ergebnis lässt sich möglicherweise mit der überwiegend vertretenen Lehre vom Zuweisungsgehalt gelangen. Sie knüpft nicht an die Rechtswidrigkeit des Bereicherungsvorgangs

---

[556] S. auch 4. Kapitel B IV 3 (S. 164 ff) zur Frage, ob die Domain als solche Bereicherungsgegenstand sein kann.

[557] Hierfür allgemein *Esser/Weyers*, § 50 I 2 (S. 79); *Reuter/Martinek*, S. 240 f.

[558] Hierfür allgemein *Koppensteiner/Kramer*, S. 70; *Larenz/Canaris*, BT II/2, § 67 II 2 a (S. 135); MünchKomm/*Lieb*, RdNr. 193 zu § 812; Staudinger/*Lorenz*, RdNr. 23 zu § 812.

[559] *Schulz*, S. 1 ff.

an,[560] sondern stellt die Frage, ob in einen dem Kondizienten zur ausschließlichen Verfügung zugewiesenen Bereich eingegriffen wurde.[561]

Kernproblem ist dann die Beantwortung der Frage, welche Rechtspositionen in welchem Umfang den erforderlichen Zuweisungsgehalt innehaben. Darüber gibt das Bereicherungsrecht selbst keinen Aufschluss. Als gesichert kann gelten, dass absolute Rechte wie Eigentum, beschränkt dingliche Rechte oder Immaterialgüterrechte wie Patent und Marke einen Zuweisungsgehalt haben.[562] Zwar war früher umstritten, ob das Warenzeichen eine Rechtsposition mit eigenem Zuweisungsgehalt ist.[563] Jetzt bringt jedoch § 14 I MarkenG unmissverständlich klar zum Ausdruck, dass die Marke ihrem Inhaber ein ausschließliches Recht gewährt.[564]

Damit steht auch fest, dass das Recht an einer Marke ein subjektives Recht[565], also eine von der Rechtsordnung dem einzelnen verliehene Willensmacht zur Befriedigung menschlicher Interessen ist,[566] mithin eine dem einzelnen von der Rechtsordnung zur Nutzung zugewiesene Position. Als subjektives Ausschließlichkeitsrecht gewährt es dem Markeninhaber zweierlei: ein positives Benutzungsrecht und ein negatives Verbietungsrecht.[567] Das negative

---

[560] Auch rechtmäßige Eingriffe können demnach Kondiktionen auslösen, etwa im Falle des § 904 Satz 2 oder des § 816 II BGB.

[561] Vgl. mit Abweichungen im Detail BGHZ 82, 299, 306; BGHZ 107, 117, 120 – Forschungskosten; BGH NJW 1995, 1556, 1557 f – Mauerbilder; Erman/*Westermann*, RdNr. 65 f zu § 812; *Larenz/Canaris*, § 69 I 1 b) (S. 169 f); *Loewenheim*, S. 82 ff; MünchKomm/*Lieb*, RdNr. 204 ff zu § 812; *Reuter/Martinek*, S. 234 ff.

[562] BGHZ 68, 90, 92 ff – Kunststoffhohlprofil I; (für Gebrauchsmuster); BGHZ 99, 244 246 f – Chanel No. 5 I; BGH GRUR 1987, 524 f – Chanel No. 5 II (beide für Warenzeichen); *v. Caemmerer*, S. 354; *Enzinger*, GRUR Int. 1997, S. 96, 99; *Köhler*, NJW 1992, S. 1477, 1480; vgl. *Larenz/Canaris*, BT II/2, § 69 I 1 a (S. 168); *Loewenheim*, S. 83 f; Staudinger/*Lorenz*, RdNr. 68 vor §§ 812 ff m.w.N.

[563] Die Rechtsprechung des Reichsgerichts ließ die Anwendung der §§ 812 ff BGB für das Warenzeichenrecht nicht zu, weil das WZG abschließende Regelungen enthalte (RGZ 108, 1, 6; RGZ 121, 258, 261).

[564] Ein eigener Zuweisungsgehalt der Marke nach dem Markengesetz folgt allerdings nicht aus § 20 III MarkenG. Dieser Schluss träfe nur zu, wenn es sich bei der Bestimmung um einen Rechtsgrundlagenverweis handelt. Tatsächlich wird aber nur auf die Rechtsfolgen verwiesen, vgl. Althammer/*Klaka*, RdNr. 17u § 20 und *Fezer*, RdNr. 41 zu § 20. Missverständlich daher *Fournier*, S. 70, Fussnote 322.

[565] Zur Subjektivität des Rechts an einer Marke *Ingerl/Rohnke*, RdNr. 2 zu § 14.

[566] So jedenfalls das in heutiger Zeit favorisierte Verständnis des subjektiven Rechts, das sowohl Elemente der Willenstheorie als auch der Interessentheorie miteinander vereinigt; vgl. *Brox*, RdNr. 568; *Medicus*, RdNr. 70 ff.

[567] Busse/*Starck*, RdNr. 2 zu § 15; *Fezer*, RdNr. 2 zu § 14; *v. Gamm*, RdNr. 6, 11 ff zu 15; *Krieger*, S. 229, 233, 240; *Lehmann*, S. 279, 280; *Michalsky*, S. 26. Das positive Benutzungsrecht verneinen zur alten Rechtslage BGH GRUR 1961, 181, 183 – Mon Chérie. Zur neuen Rechtslage kritisch auch *Ingerl/Rohnke*, RdNr. 9 zu § 14. Letztgenannte Auffassung überzeugt jedoch schon aus systematischen Gründen nicht. Nach § 30 I MarkenG sind Marken nunmehr Gegenstand einer dinglich oder schuldrechtlich wirken-

Verbietungsrecht erfährt seine gesetzliche Ausprägung in den Tatbeständen des § 14 II Nr. 1 – 3, V, VI MarkenG.[568]

Ob sich aus dem negativen Verbietungsrecht ein „Zuweisungsgehalt" ableiten lässt, bedarf an dieser Stelle keiner Erörterung. Denn hier gilt es zu klären, ob sich auch ohne Verstoß gegen die das negative Verbietungsrecht kodifizierenden Tatbestände der § 14 II, V, VI MarkenG von einem Eingriff in den Zuweisungsgehalt des Kennzeichenrechts sprechen lässt. Da die kennzeichenrechtlichen Unterlassungsansprüche in den hier problematisierten Fällen nicht eingreifen, kann sich ein Eingriff in den Zuweisungsgehalt allenfalls noch aus dem positiven Benutzungsrecht ergeben, so wie es in § 14 I MarkenG bestimmt ist.

Eine beschreibende Regelung der positiven Benutzungsrechte, wie sie etwa für den Eigentümer in § 903 Satz 1 BGB[569] vorgesehen ist, fehlt. Dies kann – um den Vergleich zwischen Eigentum und Marke fortzusetzen – damit erklärt werden, dass ein Dritter auf das Bestehen einer Marke keinen Einfluss hat. Ganz anders beim Eigentum: dies kann durch seine Nutzung vernichtet und verbraucht werden, durch Verbindung, Vermischung und Verarbeitung oder gutgläubigen Erwerb auf Dritte übergehen. Das Recht an einer Marke bleibt hingegen bestehen, auch wenn ein Dritter die Marke benutzt – er kann sie nicht „verbrauchen".[570] Die Verfügungsgewalt, verstanden als das positive Benutzungsrecht an einer Marke, kann somit ihrem Inhaber durch einen Dritten nicht entzogen werden. Weil das an einer Marke bestehende positive Benutzungsrecht durch Dritte unantastbar ist, besteht auch kein Bedürfnis nach einer Norm mit ausschließlich dem Markeninhaber zugewiesenen Befugnissen, so wie sie § 903 Satz 1 BGB für den Eigentümer vorsieht.

Diese Aussage ist jedoch umgehend für den Bereich des Internets zu relativieren. Dort wird nämlich dem Markeninhaber die Möglichkeit genommen, von seinem positiven Benutzungsrecht Gebrauch zu machen, soweit ein

---

den Lizenz. Unterlassungsansprüche können aber niemals ohne ein zugrundeliegendes Recht übertragen werden. Ein patentrechtlicher Unterlassungsanspruch etwa kann nicht ohne Übertragung des Patents abgetreten werden (vgl. RGZ 148, 146 f; Benkard/*Rogge*, RdNr. 18 zu § 139. Dementsprechend wird in der Begründung zum GemeinschaftspatentG, Bl. für PMZ 1979, S. 280, zu Nummer 3 ausgeführt, dass das „Patent nicht nur ein Verbotsrecht darstellt, sondern seinem Inhaber auch ein ausschließliches Benutzungsrecht gewährt, das ihn beispielsweise in die Lage versetzt, Lizenzen an seinem Patent zu erteilen"). Soll eine Lizenzierung möglich sein, muss die Marke ihrem Inhaber daher auch ein positives Benutzungsrecht gewähren.

568 Diese Ansprüche sind auf Unterlassung und Schadensersatz gerichtet und gleichen insoweit den Ansprüchen des Eigentümers aus § 1004 I 2 und § 823 I BGB.

569 § 903 Satz 1 BGB betont, dass der Eigentümer vorbehaltlich entgegenstehender Gesetze oder Rechte Dritter „mit der Sache nach Belieben verfahren und andere von jeder Einwirkung ausschließen kann."

570 Die Schwächung der Kennzeichnungskraft durch Drittgebrauch darf hier vernachlässigt werden aufgrund deutlich minderer Intensität als bei totalem Rechtsverlust.

Recht auf Nutzung einer markengleichen SLD unter bestimmter TLD tatsächlich besteht und sofern die Domain bereits für einen Dritten registriert wurde. Lässt sich ein solches Recht auf Nutzung einer konkreten Domain anhand des positiven Benutzungsrechts einer Marke hinreichend verifizieren, kann dieses aus dem ‚status positivus' hergeleitete Recht ein solches sein, das den für einen Kondiktionsanspruch erforderlichen Zuweisungsgehalt enthält. Ein solches Vorgehen muss sich freilich dem Vorwurf stellen, Ansprüche zu entwickeln, die der Gesetzgeber nicht vorgesehen hat. Dem kann vorerst entgegnet werden, dass – wie soeben dargestellt – die positive Benutzungsmöglichkeit einer Marke außerhalb des Internets nicht tangiert wird, wohl aber bei Domain-Namenskonflikten. Der Gesetzgeber hat diese Art von Konflikten nicht vorausgesehen. Daher lässt sich überlegen, nicht nur aus dem negativen Verbietungsrecht, sondern ebenso aus dem positiven Benutzungsrecht Rechtspositionen mit Zuweisungsgehalt zu entnehmen.

Der Zuweisungsgehalt einer Rechtsposition muss sich durch Auslegung einer Norm sicher ermitteln lassen. Der Wortlaut des § 14 I MarkenG hilft in diesem Zusammenhang nicht, weil er über den Umfang des Ausschließlichkeitsrechts nichts aussagt. Insofern besteht eine Parallele zu § 12 Satz 1 Var. 1 BGB.[571] Um den Umfang eines möglichen Zuweisungsgehalts normativ zu präzisieren, ließe sich allenfalls an die Regelung des § 23 MarkenG anknüpfen. Diese Bestimmung könnte als einzige Einschränkung des über § 14 I MarkenG gewährten positiven Benutzungsrechts gewertet werden.[572] Dann wäre von einem Eingriff in den Zuweisungsgehalt des § 14 I MarkenG auszugehen, soweit sich der Domaininhaber nicht auf die Schrankenbestimmung des § 23 MarkenG berufen kann. Doch schon die These, § 23 MarkenG würde das positive Benutzungrecht einschränken, erweist sich als unzutreffend: Die Gesetzesbegründung spricht über die §§ 20 ff MarkenG von Schranken, „die den in Abschnitt 3 vorgesehenen Ansprüchen entgegenstehen“[573], also von Schranken der auf Abwehr ausgerichteten Verbietungsrechte.

Ein aus dem positiven Benutzungsrecht hergeleiteter Zuweisungsgehalt ist auch dem Sinn und Zweck des Markengesetzes nicht zu entnehmen, der sich – verkürzt gesprochen – dem Schutz vor Verwechslungen und der Gewährung eines Sonderschutzes für bekannte Marken im geschäftlichen Verkehr widmet. So ist der Markeninhaber nicht vor Nachahmung überhaupt geschützt; er kann im Interesse der Mitbewerber seine Marke nur für bestimmte Bereiche monopolisieren. Dem würde es widersprechen, wenn die auf diesen Schutzzweck angelegten Verbietungsrechte des § 14 II Nr. 1 – 3 MarkenG umgangen und über diese Tatbestände hinausgehende positive Benutzungsrechte geschaffen würden. Gerade weil es nach der Konzeption des Markengesetzes mehrere Mit-

---

[571] Dazu oben 2. Kapitel B III (S. 95 f).

[572] So wohl *Nordemann*, NJW 1997, S. 1891, 1894.

[573] Amtl. Begr. in Blatt für PMZ, Sonderheft 1994, S. 72.

inhaber identischer Zeichen geben kann, lässt sich aus dem markengesetzlichen positiven Benutzungsrecht nicht nur einem von mehreren Berechtigten der Domain-Name zuweisen.

Erst mit den negativen Verbietungstatbeständen lässt sich der Umfang der positiven Benutzungsrechte festlegen. Das positive Benutzungsrecht reicht damit nicht weiter als seine negative Entsprechung.[574] Dem positiven Benutzungsrecht einer Marke kann daher ohne das Vorliegen eines Unterlassungsanspruchs ein Eingriff in den Zuweisungsgehalt des Markenrechts nicht entnommen werden. An anderer Stelle wird noch zu erörtern sein, ob durch einen Verstoß gegen das negative Verbietungsrecht (§ 14 II, V, VI MarkenG) in den Zuweisungsgehalt einer Marke eingegriffen wird.[575]

B. § 823 I BGB iVm § 14 I MarkenG

Wegner möchte außerhalb des Anwendungsbereichs der §§ 14, 15 MarkenG dem Zeicheninhaber einen Anspruch aus § 823 I BGB iVm dem über §§ 14 I, 15 I MarkenG geschützten positiven Benutzungsrecht gewähren.[576] Die Marke ist richtigerweise subjektives Recht und damit unter § 823 I BGB zu subsumieren – jedoch fehlt es an einem über die Verbotstatbestände hinausgehenden positiven Benutzungsrecht.[577]

C. § 1 UWG

Eine weitere mögliche Anspruchsgrundlage für den ausgeschlossenen Markeninhaber ist § 1 UWG. Ein auf ihn gestützter Anspruch setzt wie §§ 14, 15 MarkenG Handlungen im „geschäftlichen Verkehr“ voraus. Da der Begriff einheitlich auszulegen ist,[578] kann insoweit auf obige Ausführungen verwiesen werden.[579] Damit steht dem Markeninhaber ein wettbewerbsrechtlicher Anspruch gegen einen Inhaber gleichen Namens, der eine mit dem Namen identische SLD zu privaten Zwecken nutzt, von vornherein nicht zu. § 1 UWG kann

---

574 Zum Warenzeichengesetz wurde vertreten, dass das negative Verbreitungsrecht über das positive Benutzungsrecht hinausgeht, vgl. Busse/*Starck*, RdNr. 2, 7 zu § 15 WZG; *v. Gamm*, RdNr. 6 zu § 15 WZG.

575 Dazu unten, 4. Kapitel B IV 3 (S. 164 ff).

576 *Wegner*, S. 257 f. Dies übersieht auch *Deutsch*, FS Gaedertz, S. 99, 107, bei seiner These, Marken und Firmenbezeichnungen könnten gegen Rufausbeutung und Behinderung unmittelbar gem. § 823 I BGB geschützt werden.

577 Dazu soeben 3. Kapitel A (S. 139 ff).

578 *Fezer*, RdNr. 40 zu § 14.

579 S.o., Fussnote 190 ff.

aber für die Fälle Bedeutung gewinnen, in denen markenrechtliche Ansprüche mangels Produkt- oder Dienstleistungsnähe ausscheiden. Hinsichtlich der Anwendbarkeit des § 1 UWG ergeben sich keine Bedenken: Für eine gleichzeitige Anwendung markenrechtlicher Bestimmungen und § 1 UWG ist zwar kein Raum. Soweit jedoch der Markenschutz versagt, kann auf die wettbewerbsrechtliche Generalklausel zurückgegriffen werden,[580] so dass für die hier zu erörternden Fälle § 1 UWG Anwendung finden kann.

Diese Anspruchsgrundlage setzt Handlungen „zu Zwecken des Wettbewerbs" voraus. Ein Handeln zu Zwecken des Wettbewerbs liegt in jedem Verhalten, das äußerlich geeignet ist, den Absatz oder Bezug einer Person zum Nachteil einer anderen zu fördern. Es muss eine Wechselbeziehung bestehen zwischen den Vorteilen, die jemand für sein eigenes Unternehmen oder das eines Dritten zu erreichen sucht und den Nachteilen, die ein anderer dadurch erleidet.[581] In subjektiver Hinsicht muss in der Absicht gehandelt werden, den eigenen oder fremden Wettbewerb zum Nachteil eines anderen zu fördern, sofern diese Absicht nicht völlig hinter die eigentlichen Beweggründe zurücktritt.[582]

Darüber hinaus verlangt die Rechtsprechung rechtsfortbildend das Bestehen eines konkreten Wettbewerbsverhältnisses zwischen dem Verletzer und dem Verletzten.[583] Dieses Merkmal wird im Interesse eines wirksamen Individualschutzes extensiv ausgelegt.[584] Branchennähe ist dabei nicht erforderlich. Ausreichend ist nach der Rechtsprechung, dass sich der Verletzer durch seine Handlung im konkreten Fall in irgendeiner Weise in Wettbewerb zu dem Betroffenen stellt.[585] Das Wettbewerbsverhältnis kann damit auch erst durch die Verletzungshandlung selbst begründet werden. So gelang es dem BGH, durch die Werbung mit dem Substitutionshinweis „statt Blumen ONKO-Kaffee" ein Wettbewerbsverhältnis zwischen den Anbietern der genannten Waren zu bejahen[586].

In Rechtsprechung und Literatur wurde, soweit ersichtlich, das Bestehen eines Wettbewerbsverhältnisses bisher nur im Hinblick auf Registrierungen durch Domain-Grabber erörtert. *Bücking* verneint ein Wettbewerbsverhältnis bei einem privat handelnden Domain-Grabber, weil sich das geschäftliche

---

[580] BGH GRUR 1999, 161, 162 – MAC Dog; OLG München, ZUM 2000, 69, 70 – buecherde.com; *Ingerl/Rohnke*, RdNr. 523 ff zu § 14; *Piper*, S. 429, 435; *Sack*, GRUR 1995, S. 81, 93.

[581] *Ackermann*, S. 17.

[582] BGHZ 3, 270, 276 f – Constanze I; BGH GRUR 1981, 658, 659 f – Preisvergleich; BGH GRUR 1983, 379, 380 – Geldmafiosi; *Baumbach/Hefermehl*, RdNrn. 232, 234 Einl. UWG; *Gloy*, § 11 RdNr. 7.

[583] Vgl. BGH GRUR 1951, 283, 284 f – Möbelbezugsstoffe; BGH GRUR 1985, 550, 552 – Dimple.

[584] *Baumbach/Hefermehl*, RdNr. 219 Einl. UWG.

[585] BGH GRUR 1985, 550, 552 – Dimple.

[586] BGH GRUR 1972, 553.

Handeln in der kostenpflichtigen Freigabe der Domain erschöpfe und sich der Domaininhaber anschließend in den privaten Bereich zurückziehe.[587] Demgegenüber legen Rechtsprechung und Literatur das erforderliche Wettbewerbsverhältnis bei der Registrierung von Domain-Namen großzügig aus.[588]

Für diese Auffassung spricht, dass der Domain-Grabber den Absatz der Domain durch Verkauf an einen Dritten zum Nachteil des Markeninhabers fördert, da dieser mangels markengleicher Domain für Interessenten nur erschwert zu erreichen ist. Die Domain wird wegen des beabsichtigten Verkaufs auch in der Absicht registriert, den Wettbewerb zum Nachteil des Markeninhabers zu fördern. Es kommt dem Domain-Grabber schließlich darauf an, die Marktposition des Markeninhabers durch die Blockierung der Domain zugunsten dessen Konkurrenten zu schwächen, um so den Domainverkauf zu erpressen.

In den hier zu erörternden Fällen eines eigenen Rechts an dem domaingleichen Kennzeichen lässt sich allerdings ein Handeln zu Zwecken des Wettbewerbs nicht ohne weiteres bejahen. In objektiver Hinsicht wird in der Registrierung der Domain regelmäßig ein Handeln gesehen werden können, das den Absatz oder Bezug zum Nachteil des ausgeschlossenen Markeninhabers fördert. Denn der ausgeschlossene Markeninhaber ist im Vergleich zu seinen Marktkonkurrenten, die sich im Internet unter markenidentischen Domain-Namen präsentieren, nur erschwert auffindbar.

Genauerer Prüfung bedürfen aber die an eine Wettbewerbshandlung zu stellenden subjektiven Voraussetzungen. Zweifelsfrei will der Domain-Inhaber seinen eigenen Wettbewerb fördern. Die Wettbewerbsförderungsabsicht muss aber mit der objektiven Wettbewerbsförderung kongruent sein.[589] Der Domaininhaber muss also die Domain in dem Bewusstsein angemeldet haben, dadurch den Wettbewerb zwischen dem ausgeschlossenen Markeninhaber und dessen konkurrierenden Unternehmen zugunsten des letzteren zu fördern. Die Wettbewerbsförderungsabsicht braucht nicht der alleinige Beweggrund der Handlung zu sein. Es genügt, dass sie hinter anderen Beweggründen nicht völlig zurücktritt.[590] Diese Tatfrage ist aufgrund der besonderen Umstände des Einzelfalles zu würdigen und soll deshalb hier nicht weiter vertieft werden.

Sind die Voraussetzungen einer Wettbewerbshandlung zu bejahen, erfordert ein Anspruch nach § 1 UWG zudem die Sittenwidrigkeit der Domainregistrierung. Diese kann sich aus einer unzulässigen Behinderung des Ausgeschlos-

---

587 *Bücking*, RdNr. 202; restriktiv versteht das Wettbewerbsverhältnis auch *Bettinger*, GRUR Int. 1997, S. 402, 411.

588 Vgl. LG Düsseldorf, CR 1998, 165, 170 f – epson.de; LG Frankfurt/Main, 02.04.1997, Az: 2/06 O 193/97 – reuters.de; LG Köln, 23.04.1997, Az: 315 O 282/97– sharp.de; LG Stuttgart, 12.02.1997, Az: 17 O 70/97 – liebherr.de (alle abrufbar unter www.netlaw.de); *Kilian*, S. 389 f; *Kur*, Internet und Kennzeichenrecht, S. 358 f.

589 OLG Köln, K&R 1999, 552, 553.

590 *Baumbach/Hefermehl*, RdNr. 234 m.w.N.

senen ergeben.[591] Erforderlich ist eine Behinderungsabsicht. Sie muss zwar nicht den alleinigen Beweggrund, jedoch ein wesentliches Motiv darstellen.[592] Bei Domain-Grabbern, die eine Vielzahl bekannter Kennzeichen registriert haben, wird dieses Erfordernis zu bejahen sein. Ist die Domain hingegen aus einem eigenen Kennzeichen abgeleitet, lässt sich gegen die Registrierung der Domain nicht ohne weiteres der Vorwurf der Unlauterkeit erheben. Hier kann nur eine Abwägung unter Berücksichtigung der besonderen Umstände des Einzelfalles ergeben, ob die Wahl der Domain mit einem Unlauterkeitsmakel behaftet ist.[593] Insoweit kann im wesentlichen auf die zu § 12 BGB entwickelten Kriterien verwiesen werden.[594]

D. § 823 I BGB (Eingerichteter und Ausgeübter Gewerbebetrieb)

Für nicht namensmäßig gebrauchte Kennzeichen kommt für deren Inhaber ferner ein Vorgehen gem. § 823 I BGB wegen eines Eingriffs in den eingerichteten und ausgeübten Gewerbebetrieb in Betracht. Die Rechtsprechung stützte den Rechtsschutz berühmter Marken zur Zeit der Geltung des Warenzeichengesetzes auf dieses Rechtsinstitut,[595] da der Warenzeichenschutz mangels Gleichartigkeit versagte. Auch nach der Kodifikation des erweiterten Schutzes bekannter Marken bleibt Raum für § 823 I BGB unter dem Gesichtspunkt der Verletzung des Rechts am eingerichteten und ausgeübten Gewerbebetrieb. Allerdings ist die Anwendung dieses Tatbestands richtigerweise gegenüber den markenrechtlichen Bestimmungen subsidiär.[596] Da Rechtsschutz nach dem Markengesetz bei privater Nutzung oder bei bloßer Registrierung nach der hier vertretenen Auffassung versagt, ist ein Rückgriff auf benanntes Recht möglich.

In der Literatur wird ein Eingriff in das ‚Recht des Unternehmens' bei der Registrierung einer berühmten Marke unter dem Gesichtspunkt der Verwässerung auch außerhalb des Geschäftsverkehrs bejaht.[597] Deutlich weiter geht *Bücking*. Er sieht in der Registrierung eines fremden Kennzeichens als Domain unabhängig von dessen Bekanntheitsgrad einen Eingriff in den eingerichteten und ausgeübten Gewerbebetrieb. *Bücking* geht unter Hinweis auf den BGH[598] davon aus, dass der Schutzbereich alles umfasst, was bezogen auf die wirt-

[591] OLG München, ZUM 2000, 69, 70 buecherde.com; LG Düsseldorf, CR 1998, 165, 170 f – epson.de; *Kur*, Internet und Kennzeichenrecht, S. 358 f; *Nordemann*, NJW 1997, S. 1891, 1896; *Völker/Weidert*, S. 661 f.

[592] Vgl. BGH GRUR 1986, 74, 77 – Shamrock III.

[593] Ähnlich *Bettinger*, GRUR Int. 1997, S. 402, 413; *Bücking*, RdNr. 209; *Ubber*, S. 509.

[594] S.o., Kapitel 2 D II (S. 113 ff).

[595] BGH GRUR 1959, 182, 186 – Quick.

[596] Siehe Fussnote 580.

[597] *Poeck*, S. 52 f; *Viefhues*, RdNr. 175.

[598] BGH DB 1971, 571.

schaftliche Gesamtheit den wirtschaftlichen Wert des Betriebes ausmacht. Hierzu zählten neben dem Kundenstamm und der Erscheinungsform des Betriebes nach außen auch der auf dem betrieblichen Marketingkonzept beruhende Tätigkeitskreis der Unternehmenswerbung via Internet. Die Blockade eines Domain-Namens zum Zwecke der Gewinnerzielung richte sich gegen die betriebliche Vermarktungsstruktur und die unternehmerische Entschließungsfreiheit, so dass von einem betriebsbezogenen Eingriff gesprochen werden könne. Da nur getroffene Betriebsveranstaltungen und nicht abstrakte Marktchancen zu schützen seien, müssten für einen Eingriff in das Recht am eingerichteten und ausgeübten Gewerbebetrieb bereits detaillierte Konzepte für eine Internet-Kampagne vorhanden sein.[599]

Gegen die Anerkennung dieses von *Bücking* vertretenen Eingriffs scheint zu sprechen, dass ein solcher Eingriff lediglich bei dem Gebrauch berühmter Marken unter dem Gesichtspunkt der Verwässerung angenommen wurde. Dann könnte ein Eingriff in den Gewerbebetrieb durch Registrierung einer markengleichen SLD auf Fälle von Berühmtheit zu beschränken sein, so wie dies *Poeck* und *Viefhues* wohl annehmen. Allerdings wird bei privater Nutzung oder bloßer Registrierung der Domain, ohne eine Homepage mit Inhalten bereitzuhalten, nicht eine Verwässerung wegen Verlusts der Alleinstellung bemängelt, sondern vielmehr die bewirkte Blockade für den Markeninhaber. Der dem Domaininhaber entgegengebrachte Vorwurf ist damit grundsätzlich anderer Natur als der dem Nachahmer gemachte Vorwurf, der die Benutzungsmöglichkeit der Marke in keiner Weise in Frage stellt. Wegen der Blockadewirkung lässt sich berechtigterweise die Frage nach einem auf § 823 I BGB gestützten Rechtsschutz schon unterhalb der Schwelle der Berühmtheit stellen.

Schutzgut ist nach überwiegender Ansicht der eingerichtete und ausgeübte Gewerbebetrieb. Unter Gewerbebetrieb ist all das zu verstehen, was in seiner Gesamtheit den Gewerbebetrieb zur Entfaltung und Betätigung in der Wirtschaft befähigt. Dazu gehört sowohl das gegenständliche Betriebsvermögen wie Warenbestand und Betriebsräume als auch das nicht gegenständliche Betriebsvermögen wie Geschäftsverbindungen und der tatsächliche und potentielle Kundenkreis.[600] Der Gewerbebetrieb muss – folgt man der überwiegenden Meinung – eingerichtet und ausgeübt sein. Es besteht somit nur ein Recht auf Fortführung der bisherigen Tätigkeiten aufgrund der schon getroffenen Betriebsveranstaltungen. Ein unverwirklichtes Vorhaben wird nicht geschützt.[601] Dieses Erfordernis lässt *Bücking* zu dem Schluss gelangen, dass die Registrierung einer kennzeichengleichen Domain nur dann in den eingerichteten und ausgeübten Gewerbebetrieb eingreifen kann, wenn der Zeitpunkt der Registrierung der Ausarbeitung detaillierter Konzepte für eine Internetkampagne nachfolgt. Diese

---

599 *Bücking*, RdNr. 225; *ders.*, NJW 1997, S. 1886, 1887 f.
600 MünchKomm/*Mertens*, RdNr. 485 zu § 823; Staudinger/*Hager*, RdNr. D 9 zu § 823.
601 BGH NJW 1969, 1207, 1208.

Einschränkung erübrigte sich natürlich dann, wenn – wie von der Literatur in jüngster Zeit zunehmend vorgeschlagen[602] – auch der Zugang zu gewerblicher Betätigung deliktsrechtlich zu schützen wäre. Begründet wird die Einbeziehung potentieller Gewerbetreibender in den Schutzbereich des ‚Rechts am Unternehmen' mit dem fehlenden Grund, etablierte gegenüber entstehenden Unternehmen zu privilegieren.

Ungeachtet der grundsätzlichen Kritik am Erfordernis eines bereits bestehenden Betriebes drängt sich die Vermutung auf, dass die Registrierung einer markengleichen Domain auch ohne einen seitens des Markeninhabers vorbereiteten Internetgang auf einen eingerichteten und ausgeübten Gewerbebetrieb einwirken kann. Das Erfordernis des eingerichteten Gewerbebetriebs dient der Abgrenzung zwischen einerseits bestehenden und andererseits werdenden bzw. im Aufbau befindlichen Unternehmen. So genügt ein lediglich projektiertes Unternehmen ohne Abnehmerkreis den Anforderungen an einen eingerichteten Gewerbebetrieb nicht. Andererseits ist jedoch nicht erforderlich, dass der Gewerbebetrieb bereits „auf vollen Touren" läuft.[603] Auch der Ausbau eines bereits bestehenden Betriebs und die Aufnahme eines im Rahmen der Entwicklung des Unternehmens liegenden Produktionszweigs fällt beispielsweise in den Schutzbereich des eingerichteten Gewerbebetriebs.[604]

Mit einer Internetpräsenz beabsichtigen etablierte Unternehmen zumeist die Akquisition neuer Kunden und die Verbesserung der bisherigen Serviceleistungen, gelegentlich die Erschließung neuer Marktsegmente. Diese Ziele dienen damit der Förderung des schon bestehenden und nicht erst der Gründung eines neuen Gewerbebetriebs. Es erscheint daher gerechtfertigt, die Verwirklichung einer Internetpräsenz unter markengleicher Domain in den Schutzbereich eines eingerichteten und ausgeübten Gewerbebetriebs auch dann einzubeziehen, wenn zum Zeitpunkt der Domain-Registrierung detaillierte Konzepte für die Errichtung von Websites fehlen.

In den Gewerbebetrieb, deren Rechtsträger auch Inhaber der Marke ist, muss eingegriffen worden sein. Für einen Eingriff genügt jede schuldhafte Beeinträchtigung der gewerblichen Tätigkeit des Unternehmens.[605] Die für einen Dritten registrierte markengleiche Domain erschwert potentiellen Kunden das Auffinden der Website des Gewerbebetriebs insbesondere dann, wenn die Marke über eine stärkere Verkehrsgeltung verfügt als andere dem Unternehmen zu-

---

[602] Dafür Jauernig/*Teichmann*, RdNr. 97 zu § 12; MünchKomm/*Mertens*, RdNr. 486 m.w.N.; Staudinger/*Hager*, RdNr. D 10 zu § 823; *Wegner*, S. 257; vgl. auch BGHZ 90, 113, 121 f, wonach der Aufruf einer Bürgerinitiative, ein Planungsvorhaben der Deutschen Bahn mit Masseeinsprüchen im Planfeststellungsverfahren zu bekämpfen, schadensrechtliche Folgen unter dem Gesichtspunkt des Eingriffs in den Gewerbebetrieb auslösen kann.

[603] BGH NJW 1969, 1207 f.

[604] *Baumbach/Hefermehl*, RdNr. 117 Allg UWG.

[605] Vgl. BGH NJW 1959, 479 m.w.N.; MünchKomm/*Mertens*, RdNr. 489 zu § 823.

gehörige Kennzeichen. Diese Erschwerung des Zugangs zu einer Website des gesuchten Unternehmens kann mit der Erschwerung des Zutritts zu einem Ladenlokal durch die Lagerung von Baumaterialien auf dem Bürgersteig verglichen werden. Durch diese Lagerung werden mögliche Interessenten von einem Betreten der Räumlichkeiten abgehalten, was als Beeinträchtigung, somit als Eingriff in den Gewerbebetrieb zu werten ist.[606] Entsprechend ist auch der erschwerte Zugriff auf die Website eines Unternehmens als Eingriff in den eingerichteten und ausgeübten Gewerbebetrieb zu werten.

Es fällt jedoch nicht jede Beeinträchtigung unter den Schutz des eingerichteten und ausgeübten Gewerbebetriebs. Zur Haftungsbegrenzung wird überwiegend ein unmittelbarer, betriebsbezogener Eingriff gefordert. Als unmittelbarer Eingriff wird eine Beeinträchtigung verstanden, die *„betriebsbezogen* ist und nicht vom Gewerbebetrieb ohne weiteres ablösbare Rechte oder Rechtsgüter betrifft."[607] Das ausfüllungsbedürftige Kriterium der betriebsbezogenen Beeinträchtigung sucht die Rechtsprechung dadurch zu präzisieren, dass die Grundlagen des Betriebes bedroht oder der Funktionszusammenhang der Betriebsmittel auf längere Zeit aufgehoben oder der Betrieb als solcher in Frage gestellt wird.[608] Der Eingriff muss sich gegen den betrieblichen Organismus oder die unternehmerische Entschließungsfreiheit richten und über eine bloße Belästigung oder sozial übliche Behinderung hinausgehen.[609] An dieser Stelle ist wertend zu berücksichtigen, dass angesichts der weiter wachsenden Bedeutung des Internets die erschwerte Auffindbarkeit einer Website die Stufe einer bloßen Belästigung überschreitet und auf Dauer die Kommunikation zwischen potentiellen Kunden und dem Unternehmen in Frage gestellt wird.[610]

Die Schwelle bloßer Belästigung ist allerdings dann nicht überschritten, wenn sich die Marke nur in geringem Umfang im Verkehr durchgesetzt hat, weil dann davon auszugehen ist, dass nur ein geringer Teil der Internetnutzer eine andere als die avisierte Homepage ansteuert. Ob jedoch lediglich die Registrierung bekannter Marken iSd § 14 II Nr. 3 MarkenG mit hinreichendem Betriebsbezug in das Recht am eingerichteten und ausgeübten Gewerbebetrieb eingreift, ist fraglich. Für eine Einschränkung auf bekannte Marken lässt sich der Erwägungsgrund Nr. 9 der Markenrechtsrichtlinie anführen. Danach bleibt „die Möglichkeit der Mitgliedstaaten unberührt, bekannten Marken einen weitergehenden Schutz zu gewähren." Im Umkehrschluss kann dem zu entnehmen sein, dass anderen als bekannten Marken ein solcher Schutz nicht zuteil werden soll.

---

606 BGH VersR 1961, 831, 832; so auch das OLG Düsseldorf, NJW 1961, 1925; Staudinger/*Hager*, RdNr. D 44 zu § 823; a. A. Soergel/*Zeuner*, RdNr. 99 zu § 823.
607 BGHZ 55, 153, 161; ähnlich BGHZ 86, 152, 156.
608 Vgl. BGH NJW 1983, 812, 813.
609 BGH NJW 1985, 1620; BGHZ 138, 311, 317; Palandt/*Thomas*, RdNr. 21.
610 Im Ergebnis ebenso *Bücking*, RdNr. 255.

Gegen die Richtigkeit des Umkehrschlusses spricht für vorliegende Fälle indessen, dass nicht die Marke wegen einer ihrer zahlreichen Funktionen geschützt wird. Geschützt wird vielmehr der Gewerbebetrieb. Die Marke hat in ihrer Verwendung als SLD neben ihrer Kennzeichnungs- ebenso eine Adressfunktion. Die SLD erfüllt die Funktion eines Schlüssels, mit dem das Betreten eines virtuellen Geschäfts gesichert ist. Als Internet-Adresse eröffnet die markengleiche SLD den Zugang des Gewerbebetriebs zu seinen Kunden und vice versa. Dieser Zugang kann auch durch die Verwendung einer nicht bekannten Marke erschwert werden. Daher kann im Einzelfall auch die Registrierung einer nicht bekannten Marke als SLD in den Schutzbereich des eingerichteten und ausgeübten Gewerbebetriebs mit hinreichendem Betriebsbezug eingreifen, etwa weil die in qualitativer Hinsicht an eine bekannte Marke zu stellenden Anforderungen nicht erfüllt werden.

Wegen des Rahmencharakters indiziert ein Eingriff nicht seine Rechtswidrigkeit. Diese ist abhängig von dem Ergebnis einer Güter- und Interessenabwägung, in der alle relevanten Umstände des Einzelfalles Berücksichtigung finden.[611] Wie auch im Rahmen des § 12 BGB sind die Interessen des Domain-inhabers mit denen des Markeninhabers gegeneinander abzuwägen. Dabei gebührt dem Erstanmelder aufgrund des erworbenen Besitzstandsschutzes in aller Regel der Vorzug. Für die Abwägung wird auf die Ausführungen zu § 12 BGB verwiesen.

Zudem setzt der Schadensersatzanspruch nach § 823 I BGB Verschulden, also wenigstens Fahrlässigkeit voraus. Bei eigenem Kennzeichenrecht wird man einem Domaininhaber selbst Fahrlässigkeit vor allen Dingen wegen fehlender Rechtspraxis regelmäßig nicht vorwerfen können – Ausnahmen hiervon sind insbesondere bei berühmten Kennzeichen zu erwägen.[612] Hierzu soll jedoch deshalb nicht weiter Stellung bezogen werden, weil es in besonderem Maße auf den Einzelfall ankommt. Außerdem ist der Rechtsschutz in der Regel nicht auf Schadensersatz, sondern Unterlassung bzw. Freigabe gerichtet. Der auf eine analoge Anwendung des § 1004 I BGB gestützte Unterlassungsanspruch aufgrund des Eingriffs in den eingerichteten und ausgeübten Gewerbebetrieb setzt

---

611 Ständige Rechtsprechung, BGHZ 3, 270, 281 – Constanze I; 29, 65, 74 – Stromunterbrechung I; *Baumbach/Hefermehl*, RdNr. 126 f Allg UWG; *Leßmann*, JA 1988, S. 409, 413; Palandt/*Thomas*, RdNr. 34 zu § 823; Staudinger/*Hager*, RdNr. D 4 zu § 823.

612 Vgl. OLG München, ZUM 1999, 584, 588 – shell.de. Danach hätte sich Herr Shell vor der Registrierung bei der Deutschen Shell AG erkundigen müssen, ob diese Einwände gegen die Benutzung des Domain-Namen erhebt. Nicht überzeugen kann der Vorschlag *Jaskullas* (S. 898), der aufgrund der Versicherung gegenüber DENIC, keine Rechte Dritter zu verletzen, eine Schadensersatzpflicht auslösende Verletzung eines Vertrages mit Schutzwirkung für Dritte sieht. Hier fehlt es nämlich schon an einem bestimmten, engen und überschaubaren Personenkreis, der mit dieser Klausel geschützt werden soll.

bekanntermaßen kein Verschulden voraus,[613] so dass hier auf weitere Ausführungen verzichtet wird.

Im Ergebnis bleibt festzuhalten, dass mit § 823 I iVm dem Recht am eingerichteten und ausgeübten Gewerbebetrieb Konflikte über Kennzeichen gelöst werden können, die nicht dem Namensschutz unterliegen. § 812 I Satz 1, 2. Fall BGB und § 823 I iVm § 14 I MarkenG sind demgegenüber nicht anwendbar. § 1 UWG bietet für die erörterten Kollisionen unter besonderen Umständen eine Lösung.

---

[613] Vgl. BGHZ 3, 270, 275 f; Erman/*Schiemann*, RdNr. 20 vor § 823; Erman/*Hefermehl*, RdNr. 1 zu § 1004.

Besondere Relevanz kommt nach Auffassung in der Literatur der Frage zu, wie in concreto die rechtswidrige Domain-Verwendung zu beheben ist.[614] Zwei Varianten werden diskutiert. Möglich erscheint erstens, im Rahmen eines Unterlassungsanspruchs den Domaininhaber zur Abgabe einer Erklärung gegenüber der DENIC zu verpflichten, mit der er die Domain „freigibt"[615] oder auf sie „verzichtet"[616]. Zweitens wird ein Anspruch des verletzten Kennzeicheninhabers auf Übertragung des Domain-Namens an sich selbst erwogen. Die Erörterung dieser Varianten geschieht vor folgendem Hintergrund: Sobald die Domain von dem Verletzer „freigegeben" oder auf sie verzichtet wird, kann sich ein Dritter den frei gewordenen Domain-Namen registrieren lassen. So hat zwar der Kaufmann mit der Firma „W. E. Krupp Kommunikation", wie vom OLG Hamm entschieden, die Sperrposition durch die Registrierung der Domain „krupp.de" aufgegeben. Doch gelang es dem Sohn des Beklagten, nach Freiwerden der Domain diese für sich registrieren zu lassen. Ein Übertragungsanspruch soll derartige Zwischeneintragungen ausschließen, um neue gerichtliche Schritte zu vermeiden.[617]

Den Alternativen zur Behebung der rechtswidrigen Domain-Verwendung wird jedoch mehr Bedeutung zugemessen, als es dazu tatsächlich Veranlassung gibt. Zum einen hindert selbst die Gewährung eines Übertragungsanspruchs den Domaininhaber nicht daran, den Domain-Namen vor der Vollstreckung des Urteils auf einen Dritten zu übertragen. Zum anderen bietet die DENIC eG mit sogenannten „Dispute-Eintragungen" – früher „Wait-Eintragungen" – ein Instrumentarium an, um der zwischenzeitlichen Registrierung eines Domain-Namens durch nicht am Verfahren Beteiligte entgegenzuwirken. Ein Dispute-Eintrag wird auf Antrag eines Kennzeicheninhabers gewährt, der ein Recht an dem streitbefangenen Domain-Namen darlegen kann. Der Eintrag hat zur Folge, dass die Domain von ihrem Inhaber nicht mehr auf Dritte übertragen werden kann und nur der Dispute-Eingetragene nach Freiwerden der Domain ihr neuer Inhaber wird.

Die Frage der Gewährung eines Übertragungsanspruchs ist nur für einen solchen Fall relevant, wo bereits ein Dispute-Antrag von einem Dritten gestellt wurde. Denn DENIC führt – anders als zum Teil behauptet[618] – keine Warteliste, in der sich beliebig viele Anwärter für einen Domain-Namen eintragen

[614] Vgl. *Ernst*, MMR 1999, S. 487 ff; *Hackbarth*, CR 1999, S. 384.
[615] So das OLG Köln, NJW RR 1999, 622, 623 – herzogenrath.de.
[616] So das LG Berlin, K&R 1998, 557, 558 – technomed.de; LG Mannheim, K&R 1998, 558, 560 – brockhaus.de; LG Braunschweig, CR 1998, 364, 367 – deta.com; LG Braunschweig, CR 1997, 414 – braunschweig.de.
[617] Vgl. *Hoeren*, Rechtsfragen des Internet, RdNr. 67.
[618] So z. B. von *Ernst*, MMR 1999, S. 487, 489.

lassen könnten. Wenn bereits ein Dispute-Antrag für einen Domain-Namen gestellt wurde, kann keine weitere Person mehr für diesen Domain-Namen einen Dispute-Antrag stellen. Ein Anspruch auf Übertragung der Domain könnte verhindern, dass der Dispute-Eingetragene bei Freiwerden der Domain ihr neuer Inhaber wird.

Dieser Frage vorgelagert ist die Überlegung, ob im Bereich der markenrechtlichen Anspruchsgrundlagen dem Kennzeicheninhaber überhaupt schon ein Anspruch auf Freigabe oder Verzicht der Domain zusteht. Denn die Verwechslungsgefahr könnte im Rahmen der §§ 14 II Nr. 2, 15 II MarkenG auch dadurch auszuschließen sein, dass dem Domaininhaber die Schaltung verwechslungsfähiger Inhalte auf der Homepage untersagt wird, ihm aber die Benutzung der Domain für nicht verwechslungsfähige Waren, Dienstleistungen bzw. Produkte oder eine Benutzung außerhalb des geschäftlichen Verkehrs unbelassen bleibt. Diese Frage stellt sich bei der im zweiten Kapitel erörterten extensiven Anwendung des § 12 BGB (Gleichnamigkeit im weiteren Sinne) nicht, weil die Domain-Registrierung unabhängig von der Art der Verwendung rechtswidrig ist und allein die Freigabe der Domain den rechtswidrigen Zustand beseitigen kann.

A. Der markenrechtliche Unterlassungsanspruch

Um die Problematik der Gewährung eines auf § 14 V oder § 15 IV MarkenG gestützten Anspruchs auf Löschung der Domain zu präzisieren: Schwierigkeiten bereitet nicht der Umstand, dass statt eines Nichthandelns ein aktives Tun, nämlich eine Freigabe- bzw. Verzichtserklärung verlangt würde. Denn gewohnheitsrechtlich[619], wenigstens aber aus einer Analogie zu § 1004 BGB[620] ist ein Beseitigungs- in Ergänzung zum Unterlassungsanspruch anerkannt. Problematisch ist vielmehr, dass nach weitverbreiteter Ansicht ein Urteil die Art der Beseitigung des Störungszustands nicht vorschreiben darf. Der Verletzte habe keinen Anspruch auf bestimmte Maßnahmen. Daher könne der Verletzer unter verschiedenen zur Abhilfe geeigneten Maßnahmen diejenige wählen, die ihn am wenigsten belastet. [621] Ob der Verletzer den Anforderungen des Urteils genügt, muss dann in der Vollstreckungsinstanz beurteilt werden. Das Verbot dürfe nicht weiter gehen als nötig. Daher ist bei Kennzeichenrechtsverletzungen grundsätzlich nur die konkrete Benutzungsart zu verbieten, die das klägerische

[619] So GroßKomm/*Köhler*, RdNr. 125 vor § 13; *Ingerl/Rohnke*, RdNr. 55 vor §§ 14–19.

[620] Vgl. BGH GRUR 1954, 163, 165 – Bierlieferungsverträge; BGH GRUR 1954, 337, 342 – Radschutz; BGH GRUR 1960, 563, 566 f – Sektwerbung.

[621] Zum Beseitigungsanspruch vgl. RGZ 144, 41, 45 f; BGHZ 29, 314, 317; 67, 252, 253; 111, 63, 72; Erman/*Hefermehl*, RdNr. 29 zu § 1004; RGRK/*Pikart*, RdNr. 98 zu § 1004; Staudinger/*Gursky*, RdNr. 137 zu § 1004.

Recht verletzt.[622] Damit stößt die Gewährung des aus einem Unterlassungsanspruch hergeleiteten Anspruchs auf Löschung der Domain auf Bedenken. Schließlich kann die Verwechslungsgefahr für die Zukunft und für neue Internet-Nutzer auch durch Schaltung einer geänderten Website mit gänzlich fernliegenden Waren, Dienstleistungen oder Branchen beseitigt werden. Diese Überlegung lässt auch *Kur* zu dem Ergebnis gelangen, dass bei einer auf dem Inhalt der Homepage begründeten Verwechslungsgefahr niemals die Benutzung des Domain-Namens als Internet-Adresse als solche, sondern nur die Gestaltung der Homepage Gegenstand von auf das Markengesetz gestützten Verbotsanträgen sein könne.[623]

Allerdings ist im Rahmen des Beseitigungsanspruchs die Verurteilung zu bestimmten Maßnahmen unbedenklich, wenn überhaupt nur eine einzige konkrete Maßnahme die Beseitigung der Störung gewährleistet.[624] Dann ließe sich argumentieren, dass der Erhalt des Domain-Namens zugunsten des Verletzers die Gefahr einer Kennzeichenverwirrung bei denjenigen Nutzern nicht beseitigt, die bereits die kennzeichenverletzende Homepage gewählt hatten, die Homepage irrig dem Verletzten zuordneten und aufgrund gleichbleibender Domain – trotz geänderter Homepage – auch fortan einer Fehlzuordnung unterliegen. Folglich könnte allein die Freigabe der Domain die Verwechslungsgefahr für die Zukunft beseitigen.

Es ließe sich auch vertreten, dass die Weigerung zur Löschung der Domain einen Verstoß gegen Treu und Glauben nach § 242 BGB darstellt, wenn die Inhalte der Website zur Ausschaltung der Verwechslungsgefahr ohnehin geändert werden müssen. Dann kämen auch neue Zielgruppen in Betracht, für deren Erreichen die Beibehaltung der bisherigen Domain nur geringen Wert hätte. Beide Argumente bleiben indessen vage und spekulativ. Der Löschungs- bzw. Freigabeanspruch müsste immer von den besonderen Umständen des Einzelfalles abhängen.

Eine aus dem Unterlassungsanspruch hergeleitete Verpflichtung zur Domain-Freigabe ist möglicherweise mit der Rechtsprechung zu vereinbaren, die die Benutzung eines Zeichens völlig verbietet, wenn das Verhalten des Verletzers auch künftig eine einwandfreie Benutzung nicht erwarten lässt.[625] Allerdings wird aus einer einmal begründeten Verwechslungsgefahr nicht stets geschlossen

---

622 Vgl. BGHZ 5, 189, 193 f – Fischermännchen; BGH GRUR 1954, 70, 72 – Rohrbogen; BGH GRUR 1958, 190, 196 – Zeiss; BGH GRUR 1960, 384, 387 – Mampe Halb und Halb; BGH GRUR 1966, 35, 38 – multicord; *Teplitzky*, RdNr. 2 ff zu Kap. 24. Für das Wettbewerbsrecht einschränkend *Baumbach/Hefermehl*, RdNr. 313 Einl. UWG.

623 *Kur*, Internet und Kennzeichenrecht, S. 351. Auch *Viefhues* vertritt neuerdings die Auffassung, dass der von der Gerichtspraxis gewährte Löschungsanspruch zu Lasten des Domaininhabers zu weit geht (MMR 2000, S. 334, 337).

624 BGHZ 29, 317, 319; 67, 252, 254 m.w.N.

625 BGH GRUR 1960, 373, 376 – Kodak; BGH GRUR 1962, 91, 95 – Jenaer Glas; BGH GRUR 1968, 212, 213 – Hellige m.w.N.

werden können, dass das Verhalten des Verletzers in der Zukunft keine rechtmäßige Benutzung erwarten lässt. Eine solche Vermutung bedarf immer konkreter Anhaltspunkte, um die dem Verletzer im Grundsatz nach gegebene Wahlfreiheit nicht zu unterminieren.

Um diesen Unwägbarkeiten zu entgehen ist es denkbar, einen Freigabeanspruch auf § 18 I MarkenG[626] zu stützen. Diese Bestimmung gewährt dem Inhaber einer Marke oder geschäftlichen Bezeichnung in den Fällen der §§ 14, 15, 17 MarkenG einen Anspruch auf Vernichtung der widerrechtlich gekennzeichneten Gegenstände, die sich im Besitz oder Eigentum des Verletzers befinden. Der Vernichtungsanspruch ist ausnahmsweise und nur dann zu versagen, wenn der durch die Rechtsverletzung verursachte Zustand der Gegenstände auf andere Weise beseitigt werden kann und zudem die Vernichtung für den Verletzer oder den Eigentümer im Einzelfall unverhältnismäßig ist.

Allerdings ist die Domain möglicherweise kein „Gegenstand", der „vernichtet" werden könnte. Das Wort „Gegenstand" ist zwar besonders inhaltsoffen. Wie sich aus § 90 BGB ergibt, können Gegenstände auch nicht körperlich sein. Die fehlende Körperlichkeit von Domain-Namen schließt also nicht aus, Domain-Namen unter den Begriff „Gegenstand" zu subsumieren. Allerdings wird „Vernichtung" als Zerstörung einer Sache in ihrer Substanz begriffen.[627] Sachen werden gewöhnlich als körperliche Gegenstände verstanden (etwa in § 90 BGB). Zudem kann auf eine Domain als immaterielles Gut nicht physisch eingewirkt, sie kann nicht „zerstört" werden. Selbst eine weite Auslegung des Begriffs „vernichtet" gestattet es daher nicht, die „Löschung" einer Domain unter den Gesetzeswortlaut zu subsumieren. Methodisch kann ein auf Freigabe gerichteter Anspruch folglich nur auf eine analoge Anwendung des § 18 I MarkenG gestützt werden.

Eine solche setzt sowohl eine *planwidrige Regelungslücke* als auch die *Vergleichbarkeit* des geregelten mit dem nicht geregelten Fall voraus. Zur Zeit der Verkündung des Markengesetzes 1994 hatte der Gesetzgeber den Fall nicht vorhergesehen, dass Kennzeichenkonflikte auch in Zusammenhang mit Domain-Namen entstehen können. Solche traten erst etwa ein Jahr später auf. Regelungen in Bezug auf Domain-Namen fehlen zwangsläufig, so dass das Regelwerk lückenhaft ist. Die Planwidrigkeit der Regelungslücke ist zu bejahen, führt man sich vor Augen, dass außerhalb des Internets Kennzeichen besonders häufig in Zusammenhang mit körperlichen Gegenständen auftreten, z. B. als Label auf einem Produkt. Einzugestehen ist zwar, dass auch außerhalb des Internets Kennzeichen ohne körperliche Verbindung mit einer Sache in Erscheinung treten, etwa in der Radio- oder Fernsehwerbung. Die Vernichtung dieser Em-

---

626 Diese Norm erwähnen schon *Poeck*, S. 31, und *Freitag*, S. 358, in Zusammenhang mit der Löschung eines Domain-Namens.

627 *Fezer*, RdNr. 30 zu § 18; für den urheberrechtlichen Vernichtungsanspruch *Fromm/Nordemann*, RdNr. 3 zu §§ 98, 99.

pfangsgeräte kommt aber schon deshalb von vornherein nicht in Betracht, weil der Verletzer weder Eigentum noch Besitz an ihnen hat. Die Registrierung einer Domain verschafft deren Inhaber demgegenüber eine monopolartige, besitz- oder eigentumsähnliche Position, deren Vernichtung bzw. Löschung Rechte Dritter nicht beeinträchtigt. Angesichts dieser Umstände kann von einer *planwidrigen Regelungslücke* gesprochen werden.

Hinsichtlich der *Vergleichbarkeit* der Fälle muss teleologisch argumentiert werden. Sinn und Zweck eines Vernichtungsanspruchs ist, zugunsten des Verletzten die Gefahr zu mindern, dass der Verletzer erneut eine Kennzeichenrechtsverletzung begeht und so den Verletzten zu einem abermaligen gerichtlichen Vorgehen zwingt.[628] Der Vernichtungsanspruch hat damit eine Sicherungsfunktion, die endgültig verhindern soll, dass kennzeichenrechtsverletzende Gegenstände in den Verkehr gebracht werden. Der Vernichtungsanspruch erfüllt außerdem eine Sanktionsfunktion: das begangene oder drohende Unrecht wird bestraft. Schließlich kommt dem Vernichtungsanspruch durch die Androhung der Zerstörung der kennzeichenrechtsverletzenden Gegenstände und der damit dem konkreten wie potenziellen Verletzer drohenden Schäden eine spezial- wie generalpräventive Funktion zu.[629]

Den genannten Funktionen ist ebenso die Löschung bzw. die Freigabe der Domain dienlich. Sie verhindert, dass der Verletzer unter derselben Domain in Zukunft Kennzeichenrechtsverletzungen begeht. Ein ggf. erneutes gerichtliches Vorgehen wird auf verwechslungsfähig ähnliche Domains begrenzt. Die Freigabe der Domain sanktioniert die begangene Kennzeichenrechtsverletzung und erfüllt schließlich eine gewisse abschreckende Funktion durch den Verlust des Besitzstandes, der auf dem Domain-Namen fußt.

Die Löschung der Domain darf nicht „unverhältnismäßig" iSd § 18 I MarkenG sein. „Unverhältnismäßig" stellt hier keine Ausprägung des verfassungsrechtlichen Übermaßverbots dar,[630] das dem schonenderen Mittel den Vorzug geben müsste. Sonst ginge der Beseitigungsanspruch nach § 1004 BGB nahezu ausnahmslos einem Vernichtungsanspruch vor. Der Gesetzgeber hat sich aber mit § 25 a I WZG und § 18 I, II MarkenG bewusst für eine besonders einschneidende Maßnahme entschieden, die in den meisten Fällen mehr als das unmittelbar zur Beseitigung der Verwechslungsgefahr Erforderliche zulässt.[631]

---

[628] Vgl. die Regierungsbegründung zum Gesetz der Produktpiraterie (PrPG), BT-Drucks. 11/4792, S. 27. Durch das PrPG vom 7. März 1990 (BGBl. I, S. 422) wurde die Bestimmung des § 25 a WZG eingeführt, die mit einigen Änderungen in § 18 MarkenG übernommen wurde.

[629] Zu den einzelnen Funktionen *Fezer*, RdNr. 9 zu § 18; entsprechend zum patentrechtlichen Vernichtungsanspruch Benkard/*Rogge*, RdNr. 2 zu § 140a.

[630] Vgl. BGH GRUR 1997, 899, 901 – Vernichtungsanspruch; *Fezer*, RdNr. 39 zu § 18.

[631] Vgl. die amtliche Begründung der Regierungsvorlage zum PrPG in Blatt für PMZ, 1990, S. 173, 181, dort unter II 1 c).

Die Vernichtung ist als Regelmaßnahme konzipiert.[632] An die Unverhältnismäßigkeit sind folglich besonders strenge Anforderungen zu stellen, um das Regel-Ausnahme-Verhältnis nicht umzukehren.[633] Selbst fehlendes Verschulden steht der Anwendung eines Vernichtungsanspruchs nicht entgegen.[634]

Ist ein Produkt mit der kennzeichenrechtsverletzenden Verpackung umhüllt, sind sowohl Produkt als auch Verpackung zu vernichten – beispielsweise Schokolade samt Umhüllung. Entsprechendes gilt für Kleidung, die kennzeichenverletzend markiert ist – sowohl die Kleidung als auch das Etikett als Kennzeichnungsmittel müssen vernichtet werden.[635] Es genügt also im Regelfall nicht, nur das Kennzeichnungsmittel vom Produkt zu trennen und das Kennzeichnungsmittel zu zerstören. Unter Zugrundelegung dieser qualifizierten Anforderungen wird sich die Löschung der Domain kaum als unverhältnismäßig werten lassen.

Bedenken gegen die wertungsmäßige Gleichartigkeit des geregelten Falles mit dem ungeregelten Fall könnten sich daraus ergeben, dass die Löschung eines Domain-Namens nicht ganz der Vernichtung der „gekennzeichneten Gegenstände" entspricht. Der „gekennzeichnete Gegenstand" ist nämlich die Website mit ihrem Inhalt, nicht jedoch der Domain-Name als das bloße Kennzeichnungsmittel. Ist indessen selbst die Vernichtung des Kennzeichnungsmittels mit der verbundenen Sache möglich, kann per argumentum a maiore ad minus die Vernichtung nur des Kennzeichnungsmittels ohne die konnektierte Website erst recht verlangt werden. Im übrigen kann auch außerhalb des Internets die Vernichtung nur des Kennzeichnungsmittels verlangt werden. Der Vernichtungsanspruch bezieht sich nämlich auch auf die in § 14 IV MarkenG genannten Kennzeichnungsmittel.[636]

Die wertungsmäßige Gleichartigkeit der Fälle ist fraglich, wenn die Löschung einer Domain über den Regelungstatbestand des § 18 MarkenG hinausragt. Dem Kennzeicheninhaber wird nämlich nur ein Anspruch auf Vernichtung, nicht jedoch ein solcher auf Verwertung zugestanden, wie Herausgabe der rechtswidrig gekennzeichneten Gegenstände zwecks Veräußerung an Dritte. Die Löschung wird vom Kennzeicheninhaber indessen im Regelfall mit dem Ziel betrieben, die freigewordene kennzeichengleiche Domain für sich registrieren zu lassen; er will die Domain für eine eigene Online-Präsentation verwerten.

Doch eine solche Argumentation übersieht zum einen, dass der Kennzeicheninhaber mit der Löschung der Domain nicht die Verwertung der Website

632 Amtl. Begründung, a.a.O.; *Fezer*, RdNr. 35 zu § 18; *Ingerl/Rohnke*, RdNr. 16 zu § 18.
633 Vgl. *Althammer/Klaka*, RdNr. 14 zu § 18; *Fezer*, RdNr. 35 zu § 18; *Ingerl/Rohnke*, RdNr. 17 zu § 18.
634 Amtl. Begründung, a.a.O.
635 Vgl. *Fezer*, RdNr. 14 zu § 18.
636 Amtl. Begr. zum Markengesetz in Blatt für PMZ, Sonderheft 1994, S. 72; *Fezer*, RdNr. 13 zu § 18;

erreicht. Zum anderen basiert die Begrenzung auf Vernichtung ohne eine Verwertungsmöglichkeit für den Kennzeicheninhaber auf der Erwägung, dass der Markeninhaber aus der Kennzeichenrechtsverletzung keinen Profit schlagen soll. Die Freigabe der Domain entbindet den Markeninhaber jedoch nicht davon, die Kosten für die erforderlich werdende Registrierung zu tragen. Gleiches gelte im übrigen, wenn nicht nur ein Anspruch auf Verzicht bzw. Freigabe, sondern auf Übertragung anzuerkennen ist, sofern bei letzterem Zug um Zug gegen Erstattung der Registrierungskosten verurteilt wird.

Für eine entsprechende Anwendung des § 18 I MarkenG spricht außerdem, dass die Löschung oder Freigabe eines Domain-Namens einer „Vernichtung" bei körperlichen Sachen sehr nahe kommt. Die Unterschiede zwischen unkörperlichen und körperlichen Gegenständen sind nicht von solcher Art, dass die gesetzliche Wertung hier ausgeschlossen wäre. Ferner ist wertend zu berücksichtigen, dass die Versagung eines Vernichtungsanspruchs den Kennzeicheninhaber innerhalb des Internets sogar schwerer träfe als außerhalb. Im Internet könnte der Kennzeicheninhaber nicht unter markengleichem Domain-Namen auftreten, außerhalb des Internets hingegen bleibt er selbst bei Versagung eines Vernichtungsanspruchs zur Benutzung seines Zeichens in der gewünschten Form imstande. Auch diese Erwägungen erfordern eine entsprechende Anwendung des Vernichtungsanspruchs.

Zusammenfassend bleibt festzuhalten, dass die Löschung der Domain besser auf eine analoge Anwendung des § 18 I MarkenG als auf die in §§ 14 IV, 15 IV MarkenG kodifizierten Unterlassungsansprüche zu stützen ist.

B. Verzicht versus Übertragung

Ob dem Kennzeicheninhaber lediglich ein Anspruch auf Freigabe bzw. Verzicht der Domain oder ein darüber hinausgehender Übertragungsanspruch gewährt werden kann, wird in Rechtsprechung und Literatur unterschiedlich beurteilt. Im wesentlichen sind drei Tendenzen festzumachen: Der Verletzte hat stets einen Anspruch auf Übertragung der Domain (I); ein solcher Anspruch besteht nur bei Vorliegen eines Schadensersatzanspruchs im Rahmen von § 249 BGB (II); ein Übertragungsanspruch besteht niemals (III).

I. Uneingeschränkte Gewährung des Übertragungsanspruchs

Einen Übertragungsanspruch ohne Einschränkungen befürwortet insbesondere das OLG München. Die Rechtsfolge der Umschreibung des Domain-Namens auf die mit Erfolg klagende Deutsche Shell AG wird jedoch nicht auf den die Entscheidung tragenden § 12 BGB gestützt. Mangels spezialgesetzlicher Regelung beruft sich das OLG München auf eine analoge Anwendung von § 8 I 2 PatG und § 894 BGB. § 8 I 2 PatG bestimme, dass der vindikationsberechtigte Erfinder vom Patentinhaber die Übertragung des Patents verlangen könne. Hinsichtlich der entsprechenden Anwendung des § 894 BGB wird zur Vergleichbarkeit der Fälle ausgeführt, dass der Grundbuchstand mit der tatsächlichen Rechtslage genauso wenig übereinstimme wie die Registrierung für den tatsächlichen Domaininhaber. Außerdem sei für den beklagten und im Rechtsstreit unterlegenen Domaininhaber die Umschreibung Zug um Zug gegen Erstattung der Registrierungskosten vorteilhafter als der Verzicht auf die Domain. Seine Weigerung zur Umschreibung sei somit rechtsmissbräuchlich.[637]

Hackbarth[638] stimmt den Ausführungen des OLG München im Ergebnis, nicht jedoch in der Begründung zu. Die Vergleichbarkeit der bei § 894 BGB gegebenen Sachlage lehnt er vor dem Hintergrund des § 892 BGB ab: § 894 BGB solle den gutgläubigen Erwerb zugunsten des wahren Rechtsinhabers verhindern. Die Registrierung eines Domain-Namens vermittele aber im Gegensatz zu § 892 BGB keinen öffentlichen Glauben, so dass es an der Vergleichbarkeit des geregelten mit dem ungeregelten Fall fehle. Stattdessen befürwortet er einen Anspruch auf Herausgabe der Domain aus §§ 667, 681, 687 II BGB bei schuldhaftem Handeln. Wer bewusst ein fremdes Kennzeichen als Domain anmelde, führe wenigstens ein auch fremdes Geschäft. Da *Hackbarth* auf die Rechtsprechung verweist, die entgegen dem Wortlaut des § 687 II BGB bei Verletzung fremder Ausschließlichkeitsrechte diesen Anspruch auch bei Fahrlässigkeit gewährt, sollen wohl §§ 667, 681, 687 II BGB bei jeder schuldhaften Registrierung einer kennzeichengleichen Domain greifen.

Bei nicht schuldhaftem Handeln käme die Eingriffskondiktion zum Zuge. Nach ständiger Rechtsprechung sei als „erlangt" allein die Nutzung der verletzten Rechtsposition anzusehen. Da diese üblicherweise nicht herausgegeben werden könne, sei Wertersatz in Form einer angemessenen Verletzerlizenz zu leisten. Da der Wert einer Domain gerade im Zugang zum Internet liege, könne schon die bei der DENIC registrierte und verletzende Domain als Bereicherungsgegenstand angesehen werden. Die Herausgabe sei dann durch Einwilligung in die Umschreibung der Domain zu gewähren.[639]

---

637 OLG München CR 1999, 382, 383 – shell.de.

638 *Hackbarth*, CR 1999, S. 384 f.

639 *Hackbarth*, CR 1999, S. 384 f. Einen Übertragungsanspruch bejaht ebenso *Hoeren*, WuB 1997, S. 934, 935, und *ders.*, WRP 1997, S. 993, 997, jeweils aber ohne Begründung.

II. Eingeschränkte Gewährung des Übertragungsanspruchs

Kur und *Poeck* wollen einen Übertragungsanspruch im Wege des Schadensersatzes gem. § 249 BGB zulassen, so dass bei nicht schuldhaftem Handeln lediglich die Erklärung auf Einwilligung in die Löschung des Domain-Namens verlangt werden kann.[640] Ebenfalls auf § 249 Satz 1 BGB abstellend gewährte das LG München I die Übertragung der Domain „juris.de", weil dies unter den gegebenen organisatorischen Verhältnissen die einfachste Form darstelle, die Klägerin so zu stellen, wie sie stünde, wenn ihre Anmeldung von „juris.de" nicht an der bestehenden Eintragung dieser Adresse für die Beklagte gescheitert wäre.[641]

III. Keine Gewährung eines Übertragungsanspruchs

Selbst die Gewährung eines Übertragungsanspruchs bei schuldhaftem Handeln wird von anderer Seite abgelehnt.[642] *Bücking* meint, der Schadensersatzanspruch führe zur Naturalrestitution und damit nicht zu einer Zuweisung der Domain an den Antragsteller, der die beanspruchte Domain selbst nie in den Händen hielt. Mit dem OLG Hamm[643] argumentiert er, dass der Verletzer den Störungszustand nicht aufrecht erhalten dürfe, jedoch nicht verpflichtet sei, an einer Verbesserung der Rechtsstellung des Verletzten in namensmäßiger Hinsicht mitzuwirken. Folglich müsse der Beklagte nicht dafür Sorge tragen, dass der Kläger die umstrittene Domain erhält.[644]

Ernst rügt am Vorschlag *Hackbarths*, den Übertragungsanspruch auf bereicherungsrechtlicher Grundlage zu gewähren, dass der Gebrauch einer markengleichen Domain nicht in den Zuweisungsgehalt des Markenrechts eingreife. Außerdem sei die Domain nicht auf Kosten des Klägers erlangt, weil sich der Markeninhaber erst später entschieden habe, unter der Domain online zu gehen. Der Zeitpunkt der Anmeldung komme daher als Eingriffszeitpunkt nicht mehr

---

640 *Kur*, Internet und Kennzeichenrecht, S. 340 f.; *Poeck*, Schwerdtfeger, S. 117.

641 LG München I, CR 1997, 479, 481 – juris.de. In der großen Mehrzahl der Fälle wird der unterlegene Domaininhaber zu Freigabe/Verzicht/Löschung verpflichtet. Dies lässt indessen nicht den Schluss zu, dass die Rechtsprechung einen Übertragungsanspruch größtenteils ablehnt. Häufig sind die Klaganträge nur auf Unterlassung der Domain-Benutzung gerichtet, so dass der Gewährung eines Übertragungsanspruchs § 308 I 1 ZPO entgegensteht.

642 *Bettinger*, GRUR 1998, S. 243, 244; *Härting*, RdNr. 312; *Renck*, NJW 1999, S. 3587, 3589; Soergel/*Heinrich*, RdNr. 152a zu § 12.

643 OLG Hamm, CR 1998, 241, 243 – krupp.de; insoweit übereinstimmend *Ernst*, NJW CoR 1998, S. 177, 178.

644 *Bücking*, RdNr. 296 ff.

in Frage. Erlangt sei damit nur die Nutzung nach der theoretischen Online-Präsentation unter der streitigen Domain, nicht aber die Domain selbst. Auch dürfe bei dem gutgläubigen Domaininhaber im Providervertrag ein Rechtsgrund iSd § 812 BGB zu sehen sein. Darüber hinaus gibt *Ernst* zu bedenken, dass bei einem Übertragungsanspruch Rechte Dritter betroffen werden könnten, die im Rechtsstreit kein Gehör fänden. Falls mehrere Namensträger existierten, die eine Domain gegenüber dem Domaininhaber für sich in Anspruch nehmen können, untereinander aber gleiche Rechte besitzen, würde die Warteliste bei DENIC obsolet. Ein „nicht wünschenswerter" Wettlauf um das schnellere Urteil oder die schnellere Vollstreckung begänne.[645]

IV. Kritik

1. Zum Schadensersatzanspruch

Der Argumentation, derzufolge selbst im Rahmen eines Schadensersatzanspruches eine Übertragung nicht gewährt werden kann, fehlt die Überzeugungskraft. Der Geschädigte ist nach § 249 Satz 1 BGB so zu stellen, wie er stünde, wenn das schädigende Ereignis unterblieben wäre. Das Schadensrecht vergleicht damit den hypothetischen Zustand, wie man ihn bei Hinwegdenken dieses Ereignisses anzunehmen hätte, mit dem realen.[646] Im Rahmen dieser hypothetischen Zustandsanalyse kann, wenn der Rechteinhaber ob der kennzeichengleichen Domain sogar klagt, regelmäßig davon ausgegangen werden, dass er die Domain auch für sich hätte registrieren lassen, wäre ihm der Domaininhaber nicht zuvor gekommen. Dann stellt die Umschreibung, nicht jedoch der Verzicht den Zustand her, der ohne das Schadensereignis bestünde. Dies gilt jedenfalls für die Fälle, in denen dem klagenden Zeicheninhaber kein Dritter mit der Domain-Registrierung zuvor gekommen wäre, es also an einem Dispute-Eintrag für einen Dritten fehlt.

Aber auch bei einem solchen Eintrag für einen Dritten lässt sich überlegen, ob diese Eintragung als ‚hypothetische Reserveursache' betrachtet werden kann. Nach einhelliger Meinung sind solche Reserveursachen unbeachtlich und somit nicht zugunsten des Schädigers zu berücksichtigen, die zur Schadensersatzpflicht eines Dritten geführt hätten.[647] Dies könnte, eine Schadensersatzpflicht des dispute-eingetragenen Anwärters unterstellt, zur Folge haben, dass der Inhaber der Domain diese auch bei einem eingetragenen Anwärter dem

---

645 *Ernst*, MMR 1999, S. 487, 488 f.

646 Soergel/*Mertens*, RdNr. 41 vor § 249.

647 BGH NJW 1958, 705; BGH NJW 1967, 551, 552; MünchKomm/*Gursky*, RdNr. 84 vor § 249 m.w.N.; Staudinger/*Medicus*, RdNr. 95 zu § 249.

klagenden Kennzeicheninhaber zu übertragen hat. Hierfür kann angeführt werden, dass sich der klagende Kennzeicheninhaber mit Erfolg gegen den Anwärter durchgesetzt hätte, wäre dieser an die Stelle des Domaininhabers getreten. Dann hätte der klagende Kennzeicheninhaber die Domain für sich registrieren lassen können. Demnach wäre wiederum der hypothetische Zustand die Domaininhaberschaft, und dieser Zustand könnte gem. § 249 Satz 1 BGB durch Übertragung der Domain herbeigeführt werden.

Bei näherer Betrachtung jedoch kann selbst die schuldhaft vorgenommene Dispute-Eintragung nicht unter Berufung auf Fallgruppen der hypothetischen Reserveursachen dazu führen, dass vom Domaininhaber eine Übertragung zu verlangen ist. Dort geht es darum, ob dem Geschädigten überhaupt oder in bestimmter Höhe ein Anspruch auf Schadensersatz gegen den Schädiger zusteht. Hier aber wirft nur die Art und Weise der Schadensbehebung, nicht jedoch die Einstandspflicht des Schädigers schlechthin Schwierigkeiten auf. Von entscheidender Bedeutung ist schließlich, dass bei den typischerweise erörterten Fällen zur Reserveursache die Perpetuierung des Zustands zum Zeitpunkt des Eintritts der Reserveursache unmöglich ist: der durch einen Verkehrsunfall beschädigte und später durch Brandlegung vollständig zerstörte Pkw kann nicht nochmals in Brand gesetzt werden.

Die schädigende ‚Reserveursache' des dispute-eingetragenen Anwärters liegt aber erst in der Zukunft, weil er die Domain noch nicht blockiert. Hier kann ohne weiteres der Zustand geschaffen werden, der bestünde, wenn der Inhaber der Domain sich diese nicht hätte registrieren lassen. Inhaber dieser Domain wäre dann der dispute-eingetragene Anwärter. Dieser Zustand lässt sich dadurch herstellen, dass der tatsächliche Domaininhaber die Domain freigibt. Der dispute-eingetragene Anwärter rückt dann nach. Wird zudem der Rechtsgrund für die Unbeachtlichkeit der Reserveursache berücksichtigt, kann an dem Ergebnis, den Eintrag zu berücksichtigen, kein Zweifel bestehen. Mangels Kausalität steht dem Geschädigten gegen den ‚Reserveschädiger' kein Anspruch zu. Dieser Anspruch wird dem Geschädigten durch den ‚schneller' wirkenden Erfolg des Erstschädigers genommen. Dann muss der Erstschädiger den Geschädigten gem. § 249 Satz 1 BGB so stellen, als hätte dieser gegen den Zweitschädiger einen Anspruch. Bei der Domain-Registrierung kann der Schaden durch das erst in der Zukunft liegende Nachrücken des dispute-eingetragenen Anwärters aber noch kausal werden, so dass tatsächlich ein Anspruch gegen den Reserveschädiger besteht. Damit entfällt die Notwendigkeit der Berücksichtigung einer hypothetischen Reserveursache. Dieses Ergebnis entspricht auch § 249 Satz 1 BGB, indem der geschädigte Kennzeicheninhaber so gestellt wird, als hätte der jetzige Inhaber die Domain nicht registriert.

Daher ist die Übertragung gem. § 249 Satz 1 BGB nur dann zu gewähren, wenn vor dem geplanten Domain-Erwerb kein Dritter einen Dispute-Antrag gestellt hat. Die Bedeutung des § 249 Satz 1 BGB für die Übertragung ist damit marginal, da der klagende Kennzeicheninhaber ohne Eintrag für einen Dritten auch bei bloßem Verzicht die nunmehr frei werdende Domain für sich registrieren lassen könnte.

2. Zu den analogen Anwendungen

Auch der Vorschlag, einen Übertragungsanspruch auf analoge Anwendungen der §§ 894 BGB, 8 I 2 PatG zu stützen, überzeugt nicht. Die mangelnde Vergleichbarkeit der Fälle steht dem entgegen, wie *Hackbarth*[648] und *Ernst*[649] zutreffend bemerken. Die Eintragung einer Domain vermittelt ganz im Gegensatz zu der Eintragung eines Rechts in das Grundbuch keinen § 892 I 1 BGB entsprechenden guten Glauben, den es über § 894 BGB zu beseitigen gälte.

Der analogen Anwendung des § 8 I 2 PatG steht entgegen, dass der Anspruch auf Übertragung des Patents von einem sachlich Berechtigten – dem Erfinder – nur gegenüber einem sachlich nichtberechtigten Inhaber zusteht. Ein Erfinder kann also nicht gegenüber einem Doppelerfinder vindizieren. Setzt man nun den sachlich Berechtigten mit dem Kennzeicheninhaber gleich, so müsste die analoge Anwendung des § 8 I 2 PatG daran scheitern, dass auch dem Domaininhaber ein Kennzeichenrecht zusteht – einen „besser berechtigten" Erfinder kennt das Patentgesetz nicht.

Desgleichen scheitert eine analoge Anwendung des § 17 I MarkenG. Der Anspruch auf Übertragung wird nur dem Inhaber einer Marke gegenüber einem ungetreuen Agenten oder Vertreter gewährt. Rechtsgrund des Übertragungsanspruchs ist die Verletzung des Agenten- oder Vertreterverhältnisses durch die Anmeldung zur Eintragung der Marke.[650] Ein solches fehlt aber bei der Registrierung des Domain-Namens durch einen unbeteiligten Dritten.

3. Zur Lösung nach §§ 812, 818 II und §§ 667, 681, 687 II BGB

Möglich erscheint freilich, mit *Hackbarth* den Übertragungsanspruch auf bereicherungsrechtlicher Grundlage zu suchen. Dazu ist erforderlich, dass der im Rechtsstreit unterlegene Domaininhaber etwas erlangt hat. Das erlangte Etwas ist – wie bei der Leistungskondiktion – der Erwerb eines Guts, das allgemein nach der Verkehrsauffassung einen Vermögenswert darstellt. Als Bereicherungsgegenstand bietet sich hier die Verfügungsgewalt über die von der DENIC konnektierte und rechtsverletzende Domain an. Mit Domains wird auch ohne

648 *Hackbarth*, CR 1999, S. 384.
649 *Ernst*, MMR 1999, S. 487, 488.
650 *Fezer*, RdNr. 2 zu § 17.

aktive Nutzung für einen Internet-Dienst an sog. Domain-Börsen gehandelt, so dass nach der Verkehrsauffassung bereits die Konnektierung der Domain für eine bestimmte Person als ein Vermögenswert wahrgenommen werden kann. Allerdings wendet *Ernst* ein, dass nur die Nutzung, und zwar nur die nach dem theoretischen Beginn einer Online-Präsentation erlangt sein soll.[651] Dies überzeugt freilich nicht. Auch der unbefugte Verwender nutzt eine Marke, selbst wenn sich deren Inhaber noch nicht für eine eigene Benutzung entschieden hat. Wieso dies bei einem markenverletzenden Gebrauch eines Domain-Namens anders sein soll, ist nicht zu begründen.

Nichtsdestotrotz wirft *Ernsts* Einwand die Frage auf, ob die Domain als solche oder nur ihre Nutzung – unabhängig vom Zeitpunkt der erstmaligen hypothetischen Online-Präsentation – Kondiktionsgegenstand ist. Bei der Verletzung von Immaterialgüterrechten begreift nämlich die Rechtsprechung allein die „Nutzung" als das erlangte Etwas. Da die Nutzung nicht herausgegeben werden kann, ist Wertersatz in Form einer angemessenen Verletzerlizenz zu leisten.[652] Insofern könnte auch nur die Nutzung der Domain das erlangte Etwas sein, so dass gem. § 818 II BGB lediglich eine angemessene Verletzerlizenz verlangt werden könnte.

Eine solche Sichtweise würde jedoch den Besonderheiten registrierter Domain-Namen nicht gerecht. Bei der Verletzung von Immaterialgüterrechten ist in der Tat regelmäßig davon auszugehen, dass nur die Nutzung des Rechts erlangt wird, weil das Recht als solches und in seinem Bestand durch den Verletzer nicht verwertet wird. Er kann zwar mit einem fremden Zeichen unbefugt Produkte markieren, das Recht an der Marke mit der dazugehörigen Verfügungsmöglichkeit gewinnt er durch die unzulässige Verwertung aber nicht. Anders bei den hier zu erörternden Fällen: Die Einmaligkeit des Domain-Namen verschafft dessen Inhaber eine exklusive Position. Er kann die Domain natürlich zur Kennzeichnung benutzen. Entscheidend ist in diesem Zusammenhang jedoch, dass er aufgrund der Konnektierung der Domain zu seinen Gunsten über eine Buchposition verfügt, die sonst nur der Inhaber eines Immaterialgüterrechts innehat. Die registrierte Domain hindert den materiell Berechtigten an einer eigenen Verwertung seines Kennzeichens beim Internetauftritt. Zudem ermöglicht die Registrierung der Domain ihrem Inhaber, sie faktisch und eigentumsähnlich auf Dritte zu übertragen. Dieser Besonderheit würde nicht gerecht, wollte man nur die Nutzung der Domain als das erlangte Etwas anerkennen. Zutreffenderweise ist daher auch die Verfügungsgewalt über die konnektierte Domain Gegenstand der Kondiktion.

Das Etwas müsste rechtsgrundlos erlangt worden sein. *Ernst* sieht in dem Vertrag zwischen Provider und gutgläubigem Dritten einen Rechtsgrund iSd

---

[651] *Ernst*, MMR 1999, S. 487, 488.

[652] BGH GRUR 1982, 301, 303 – Kunststoffhohlprofil II; BGH GRUR 1987, 520, 523 – Chanel No 5; kritisch zur h.M. *Fest*, S. 36 ff.

§ 812 BGB für das Behaltendürfen der Domain. Ein Rechtsgrund muss sich jedoch aus dem Verhältnis zwischen Gläubiger und Schuldner des möglichen Anspruchs oder aus dem Gesetz ergeben, nicht aber aus dem Verhältnis zwischen potenziellem Kondiktionsschuldner und Drittem. Ein Rechtsgrund ergibt sich aber weder aus dem Verhältnis zwischen Domaininhaber und potenziellem Kondiktionsgläubiger noch aus dem Gesetz. Schließlich hat der wenigstens zum Verzicht der Domain verpflichtete Inhaber gerade keinen Anspruch auf deren Beibehaltung. Folglich ist die Sachherrschaft über die Domain rechtsgrundlos erlangt.

Als ungleich schwieriger erweist sich die Beantwortung der Frage, ob die auf den Domain-Namen bezogene Rechtsposition den erforderlichen Zuweisungsgehalt besitzt. Über die Bestimmung dessen, wann einem Recht der erforderliche Zuweisungsgehalt innewohnt, ist man sich noch nicht gänzlich einig. *Kleinheyer* zufolge wird der Zuweisungsgehalt dadurch geprägt, dass die Rechtsordnung dem Rechteinhaber Schutzinstrumente bezüglich der Verwendung seines Rechts Mittel zur Verfügung stellt, mit denen er Zugriffe Dritter abwehren kann. Billige die Rechtsordnung dem Rechtsgutinhaber Unterlassungsansprüche zu, so könne daraus in aller Regel ein Zuweisungsgehalt abgeleitet werden.[653] Weil nun die Rechtsordnung dem obsiegenden Kennzeicheninhaber gegen den unterliegenden Domaininhaber Unterlassungsansprüche zur Verfügung stellt, ist ein Eingriff in den Zuweisungsgehalt der Rechte des ausgeschlossenen Kennzeicheninhabers ohne weiteres zu bejahen.

Die ganz überwiegende Meinung sucht den Zuweisungsgehalt jedoch nicht durch das Bestehen von Unterlassungsansprüchen zu präzisieren. Sie geht von einem Eingriff in den Zuweisungsgehalt aus, wenn der Bereicherungsgläubiger die Möglichkeit hatte, die Position einem sonst ausgeschlossenen Dritten zur wirtschaftlichen Verwertung zu überlassen. Der Eingriffskondiktion unterliegt demnach ein solcher Vorteil, den der Dritte nur unter Verletzung einer geschützten Rechtsposition und der alleinigen Verwertungsbefugnis des Rechtsinhabers erlangt hat.[654] Nicht die faktische Möglichkeit zur Veräußerung oder Gebrauchsüberlassung ist dabei entscheidend, sondern die Rechtsmacht.

Wird der Zuweisungsgehalt durch die Möglichkeit der alleinigen Verwertungsbefugnis bestimmt, offenbaren sich Zweifel an dem Zuweisungsgehalt von Domain-Namen: Angesichts der möglichen Vielzahl homonymer Kennzeicheninhaber ist es durchaus vorstellbar, dass auch einem anderen, dritten Kennzeicheninhaber Erfolg beschieden wäre – Klageerhebung gegen den Domaininhaber vorausgesetzt. Dann lässt sich kaum von alleiniger Verwertungsbefugnis des obsiegenden Kennzeicheninhabers sprechen. Hier setzt auch die gewichtige Kritik *Ernsts* an: Der Zuweisungsgehalt eines Namens oder einer Marke

---

[653] *Kleinheyer*, S. 475.

[654] BGHZ 107, 117, 121 m.w.N. – Forschungskosten; MünchKomm/*Lieb*, RdNr. 207 ff zu § 812; *Loewenheim*, WRP 1997, S. 913, 915.

umfasse nämlich nicht zwingend auch die Nutzung als Internet-Domain, weil im Gegensatz zur Domain eine Marke oder eine Firma nicht einmalig sein müsse. Da eine Marke in verschiedenen Branchen kollisionsfrei eingesetzt werden könne, sei eine markengleiche Domain nur dem Inhaber einer berühmten Marke zuzuweisen, ebenso wie der Name einer bekannten Stadt nur deren Träger zuzuweisen sei.[655]

Gleichwohl fragt sich, ob die überwiegende Meinung tatsächlich mit dem Erfordernis der alleinigen Verwertungsbefugnis solche Eingriffe in ein Recht als nicht vom Zuweisungsgehalt erfasst begreift, wenn mehreren Personen ein Recht zusteht. Möglich erscheint auch, den Zuweisungsgehalt eines Kennzeichenrechts in Bezug auf eine SLD in Abhängigkeit vom potenziellen Kondiktionsschuldner zu bestimmen. Dies kann auf kennzeichenrechtliche Erwägungen gestützt werden. Bekanntlich werden Markenrechtskonflikte vom Grundsatz der Priorität beherrscht – das jüngere weicht dem älteren Schutzrecht. Der Maßstab dafür ist nie eine absolute Größe, sondern stets das relative Verhältnis zweier Kennzeichenrechte. Das Recht A kann gegenüber B das prioritätsältere, im Verhältnis zu C jedoch das prioritätsjüngere Recht sein: C > A > B. Sind alle Kennzeichen untereinander verwechslungsfähig, können sowohl C als auch A von B Unterlassung bzw. Löschung verlangen. C stehen darüber hinaus gleiche Ansprüche gegen A zu. Damit haben zwei Rechteinhaber Ansprüche gegen einen Verletzer.

Ähnlich stellt sich die Sachlage bei der Koexistenz von Kennzeichenrechten aufgrund Gleichrangigkeit nach § 6 IV MarkenG dar. Werden zwei verwechslungsfähige Marken am selben Tag angemeldet, kommt keiner Marke die Priorität zu. Die Kennzeichen sind vielmehr gleichrangig mit der Folge der Koexistenz; gegeneinander sind keine Ansprüche begründet. Dritten gegenüber steht jedoch der volle Rechtsschutz zu.[656] Der Inhaber eines im Verhältnis zu den koexistierenden Kennzeichenrechten jüngeren und verwechslungsfähigen Kennzeichens kann daher von jedem der älteren Kennzeicheninhaber einzeln und unabhängig voneinander auf Unterlassung, bei Verschulden auch auf Schadensersatz in Anspruch genommen werden. Jeder der koexistierenden Kennzeicheninhaber kann die Löschung der prioritätsjüngeren Marke nach §§ 55 Nr. 3, 51 I iVm § 9 MarkenG betreiben. Auch hier haben also beide Rechteinhaber Ansprüche gegen den Verletzer.

Lässt sich dann aber einschränkungslos von alleiniger Verwertungsbefugnis sprechen? Die Frage stellen heißt sie sogleich verneinen, weil keiner der Rechteinhaber ein Verwertungsmonopol hinsichtlich „seines" Kennzeichens hat. Aus der polypolistischen Verwertungsmöglichkeit könnte nun zweierlei folgen: Erstens, dass koexistierende Kennzeichen keinen Zuweisungsgehalt haben. Verfügen sie jedoch über einen Zuweisungsgehalt, folgt zweitens, dass die

---

655 *Ernst*, MMR 1999, S. 487, 488.
656 *Fezer*, RdNr. 25 zu § 6.

Denkfigur des Verwertungsmonopols[657] zur Bestimmung kondiktionsfähiger Rechte im Bereich der Kennzeichen zumindest gewisser Korrekturen bedarf.

Gegen die Annahme, dass koexistierende im Gegensatz zu einmaligen Kennzeichen keinen Zuweisungsgehalt haben, sprechen zwei Punkte. Erstens müsste vor der Gewährung eines Bereicherungsanspruchs stets geprüft werden, ob koexistierende Kennzeichen vorhanden sind oder gegenüber dem Kondiktionsgläubiger ältere oder jüngere Kennzeichenrechte bestehen. Die Existenz von Drittrechten wurde in der Vergangenheit – soweit ersichtlich – jedoch nur unter dem Schlagwort der „Abstandslehre" mit der Fragestellung behandelt, inwieweit die Existenz von Drittzeichen Kennzeichnungskraft und Verwechslungsgefahr mindert. In Zusammenhang mit der Feststellung eines Zuweisungsgehalts sind Drittzeichen nicht erörtert worden.

Zweitens darf die Funktion der Formel von der „alleinigen Verwertungsbefugnis" nicht aus dem Blickfeld geraten. Sie fußt auf der Überlegung, dass einerseits die Anerkennung eines Zuweisungsgehalts allein bei absoluten Rechten iSd § 823 I BGB als zu eng empfunden wird. Andererseits würde die Gewährung eines Zuweisungsgehalts bei bloßen abwehrbewehrten Schutzpositionen zu weit führen.[658] Das Kriterium der alleinigen Verwertungsbefugnis ist deshalb besonders in Fällen geeignet, wo kein Verstoß gegen absolute Rechte festgestellt werden kann. Es kann daher dort vernachlässigt werden, wo ohnehin in absolute Rechte eingegriffen wird. §§ 14 I, 15 I MarkenG lassen nun aber keinen Zweifel daran, dass Kennzeichen absolute Rechte iSd § 823 I BGB sind, und zwar unabhängig von Mono- oder Koexistenz. Einigkeit besteht darüber, dass wenigstens alle absoluten Rechte über einen Zuweisungsgehalt verfügen.[659] Demzufolge kann auch bei koexistierenden Kennzeichen von einem kondiktionsfähigen Zuweisungsgehalt ausgegangen werden. Dieser ist vom potenziellen Kondiktionsschuldner abhängig.

Trotz vorstehender Argumentation führt auch die bereicherungsrechtliche Lösung in dem einzig relevanten Fall eines Dispute-Eintrags durch einen Dritten[660] nicht zur Gewährung eines Übertragungsanspruchs. Denn in einem solchen Fall können sowohl der dispute-eingetragene Anwärter als auch der klagende Kennzeicheninhaber ein Recht an dem domaingleichen Zeichen geltend machen. Dann lässt sich der Domain-Name nicht ungeprüft dem klagenden Kennzeicheninhaber zuweisen. Es besteht nämlich immerhin die Möglichkeit, dass im Verhältnis zwischen klagendem Kennzeicheninhaber und dispute-eingetragenem Anwärter nur dem letzteren das Zeichen zuzuweisen ist. Insoweit besteht eine mit der Koexistenz von Kennzeichenrechten vergleichbare Interessenlage.

---

657 *Esser/Weyers*, § 50 I 1 d (S. 76).
658 *Reuter/Martinek*, S. 256.
659 Siehe die in Fussnote 562 Genannten.
660 S. o. 4. Kapitel (S. 153 ff).

Auch einem auf §§ 667, 681, 687 II BGB gestützten Anspruch ist Entsprechendes entgegenzuhalten. Wegen des Dispute-Eintrags eines weiteren Kennzeicheninhabers kann der Domain-Name nicht unbesehen dem klagenden Kennzeicheninhaber zugeordnet werden, so dass sich die Registrierung der Domain durch deren Inhaber nicht als Geschäft des klagenden Kennzeicheninhabers erweisen muss – es kann auch ein solches des ausgeschlossenen Anwärters sein. Außerdem überzeugt nicht, dass der Inhaber der Domain bei der Registrierung den Willen hatte, ein fremdes Geschäft zu führen. Bei der Registrierung eines eigenen Kennzeichens als SLD liegt die Annahme näher, dass der Domaininhaber ein fremdes Geschäft in der irrigen Annahme geführt hat, es sei sein eigenes (§ 687 I BGB).

Durch die Ablehnung eines Bereicherungsanspruchs und eines Anspruchs aus Geschäftsführung ohne Auftrag wird dem klagenden Kennzeicheninhaber schließlich nicht die Möglichkeit genommen, den Domain-Namen für sich registrieren zu lassen. Dies wird ihm gelingen, wenn er mit Erfolg sowohl Domaininhaber als auch den dispute-eingetragenen Anwärter auf Verzicht verklagt – vorzugsweise beide gemeinsam nach § 60 ZPO. Es bleibt zusammenfassend festzuhalten, dass auch mit §§ 812, 818 II BGB oder §§ 667, 681, 687 II BGB eine Übertragung des Domain-Namens nicht verlangt werden kann. Im Hinblick auf die marginale Bedeutung eines solchen Anspruchs ist seine Gewährung auch rechtspolitisch solange nicht erforderlich, wie die DENIC eG Dispute-Einträge anbietet.

Zusammenfassung

1. „Wer zuerst kommt, mahlt zuerst." Dieser Grundsatz gilt auch, wenn Inhaber identischer Kennzeichen einen Domain-Namen beanspruchen. Der zu einem Online-Auftritt später entschlossene und vom Domain-Namen ausgeschlossene Kennzeicheninhaber hat gegenüber dem Domaininhaber das Nachsehen. Doch gibt es von diesem Grundsatz **zwei wesentliche Ausnahmen**.

2.1. **Zum einen** ergeben sich Ausnahmen aus den einschlägigen Bestimmungen des Markenrechts (§§ 14, 15 MarkenG). Ist der Ausgeschlossene der Inhaber eines nicht im Sinne der §§ 14, II Nr. 3, 15 III MarkenG bekannten, jedoch prioritätsälteren Kennzeichens, kann er bei Vorliegen von Verwechslungsgefahr und Gebrauch im geschäftlichen Verkehr die Löschung des Domain-Namens entsprechend § 18 I MarkenG verlangen.

2.2. Das Erfordernis einer hinreichenden Verwechslungsgefahr ist jedoch oftmals nicht erfüllt, so dass für nicht bekannte Kennzeichen Markenrechtsschutz ausscheidet. Die Verwechslungsgefahr verlangt nämlich nicht nur Identität oder Ähnlichkeit der Zeichen, sondern ebenso wenigstens Ähnlichkeit der Branchen, Dienstleistungen oder Produkte, für die die kollidierenden Zeichen verwendet werden.

2.3. Verwechslungsgefahr besteht nicht, falls unter der Domain keine Inhalte bereitgehalten werden oder diese nicht in Verbindung mit dem prioritätsälteren Kennzeichen gebracht werden können. Auch vorbeugender Rechtsschutz verspricht dann in der Regel wegen fehlender Begehungsgefahr keinen Erfolg.

2.4. Besteht hingegen eine Verwechslungsgefahr, ist der Inhaber des älteren Rechts zur Führung der Domain berechtigt. Der jüngere Rechteinhaber muss Zusätze verwenden. Dies gilt grundsätzlich ebenso für kennzeichengleiche Domains, die aus Namen einer natürlichen Person abgeleitet sind. § 23 Nr. 1 MarkenG führt zu keiner nennenswerten Einschränkung.

2.5. Inhaber bekannter prioritätsälterer Kennzeichen haben einen Anspruch auf Freigabe gegen den Inhaber einer identischen Domain, auch wenn keine Verwechslungsgefahr besteht. Der Anspruch setzt jedoch die Benutzung der Domain im geschäftlichen Verkehr voraus. Indessen erfordert der Bekanntheitsschutz wegen Rufausbeutung keinen gesondert festzustellenden Imagetransfer.

3.1. **Zum anderen** ergeben sich Ausnahmen vom Grundsatz der Erstanmeldung aus § 12 BGB. Der bürgerlich-rechtliche Namensschutz erweist sich gegenüber den markengesetzlichen Bestimmungen als flexibler. Mit ihm gelingt es besser, den Besonderheiten von Domain-Namen gerecht zu werden.

3.2. So wird selbst bei bloßer Registrierung eines Domain-Namens das Zeichen im Sinne des § 12 BGB „gebraucht". Ein Rückgriff auf vorbeugenden Rechtsschutz erübrigt sich. § 12 BGB gewährt Rechtsschutz auch gegenüber Inhabern von Domain-Namen, die diese nur zu privaten Zwecken verwenden.

3.3. Außerdem setzt § 12 BGB im Gegensatz zu § 15 II MarkenG selbst unterhalb der Schwelle von Bekanntheit keine Verwechslungsgefahr voraus. Das Interesse des ausgeschlossenen Kennzeicheninhabers ist bereits dadurch beeinträchtigt, dass ihm eine Online-Präsentation unter seinem Namen aufgrund der Einmaligkeit des Domain-Namens verwehrt bleibt.

3.4. Ob die Beeinträchtigung der Interessen des ausgeschlossenen Kennzeicheninhabers die Intensität einer Interessenverletzung erreicht, entscheidet das Ergebnis einer umfassenden Abwägung der widerstreitenden Belange.

3.5. Das formale Kriterium des Zeitpunkts des Kennzeichenrechtserwerbs (Priorität) ist im erweiterten und über § 15 II MarkenG hinausgehenden Namensrechtsschutz (Gleichnamigkeit im weiteren Sinne) für die Interessenabwägung irrelevant. Für sie ist jedoch der formale und zugunsten des Domaininhabers zu berücksichtigende Umstand der Erstregistrierung von einigem Gewicht.

3.6. Im Rahmen der Interessenabwägung ist grundsätzlich der Besitzstand des Domaininhabers höher zu bewerten als das Interesse des Gleichnamigen an einem Online-Auftritt unter identischem Domain-Namen. Das Interesse des Ausgeschlossenen überwiegt jedoch im Einzelfall den Besitzstandsschutz des Eingetragenen, falls dieser wenig schutzwürdig, jener aber aufgrund der Bekanntheit seines Kennzeichens ein besonderes Interesse an der namensgleichen Domain hat.

3.7. Subsidiär kann auch der ausgeschlossene Inhaber eines Kennzeichens ohne Namensfunktion die Freigabe der Domain verlangen. In Betracht kommen Ansprüche aus § 1 UWG und § 823 I BGB in Verbindung mit dem Recht am eingerichteten und ausgeübten Gewerbebetrieb. Dabei ist auf die zu § 12 BGB entwickelte Abwägung zurückzugreifen.

3.8. Der Ausgeschlossene hat gegen den domain-inhabenden Zeichenverletzer nur einen Anspruch auf Freigabe der Domain. Ein Übertragungsanspruch steht dem Ausgeschlossenen nicht zu. Für einen solchen besteht auch kein praktisches Bedürfnis.

MIX
Papier | Fördert gute Waldnutzung
FSC® C083411

Kolibri 360 GmbH
Ferdinand-Jühlke-Straße 7
99095 Erfurt, Deutschland
produktsicherheit@kolibri360.de

Druck:
CPI Druckdienstleistungen GmbH
im Auftrag der
Kolibri 360 GmbH
Ferdinand-Jühlke-Str. 7
99095 Erfurt